Vergessene Pfade
Harz

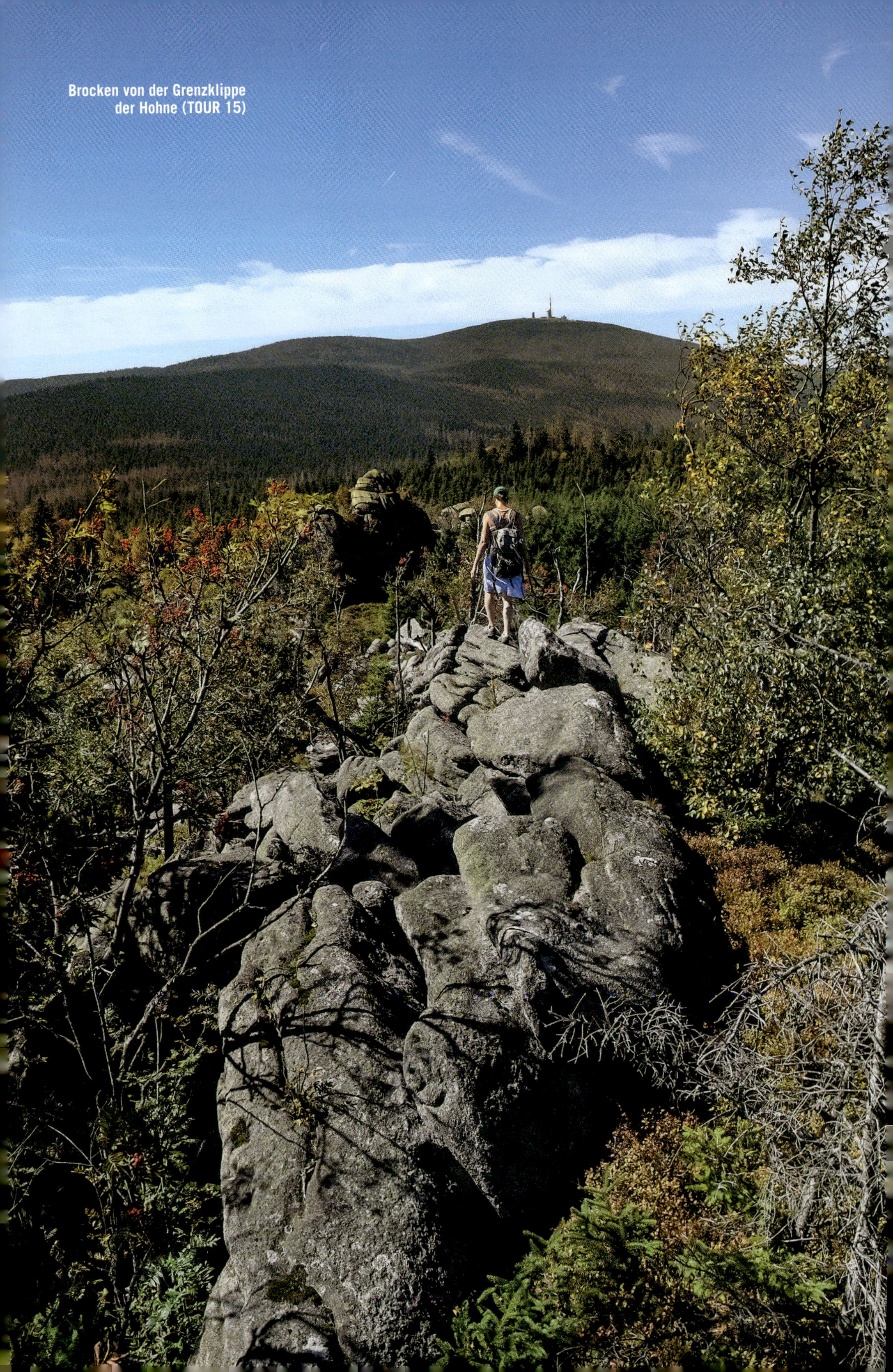
Brocken von der Grenzklippe der Hohne (TOUR 15)

Richard Goedeke

Vergessene Pfade

HARZ

38 außergewöhnliche Touren
abseits des Trubels

BRUCKMANN

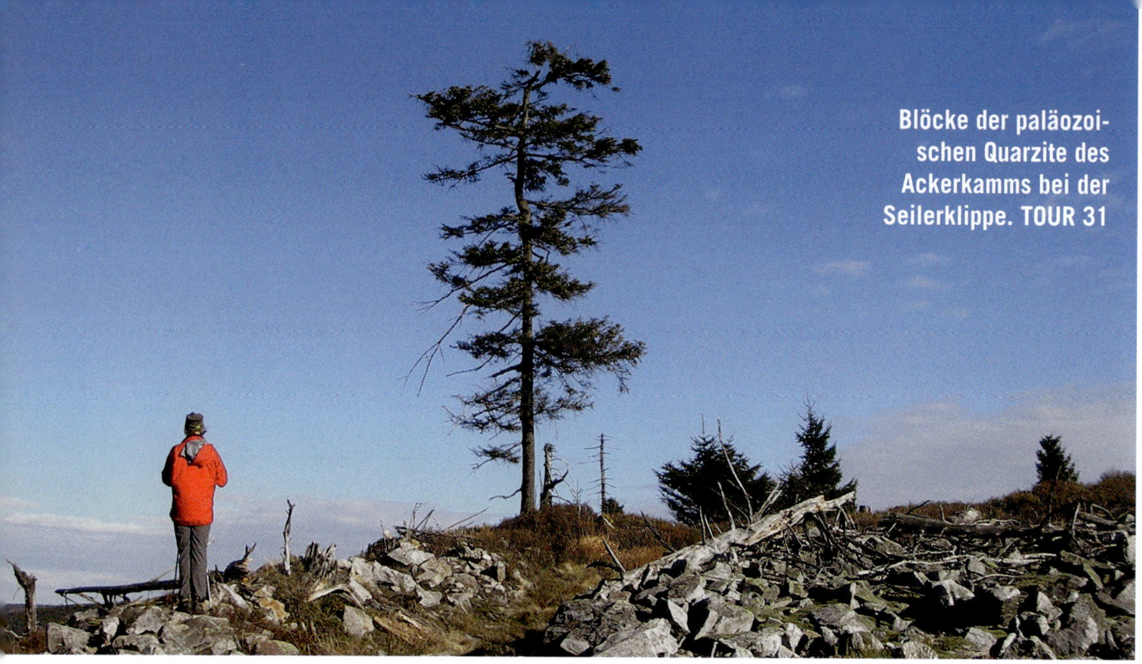

Blöcke der paläozoischen Quarzite des Ackerkamms bei der Seilerklippe. TOUR 31

Inhalt

So kann der Harz denen schmecken, die Steinpilze sicher erkennen können!

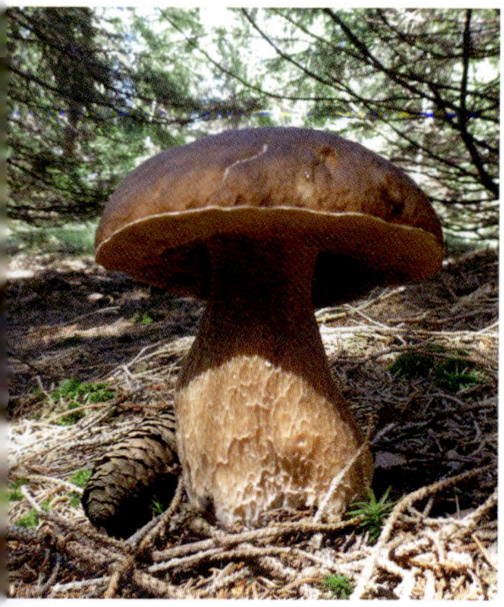

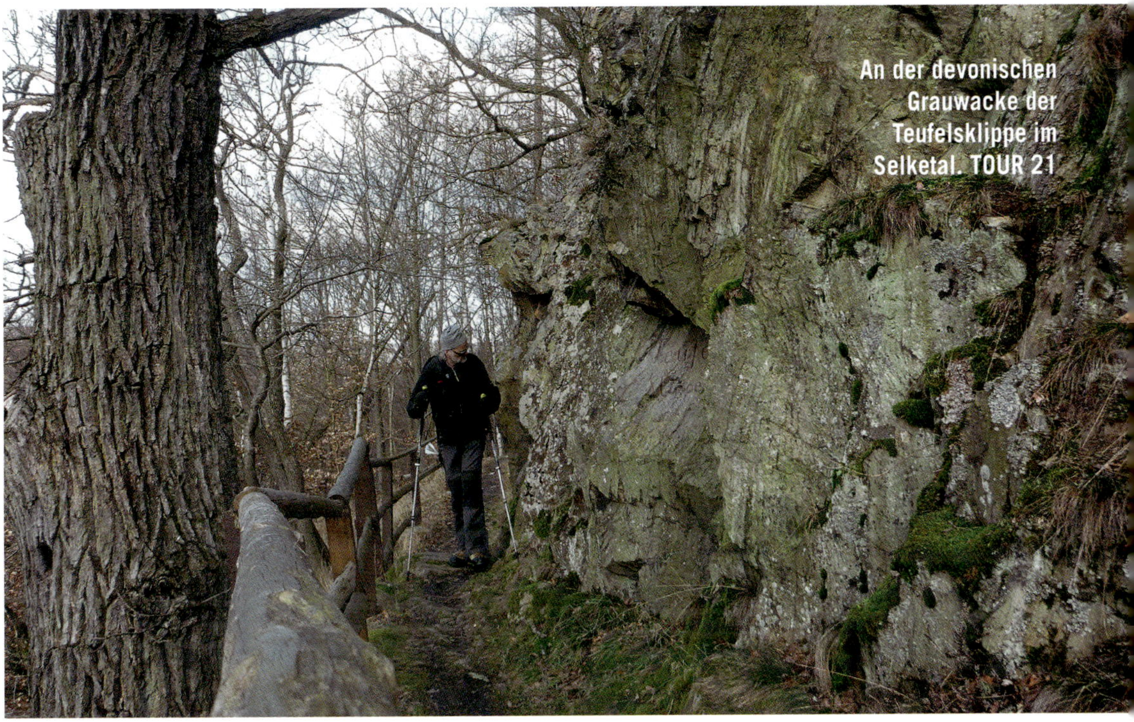

An der devonischen Grauwacke der Teufelsklippe im Selketal. TOUR 21

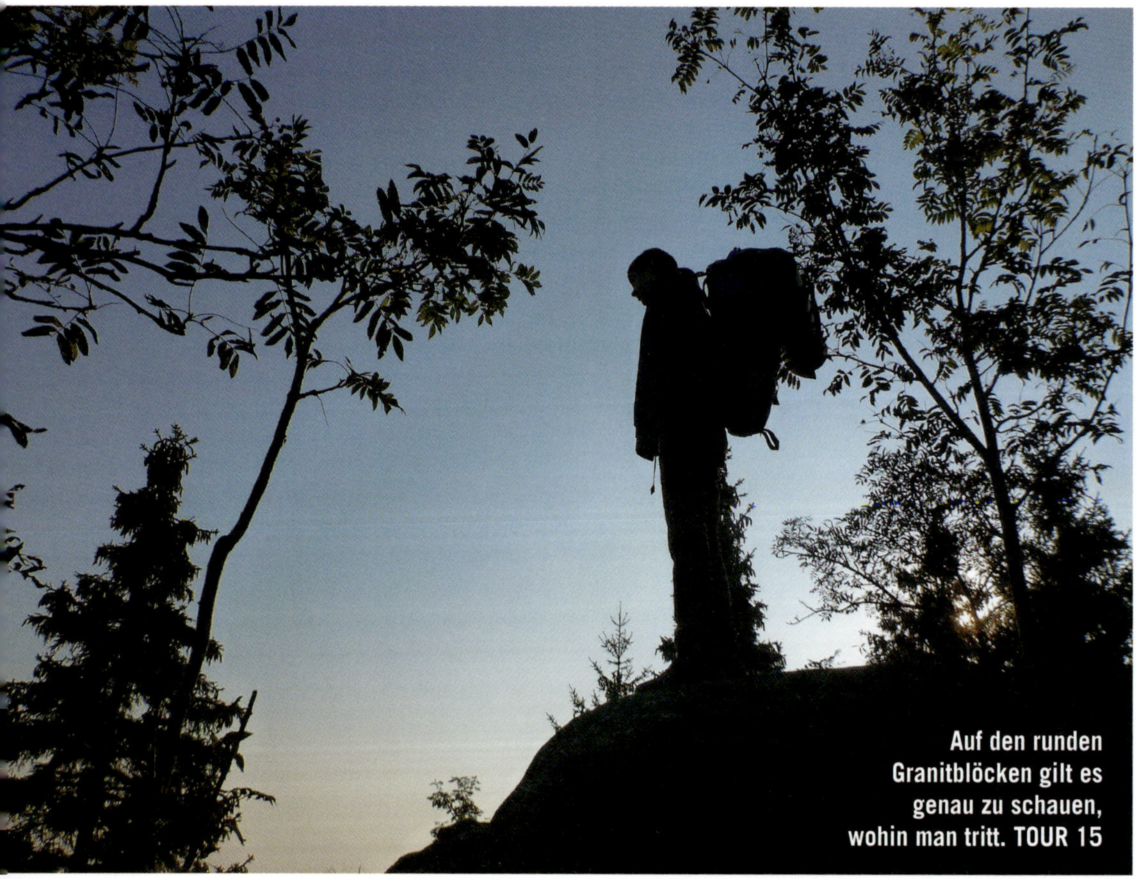

Auf den runden Granitblöcken gilt es genau zu schauen, wohin man tritt. TOUR 15

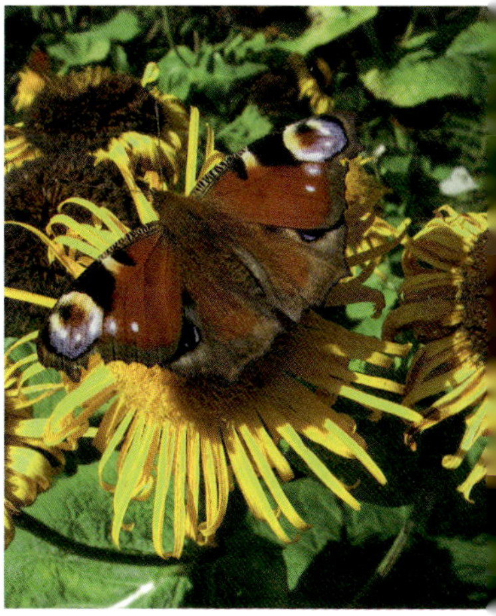

Sommerliche Schmetterlingspracht: Tagpfauenauge. TOUR 9

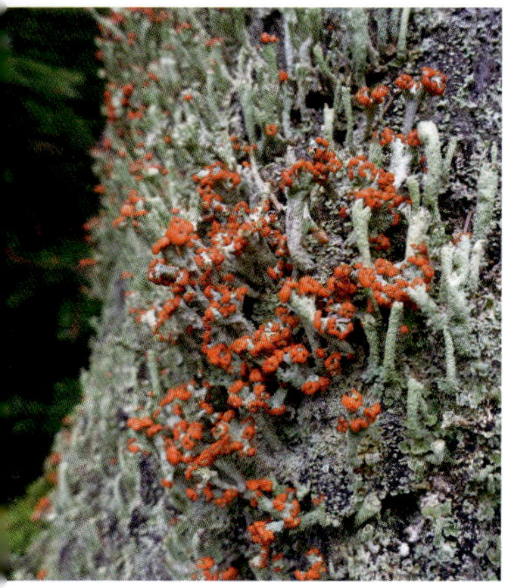

Am Wildnisweg der Hohneklippen: die Rotfrüchtige Säulenflechte *(Cladonia macilenta)*. TOUR 15

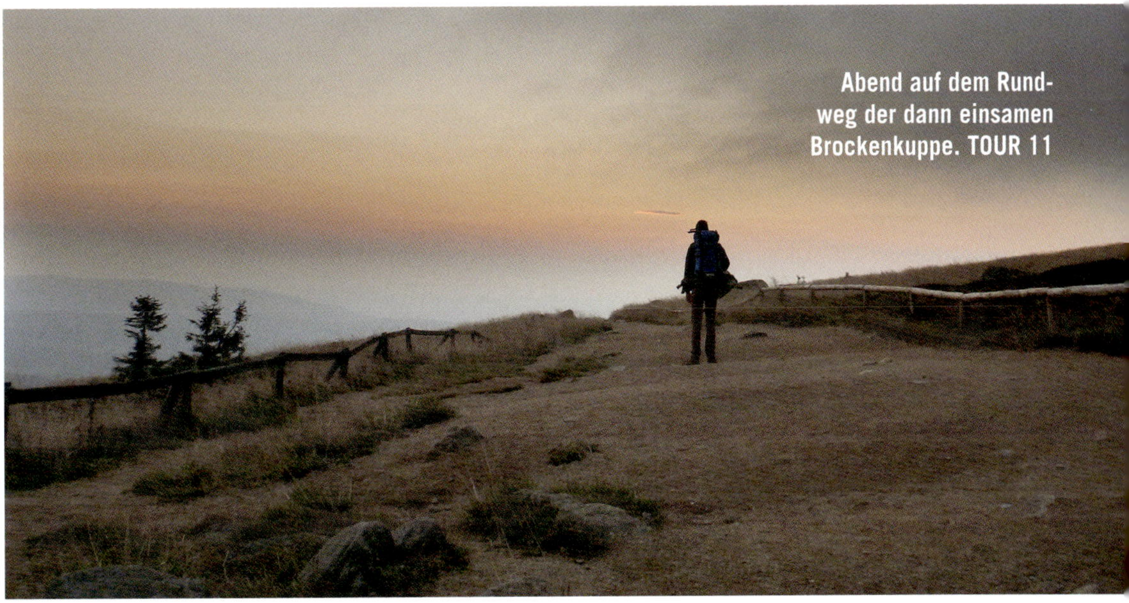

Abend auf dem Rundweg der dann einsamen Brockenkuppe. TOUR 11

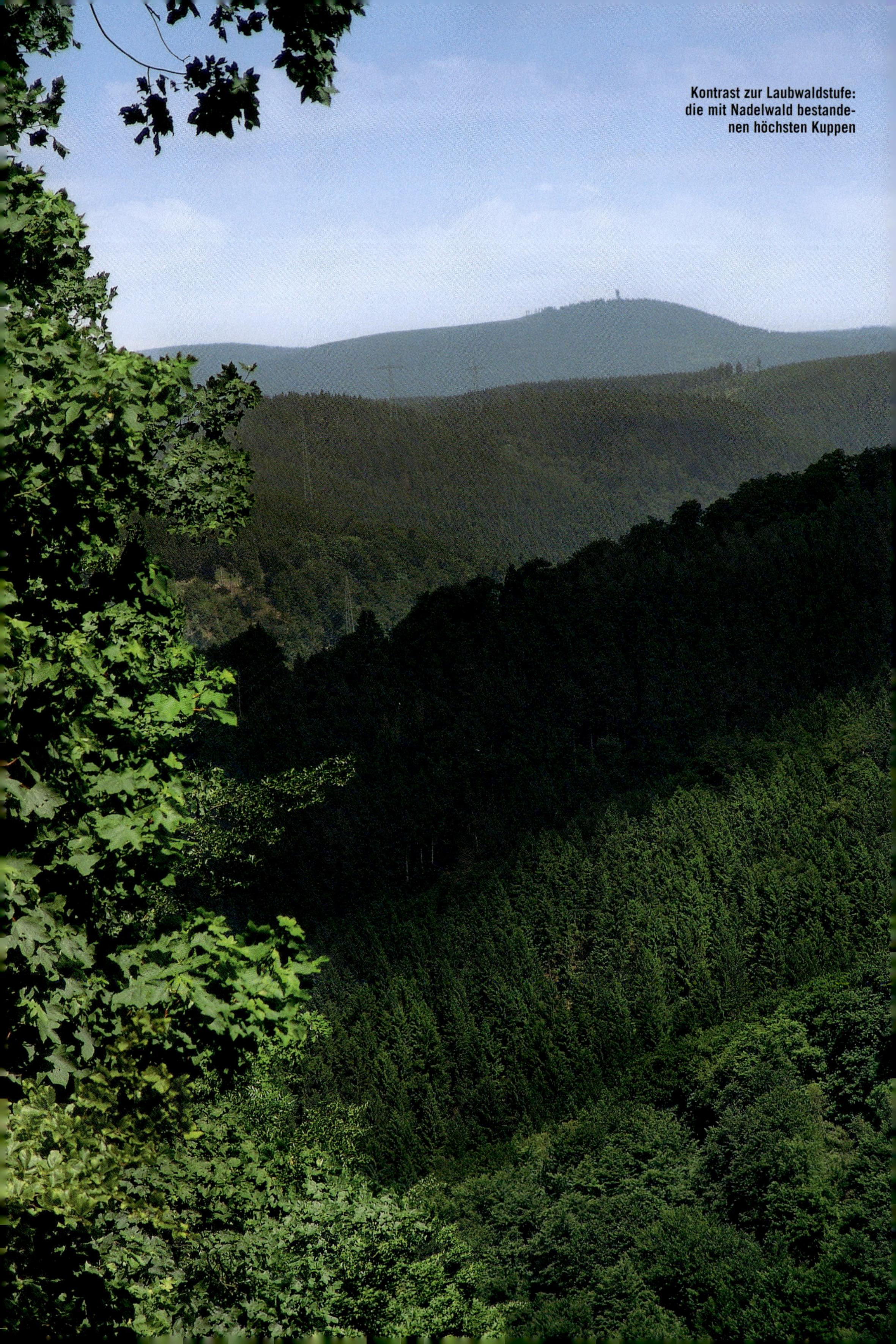

Kontrast zur Laubwaldstufe: die mit Nadelwald bestandenen höchsten Kuppen

Vorwort

Vergessene Pfade – das ist eine romantische Idee. Nicht wirklich vergessene Pfade natürlich, denn die tatsächlich vergessenen sind verfallen und zugewachsen und unpassierbar. Aber vergessen genug, um dort Ruhe zu finden, das passt.
Oft sind das Verkehrslinien früherer Zeiten. Die Trassen robuster Handelskarren über eingeschnittene Holperwege, die Pfade von fleißigen Bergleuten, oft entlang mühsam gebauter Gräben, nur hier und da gibt es extra zum Wandern gebaute Weglein. Sie alle gewinnen ihren Reiz durch die kleine Dimension. Sie sind optisch unauffällig und in die Landschaft eingepasst. Ein schmaler Weg bringt uns direkter in Kontakt mit dem, was da lebt und wächst. Das verlangt gelegentlich etwas Robustheit …
Historische Wege wurden touristisch benutzt und dann oft breiter ausgebaut. Aber auch schmale Pfade gibt es noch im Harz. Wer die Wanderstraßen zu den beliebtesten Zielpunkten schon kennt und der dort gerade zu beliebten Jahres- und Tageszeiten gehobenen Bevölkerungsdichte entfliehen möchte, dem kann geholfen werden. Abseits der bekannten Orte wartet noch so mancher Geheimtipp. Und zu beliebten Zielen gibt es auch weniger übliche Zugänge.
Vom norddeutschen Tiefland aus gesehen ist der Harz das erste Gebirge. Er wurde als großer Block älterer Gesteine herausgehoben. Über der etwas schief gestellten Hochfläche ragt altes kristallines Bergland mit Gipfeln bis über 1000 Meter auf. Dies ist echtes Mittelgebirge mit kühlerem und feuchterem Klima. Die Ränder des Harzes zeigen steile Hänge, ebenso wie die nach der Hebung des Gebirges in alle Richtungen tief eingeschnittenen Täler. Die Waldbedeckung ist forstlich geprägt. Ein großer Teil des Gebirges wird als Nationalpark besonders geschützt mit dem Ziel, die natürlichen Zustände und Lebensgemeinschaften zu stärken (siehe www.nationalpark-harz.de).
Die jeweils unterschiedliche Kombination der großen Landschaftselemente und Gesteine mit den von Menschen geschaffenen Bauten und Strukturen macht jede Wanderung unverwechselbar. Ebenso lassen uns Jahreszeiten, Wetter und Begleitung sogar die gleiche Tour immer wieder anders erleben.
Die romantische Idee vom ruhigen Naturgenuss hat zu dieser Auswahl geführt. Allerdings sind durch Forststraßenbau die schmalen Pfade stark dezimiert. Der Autor hat sich über jeden Meter echten Pfad gefreut, den er einbeziehen konnte. Wo Forstwege unvermeidbar sind, gilt aber auch, dass eine Wanderung nicht nur von der Beschaffenheit der Wegstrecke selbst lebt, sondern mehr noch von dem, was uns da begegnet.
Wer Veränderungen in der Landschaft oder Fehler in den Beschreibungen findet, dem bin ich als nicht allwissender und bei allem Bemühen um präzise Arbeit nicht fehlerfrei funktionierender Mensch für Mitteilungen und Tipps dankbar. Im Übrigen wünsche ich viel Freude unterwegs!

Braunschweig, nach intensivem Update im Frühjahr 2022,

Richard Goedeke

Wandererlebnis Harz

Zur Entstehung des Harzes

Vom norddeutschen Tiefland aus gesehen ist der Harz das erste Gebirge. Seine Gesteine wurden im Erdaltertum in der variskischen Gebirgsbildung gefaltet und von Vulkanismus und aufsteigendem Magma geprägt. Das Letztere erkaltete weithin unter Deckschichten zu grobkristallinen Tiefengesteinen, weithin zu Granit.

Dieses Gebirge wurde in den nachfolgenden Erdzeitaltern weitgehend abgetragen, sodass aus einer flach gewellten Rumpffläche schließlich nach vielen Jahrmillionen nur das zentrale Bergland um den Brocken und seine umgebenden Berge wie Wurmberg, Rehberg und Hohne herausragten.

Erst zum Ende des Erdmittelalters wurde bei der Kollision der afrikanischen und der fennoskandischen Platte im Zusammenhang mit der Heraushebung der Alpen und dem Aufreißen der großen Grabenbrüche von Rhône, Rhein und Leine das alte Gebirge des Harzes nochmals als Block aus seiner Umgebung herausgehoben. Erst so erhielt der Harz seine heutige Gestalt.

Über der etwas schief gestellten Hochfläche ragt das alte kristalline Bergland mit Gipfeln bis über 1000 Meter Höhe auf – ein echtes Mittelgebirge mit kühlerem und

Auf der Brockenkuppe – alpine Matte ohne Wald

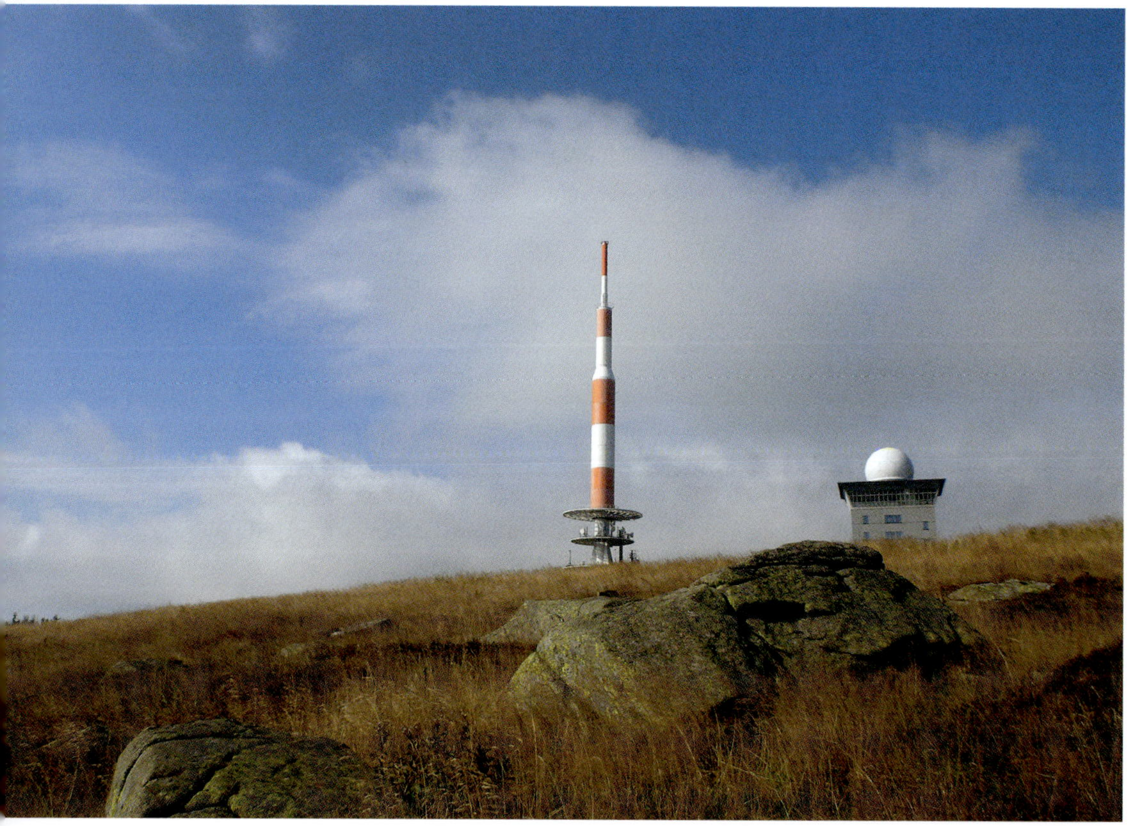

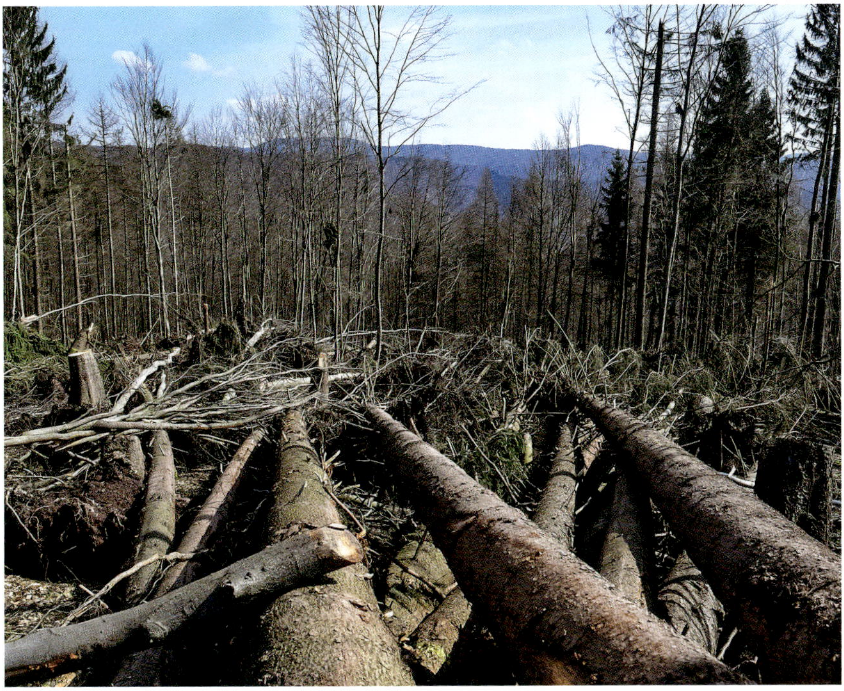

Im Sturm kann sich Wald rasch verwandeln – und neuer Ausblick entstehen ... (TOUR 29)

feuchterem Klima. Die Ränder des Harzes zeigen steile Hänge, ebenso wie die nach der Hebung des Gebirges in alle Richtungen tief eingeschnittenen Täler. Die natürliche Vegetation war nach den Kaltzeiten im Tiefland und in den niederen Lagen Laubmischwald, nur in den höheren Lagen dominierte die Fichte.

In diese nacheiszeitliche Naturlandschaft griffen Menschen erst vor einigen Tausend Jahren spürbar ein – zuerst durch die Rodung der Wälder im Tiefland an für Ackerbau geeigneten Stellen und später dann an den im Harz zugänglichen alten Gesteinsschichten durch anfangs geringfügigen, dann in geeigneteren Gebieten intensiveren Erzbergbau, Verhüttung und Metallverarbeitung. Das war ebenso mit Weidewirtschaft im Wald und auf dafür geschaffenen Wiesen verbunden. Durch den Holzbedarf des Bergbaus für Holzkohle und Anlagenbau und die Waldweide wurden auch im Harz die natürlichen Wälder dezimiert. Erst vor 300 Jahren wurde damit begonnen, durch planmäßige Forstwirtschaft neue Wälder zu schaffen. Darum sind die Wälder im Harz nach Baumarten und Struktur weithin forstlich geprägt – was die Erosion stoppte und für Wasserwirtschaft und Klima sowie für den Naturhaushalt insgesamt eine große Bereicherung ist, wenn es auch mit verinnerlichter Geometrie und dem Bau immer größerer Forststraßen nicht immer so ganz romantische Ergebnisse brachte.

Holz am vom Wind auf dem Brocken ausgerissenen Wurzelteller einer alten Fichte (TOUR 8)

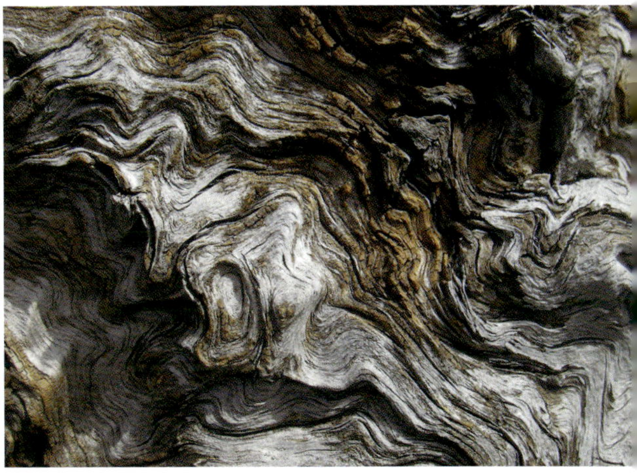

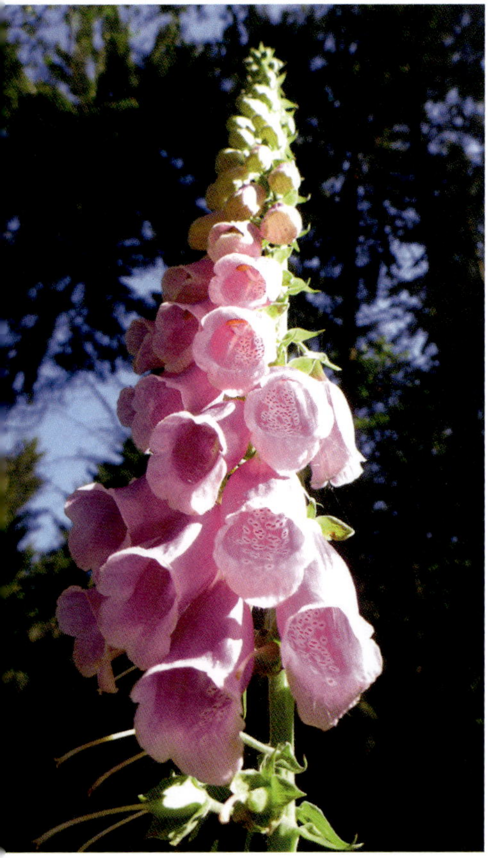

Aber die Romantiker und damit die Wanderer und der Tourismus kamen eben erst später – und ohne gewichtige ökonomische Interessen dahinter. Immerhin wird ein großer Teil des Gebirges seit 1990 als Nationalpark besonders geschützt mit dem Ziel, zumindest dort die natürlichen Zustände und Lebensgemeinschaften zu stärken (www.nationalpark-harz.de). Ebenso wie auch die Forstbehörden zunehmend ökologisch und sozial lernfähig und lernbereit sind.

Wandergebiete im Harz

Bei genauem Hinsehen gibt es verschiedene Sorten von Wandererlebnis Harz: etwa den kühleren Hochharz mit nach wie vor vorherrschendem Nadelwald, höherer Niederschlagsmenge und Nebelhäufigkeit und entsprechend höherem Bedarf an Wettertoleranz im Allgemeinen und an warmer und mehr oder weniger wasserdichter Kleidung und entsprechendem Schuhwerk. Mit dem Reiz großzügiger Wanderstrecken und weiter Ausblicke verbindet sich in einem überdurchschnittlich großen Teil des Jahres auch die Begegnung mit Schnee und Eis.

Ein anderes Landschaftselement sind die nur sanft gewellten Weiten der Harzhochfläche. Im Westen liegt sie bei 600 Metern Meereshöhe und ist dort nur mit Wald oder auch mal mit Wiese bedeckt. Im Osten erstreckt sie sich

Der Rote Fingerhut ist eine der typischen Harzpflanzen an Wegen und Lichtungen.

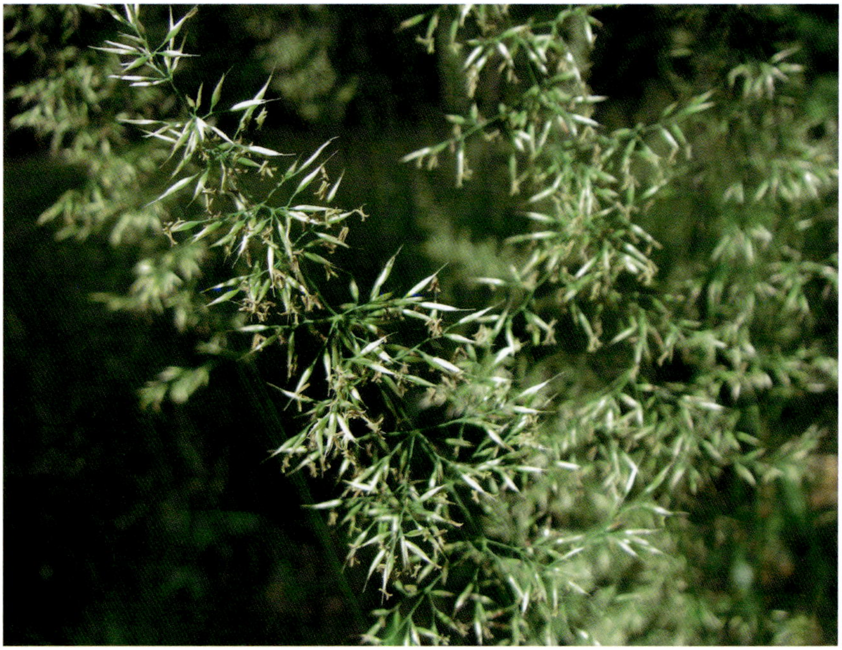

Sommerliche Grasflur – für Allergiker eher eine Gegend für Herbst und Winter …

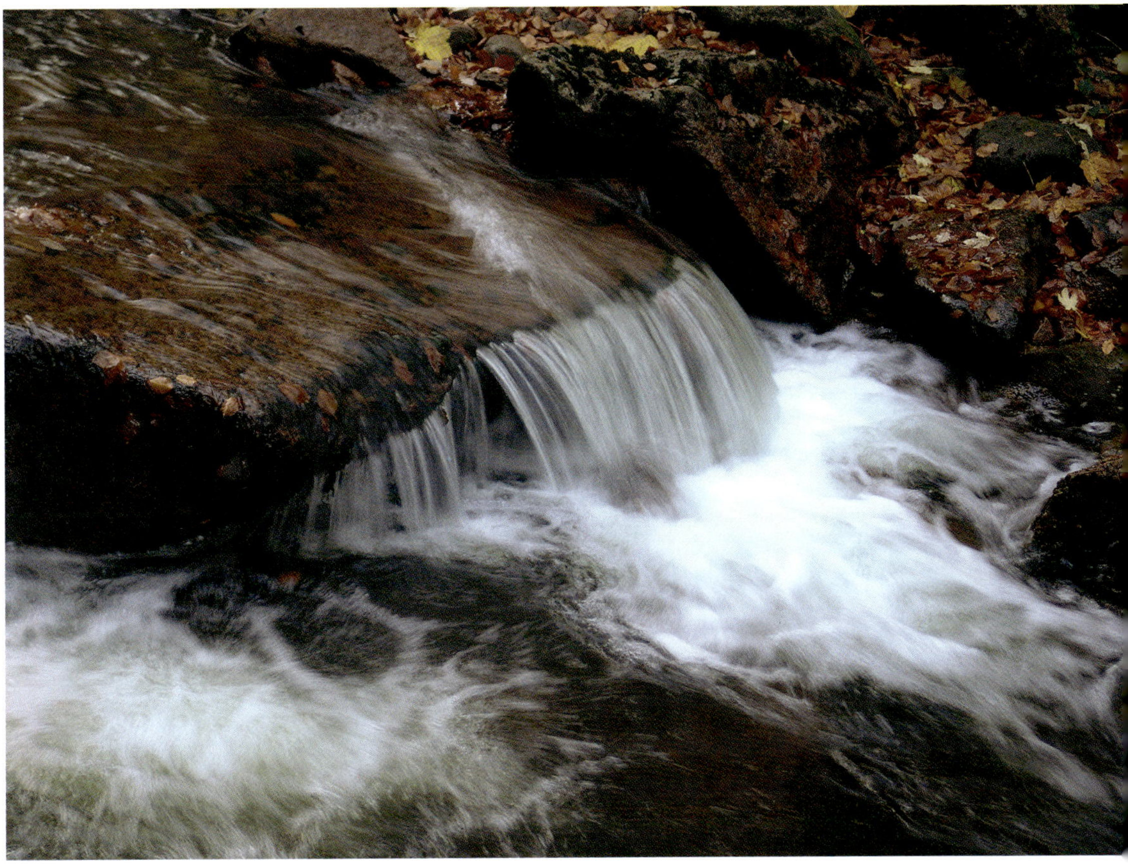

Wasserfälle im Ilestal am Heinrich-Heine-Weg (TOUR 13, Abstieg)

eher um 400 Meter Meereshöhe und zeigt dort teilweise auch Ackerflächen. Das bedeutet beim Wandern Abwechslung – und nur geringe Höhendifferenzen.

Steile Hänge und entsprechend sportliche Anstiege verlangen die Außenhänge des Harzblockes, besonders an der Nordseite des Gebirges. Daneben gibt es so etwas in den steil eingeschnittenen Tälern. Sie verlaufen vom zentralen Bergland in alle Richtungen und sind von teilweise eindrucksvollen Talmäandern mit steilen Prallhängen an den Außenbögen und sanfteren Gleithängen an den Innenbögen der Flüsse und Bäche geprägt (was auch besonders schön auf Weltraumbildern wie etwa bei Google Earth zu betrachten ist). Aus diesen jüngeren steilen Geländeformen sind durch die Abtragung vielerorts festere Gesteine als Klippen stehen geblieben und bilden nun besonders markante und immer wieder individuell gestaltete Felsgebilde. Sie geben Einblicke in die jeweilig unterschiedlichen Gesteine, bieten lohnende Aussichtspunkte, und einige besonders geeignete sind für Kletterer eine sportliche Herausforderung.

Wieder eine andere Welt sind die Gebiete mit Gipsvorkommen am Südrand des Gebirges. Hier treten die ursprünglich mehrere Hundert Meter mächtigen Ablagerungen des Zechsteinmeeres zutage. Die an Masse größeren Salzschichten sind bereits vom Niederschlagswasser bis in große Tiefe hin aufgelöst und inzwischen über Bäche und Flüsse in die Nordsee zurückgekehrt.

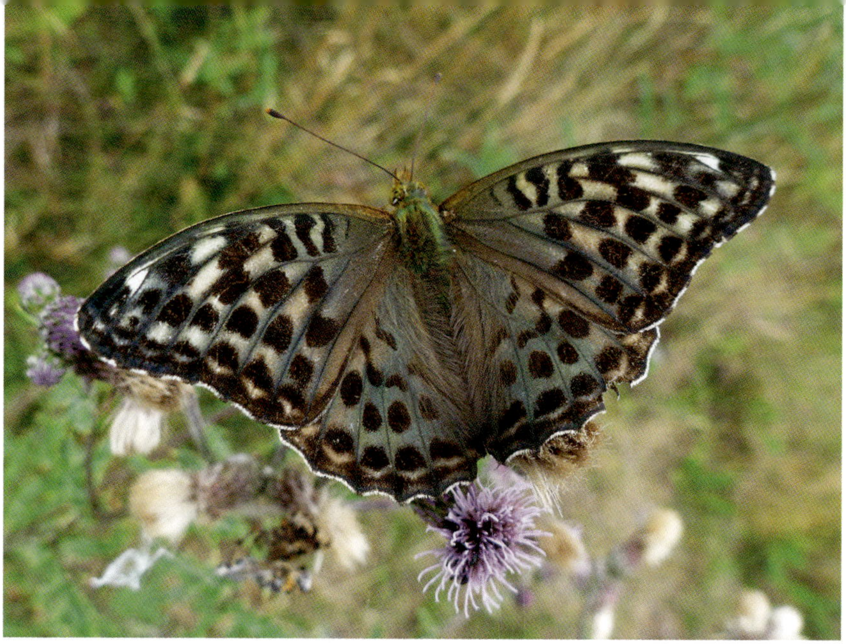

Dezente Pracht am sommerlichen Weg: Kaisermantel

So blieben hier an oder nahe der Oberfläche nur die weniger leicht löslichen Gipse übrig. Aber weil die auch immer noch weit besser löslich sind als die anderen Gesteine, bilden sich darin Hohlräume. Diese verstürzen und versehen schließlich die Oberfläche als Erdfälle mit interessanten Hohlformen. In den entsprechenden Gegenden kann dadurch schon mal der Fußboden unter einem Haus oder einer Straße perforiert werden – ebenso wie dort, wo früher Bergleute im Untergrund besonders emsig gekratzt und gehämmert haben und alte, von ihnen geschaffene Hohlräume einbrechen ...

In diesen Gebieten sind durch das kleinteilige Relief schon auf engem Raum abwechslungsreiche Wanderungen möglich.

Neben den Schürfstellen und Bergwerken legten die Bergleute zur Bereitstellung von Wasserenergie weitläufige Graben- und Teichsysteme an. Das sind zwar technische Bauwerke, aber sie wurden sehr überlegt und sensibel in die Geländeformen hineinkomponiert und bereichern die Waldlandschaft mit ihren stillen Wasserflächen und Gerinnen sowohl ökologisch als auch ästhetisch.

So ist völlig plausibel, dass diese als »Oberharzer Wasserregal« mit dem Status Weltkulturerbe ausgestattete historische Großstruktur aus den Zeiten früher und noch übersichtlicher dimensionierter Industrie trotz des Eingriffes in den natürlichen Wasserhaushalt auch im Nationalpark bewusst erhalten wird. Schließlich ist sie Denkmal einer Pionierleistung der Nutzung von sanfter regenerativer Energie!

Wandern auf »vergessenen Wegen« im Harz

Für die hier vorgestellten Wanderungen habe ich – wieder mit großem Vergnügen – besonders ruhige Wege und Bereiche ausgewählt, meist zu weniger bekannten und darum oft umso reizvolleren Zielen. Und weil es weniger oft begangene Wege sind, sollte keine kleinschrittige Wegewartung und nach Regen auch keine Abwesenheit von nassen Stellen oder gar Pfützen erwartet werden. Eher ist hierbei die Bereitschaft zur Improvisation gefragt ...

Eine Reihe dieser Wanderungen beginnen an Haltepunkten der originellen Harzer Schmalspurbahnen, mit deren Benutzung eine Unternehmung zusätzlich Atmosphäre gewinnt. Einige liegen auch, mit etwas längerer Anfahrt, im Inneren des Gebirges oder an weniger verkehrsgünstigen Randbereichen. Für nicht motorisierte Besucherinnen und Besucher lässt sich auch dort eine Wanderung organisieren, wenn diese sich nahe an solchen Punkten ein Quartier nehmen und auch, indem sie von den mit öffentlichen Verkehrsmitteln erreichbaren Orten aus mal ein Taxi einplanen – spätestens zu mehreren Leuten ist das ja auch für schmalere Geldbeutel bezahlbar.

Wir sind als Lauftiere entstanden und darauf ausgelegt – Gehen ist für uns gesund und sogar lebensnotwendig. Da sind Anreize gut, es tatsächlich auch immer mal wieder in größeren Portionen zu tun. Die jeweils unterschiedliche Kombination der großen Landschaftselemente und Gesteine mit den von Menschen geschaffenen Bauten und Strukturen macht jede Wanderung unverwechselbar. Und darüber hinaus lassen uns jeweils Jahreszeiten und Wetterbedingungen – und natürlich auch unsere Begleitung unterwegs – sogar die gleiche Tour immer wieder aufs Neue anders erfahren. Wandern ist damit immer wieder neues Erleben – und dieses Buch lädt dazu ein!

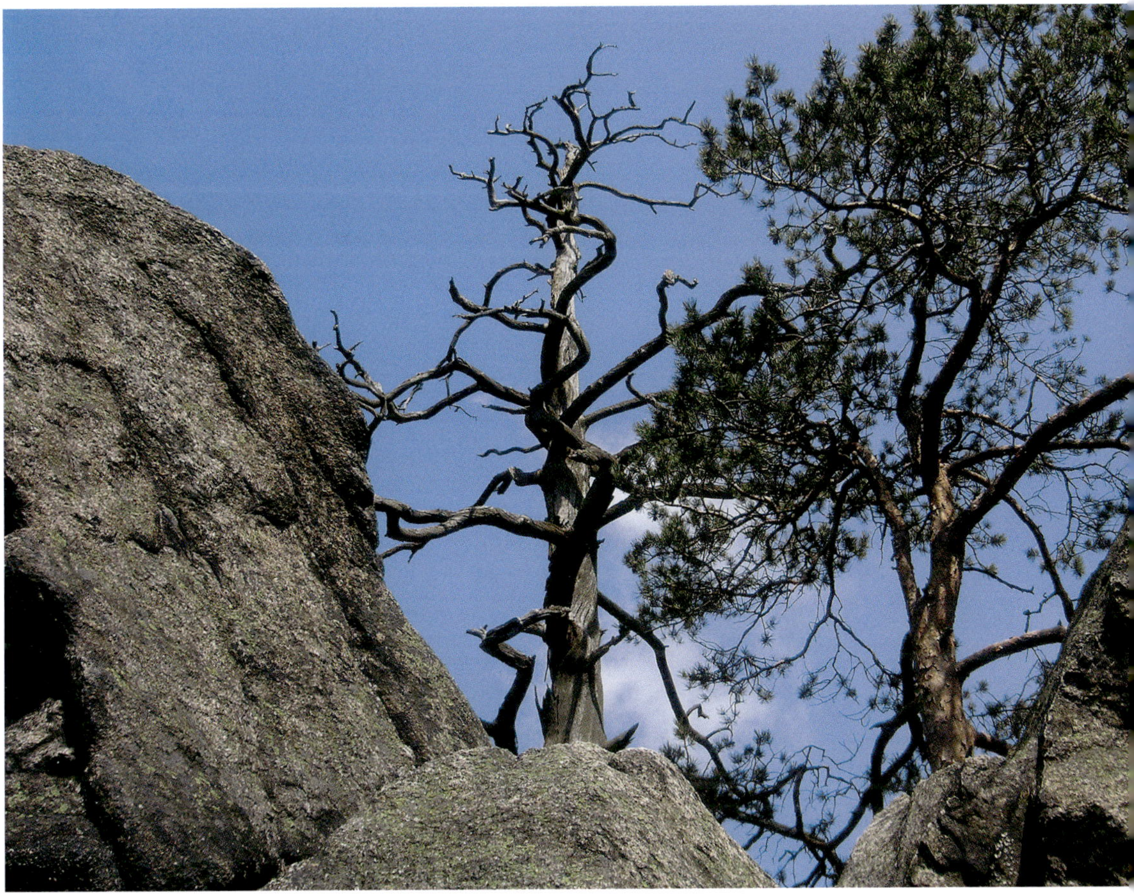

Karge Kiefern an Granitklippen im Okertal (TOUR 3)

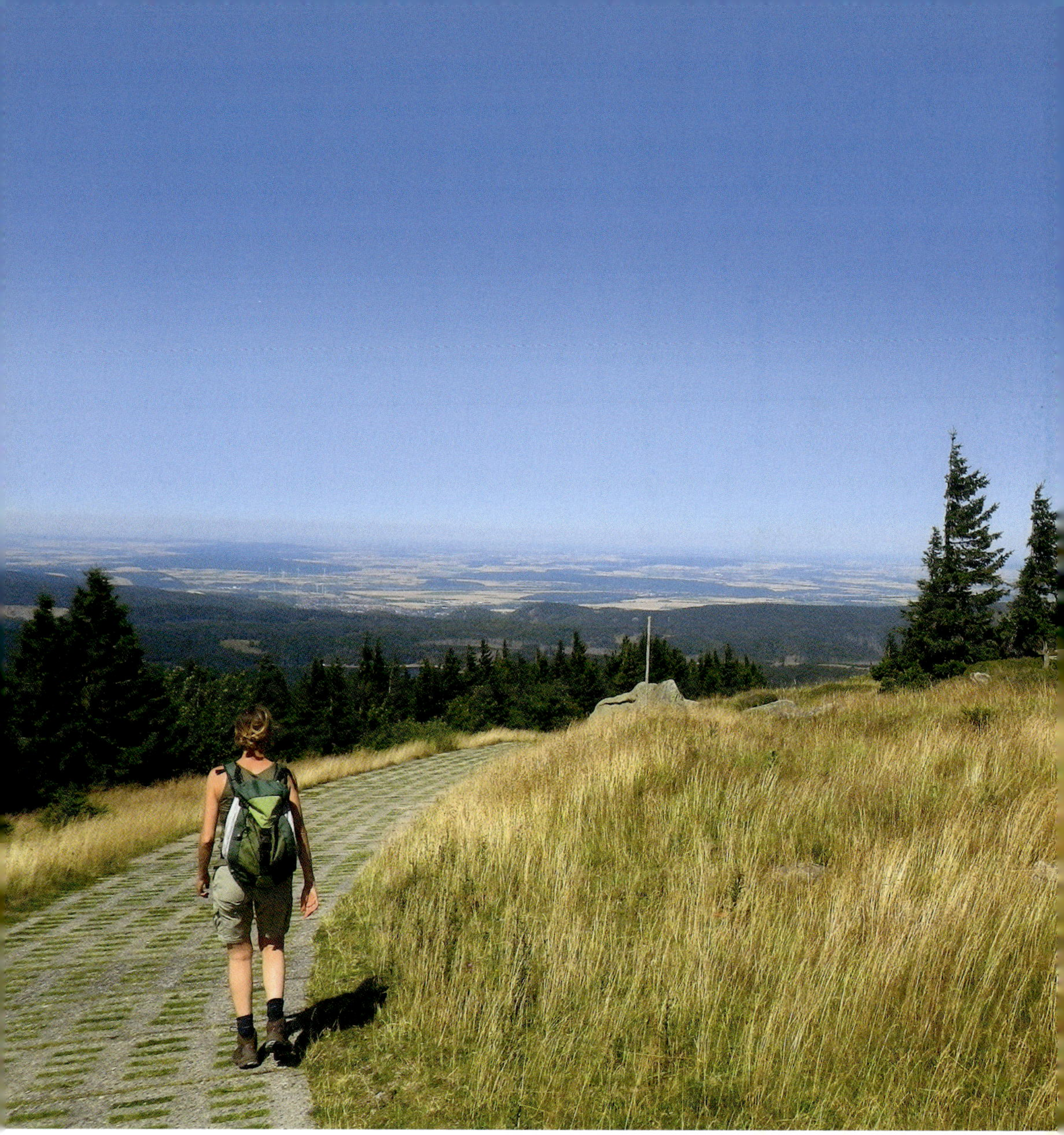

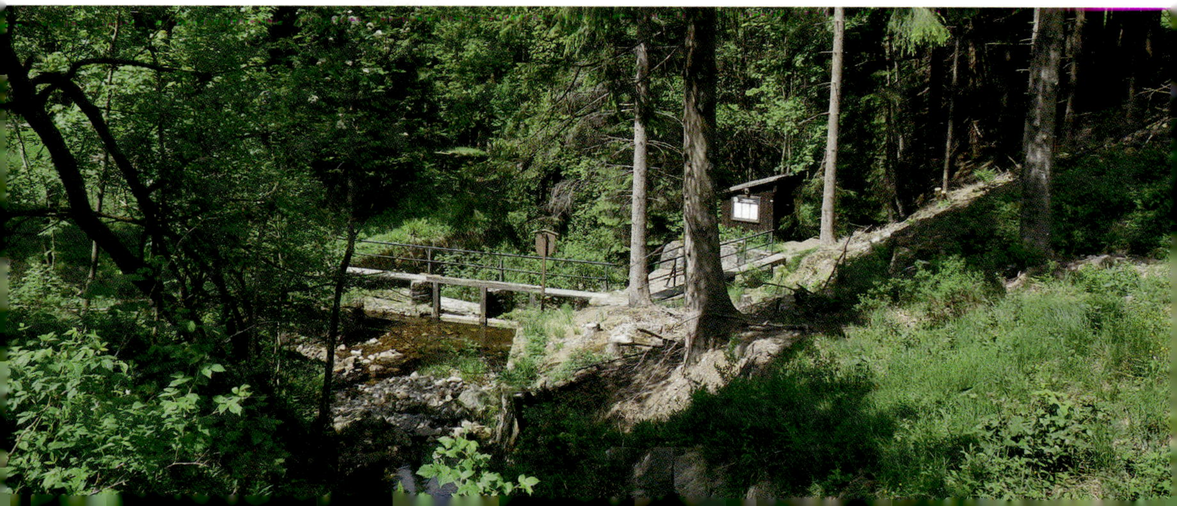

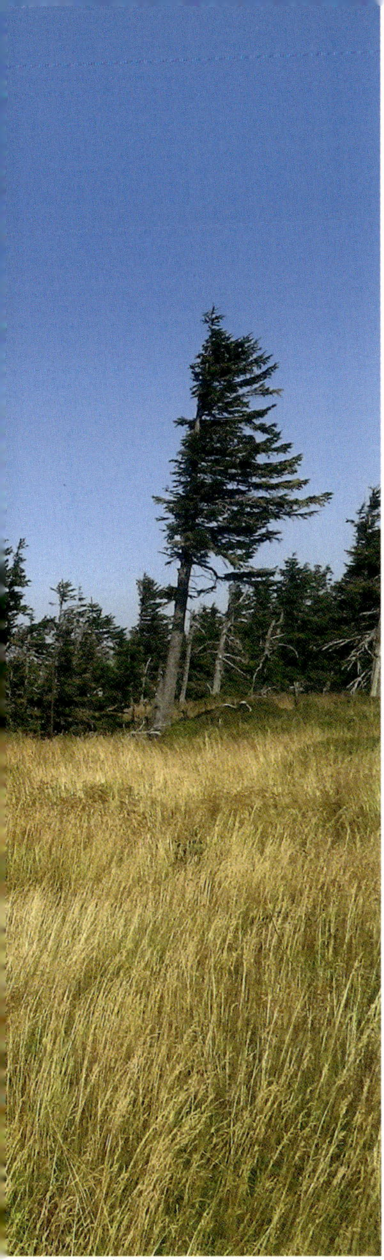

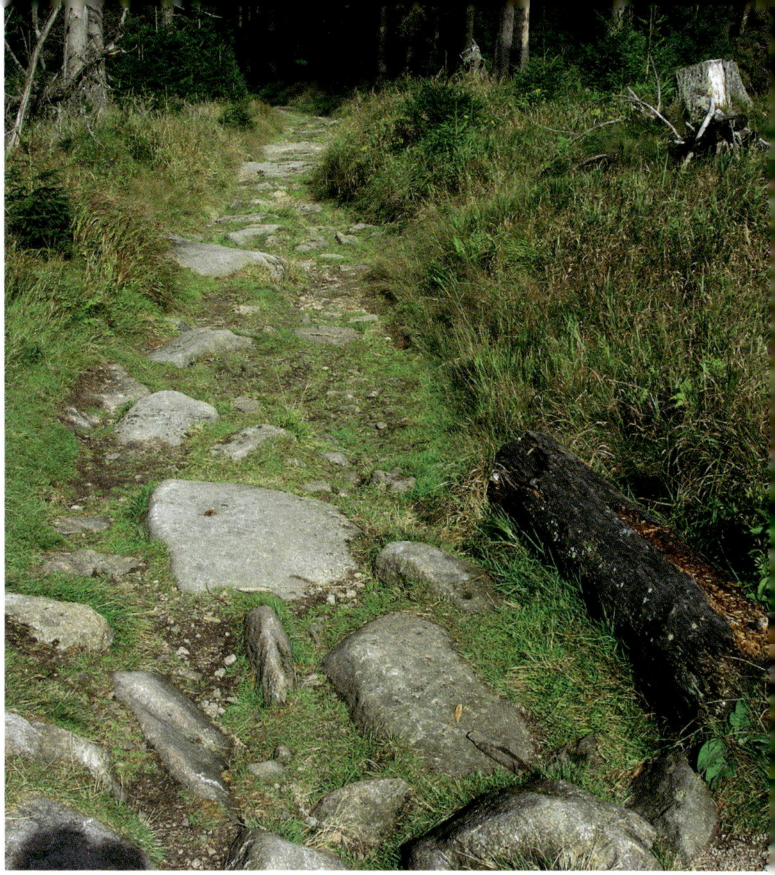

Nordharz

Oben links: Blick vom Kleinen Brocken ins sommerliche Vorland. Unten links: Am Großen Wehr im Sösetal (Tour 9). Oben rechts: Altehrwürdige grobe Pflasterung am uralten Handelsweg »Kaiserweg« (Tour 12). Unten rechts: Vom Weg zur Kattnäse blickt man über die Weite des Harzvorlands (Tour 6).

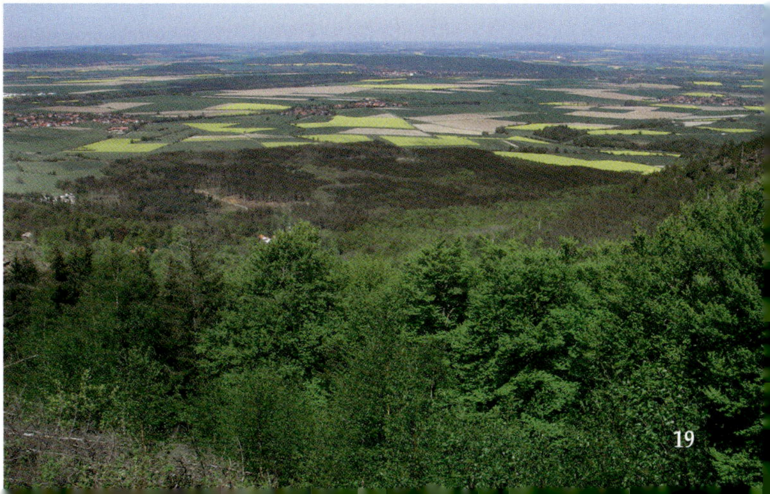

1 Herber Bergkamm beim Welterbe-Erzberg

Von Goslar auf den Herzberg

mittel 8 km 350 m 2.30 Std

Tourencharakter
Ruhige, stadtnahe Waldwanderung auf Forstwegen und Pfaden auf einen einsamen Bergkamm

Ausgangs-/Endpunkt
Rammelsberger Straße, beim Altenheim Theresienhof in Rammelsberg

Anfahrt
Auto: Von der ausgeschilderten Zufahrt zum Welterbe-Museum Besucherbergwerk Rammelsberg gleich schräg rechts in die Rammelsberger Straße und zum Altenheim Theresienhof; dort auch einige Parkplätze
Bahn & Bus: Bahn bis Goslar, dann Stadtbus bis zum Ausgangspunkt unterhalb der Jugendherberge

Höchster Punkt
Herzberg (630 m)

Beste Jahreszeit
April bis Oktober

Karte
Besonders empfehlenswert ist die mit dem Harzklub erstellte Karte »Wandern im Westharz« (1:50 000) der LGN Niedersachsen (s. auch www.geolife.de).

Einkehr
Nahe beim Eingang des Besucherbergwerks Rammelsberg

Tourismus-Info
Tourist-Info, Markt 7, 38640 Goslar, Tel. 05321/780 60, www.goslar.de; www.harzinfo.de; www.harztourist.de

Genau südlich der Stadt erhebt sich der Bergkamm zwischen Gosetal und Wintertal. Während der gegenüber gelegene Rammelsberg seiner ergiebigen Erze wegen über 3000 Jahre lang durchwühlt wurde und entsprechend bekannt und auch von populären Wanderungen überzogen ist, kennt den Herzberg kaum ein Mensch.

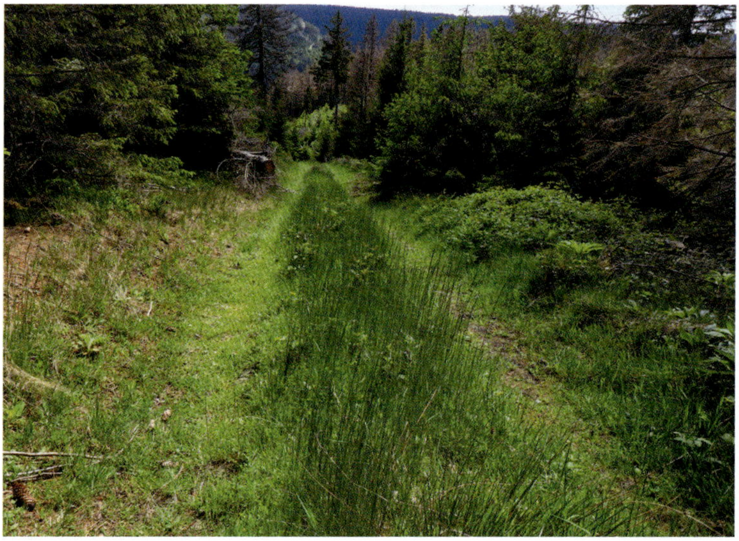

Auf dem Gipfel des Herzbergs

Zum Herzberg Nahe dem südlichen Ortsrand von Goslar zweigt man von der B 85 beim Schild zum Welterbe Besucherbergwerk Rammelsberg ab und fährt nach 350 Metern in die Rammelsberger Straße. Gegenüber vom Beginn des Fußwegs zur Jugendherberge biegt man in eine Seitenstraße ein zum Seniorenheim Theresienhof und folgt dann dem ausgeschilderten Wanderweg zu einer großen Bergwiese. Er führt über den besonders im Sommer idyllischen Wiesenrücken hinauf zum Wald, darin bald zu einem von links heraufführenden Forstweg und rechts zu einem **1 Wegekreuz**.

Hier geht man nicht auf dem als »Herzberger Weg« ausgeschilderten Weg weiter, sondern scharf links ansteigend zu einem Wegekreuz in einem Tälchen, bei einer Böschung aus hellem Schutt. Oberhalb davon

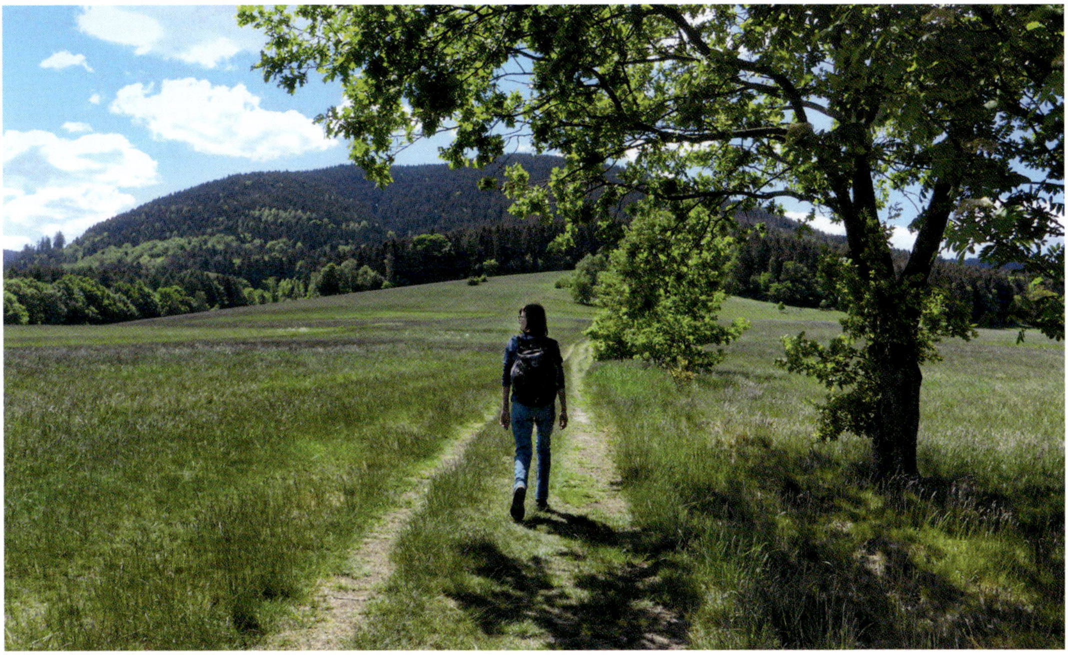

folgt man einem festen Weg steil nach rechts hinauf. Man passiert einige unauffällig im Wald gelegene alte Schürfstellen und Abraumhügel und gelangt in einem weiten Bogen zu einer großen Kehre auf dem nach Westen gerichteten Hang.

Aufstieg über den Wiesenrücken

Hier wendet sich der Hauptweg scharf nach links und führt zum Bergkamm. Dort gehen wir zuerst kurz nach rechts und dann links im Bogen auf dem grasigen Kammweg zum ❷ **Gipfel des Herzbergs** (630 m). Der höchste Punkt liegt seitlich vom Weg in dichtem Wald und bietet aktuell keine Aussicht (was sich durch Entscheidungen der Forstwirtschaft oder auch durch Sturmschäden rasch mal ändern kann).

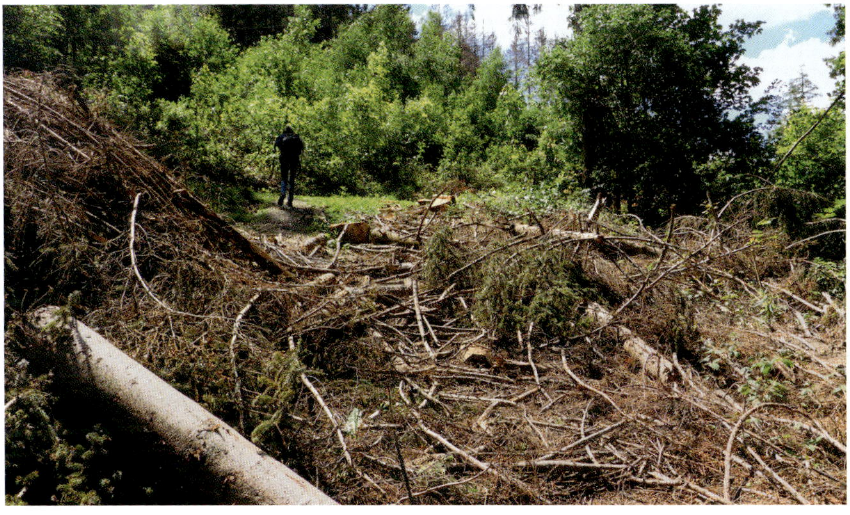

Solche Stellen gibt es auch mal ...

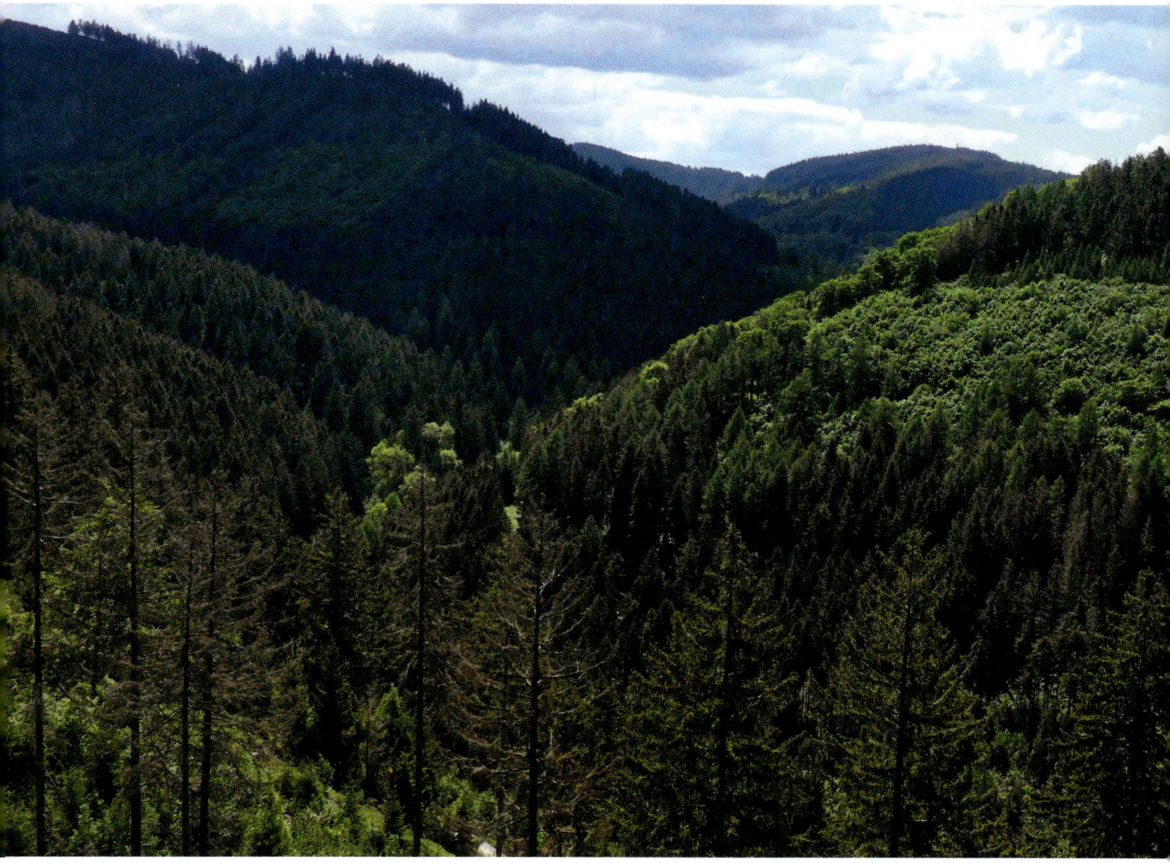

Blick ins obere Gosetal auf Schalke und Bocksberg – Waldwandel hin zu Laubwald

Abstieg ins Wintertal In südlicher Richtung wandert man nun immer auf wieder hübschen Naturwegen über den breiten Bergkamm weiter, gelegentlich mit Ausblicken und nach heftigem Wind auch mal an umgeworfenen Bäumen vorbei.

Nach einem breiten Sattel geht man über eine flache Kammerhebung. Danach biegt der Kamm etwas nach rechts, und der Weg leitet schließlich hinab zu einem Sattel mit Wegekreuz und ❸ **Wanderhütte** (»Volksbank-Hütte«, 4,5 km).

Nun wendet man sich nach rechts und wandert nordwestwärts auf dem unteren der breiten und festen Hangwege (Herzberger Weg) zurück. Man erreicht das bereits vom Hinweg bekannte Wegekreuz und geht nun weiter abwärts auf der Straße in einem großen Bogen zum Talgrund. Dort folgen wir scharf links dem angenehmen Weg entlang dem Ufer des Herzberger Teiches zum Staudamm. Wir passieren die Überlaufanlagen und gehen in gleicher Richtung im Wald weiter. Mit Durchblicken zum gegenüber gelegenen Museumsbergwerk gelangen wir schließlich wieder zur

Sehenswertes in und um Goslar

Das Besucherbergwerk in Goslar informiert über die 3000 Jahre alte Bergbaugeschichte im Rammelsberg. Es bietet Gelegenheit zu ausführlich erläuterten Rundtouren in den Eingeweiden des Berges und durch die Schausammlungen in den originalen Bergwerksgebäuden.

Ebenso ist die alte Kaiserstadt mit Kaiserpfalz, Kirchen, Rathaus und einem Ensemble prächtiger Fachwerkhäuser Weltkulturerbe und mehr als eine Reise wert.

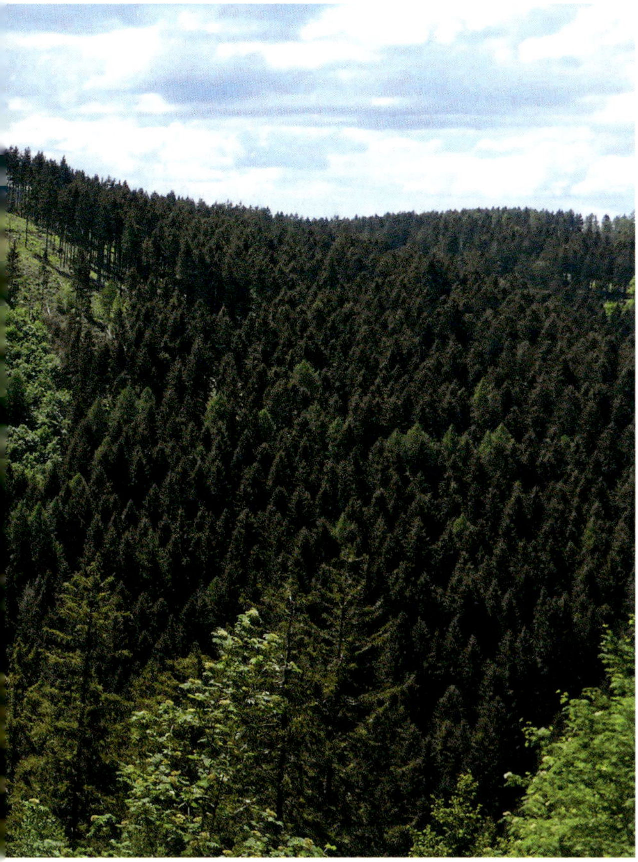

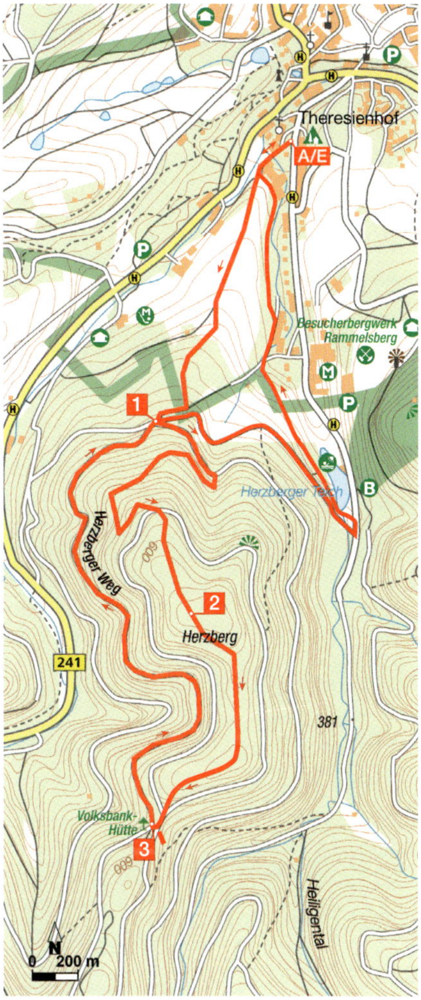

Seniorenanlage Theresienhof und wie zu Beginn der Wanderung durch die Bergleutesiedlung zurück zum Ausgangspunkt.

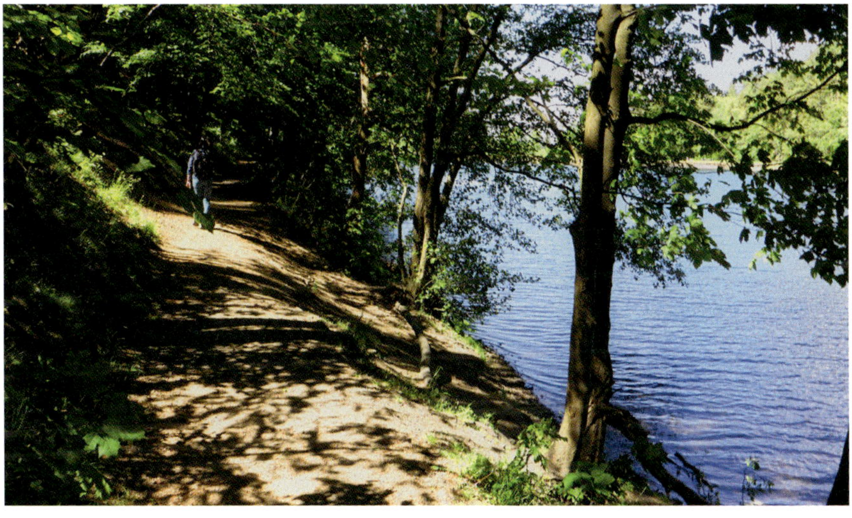

Am Herzberger Teich

2 Der markanteste Gipfel des westlichen Harzes

Vom Gosetal auf die Schalke

mittel | 13,5 km | 440 m | 4 Std.

Tourencharakter
Längere, ruhige, weithin kammnahe Wanderung mit deutlichem Höhenunterschied, teils auf rauen Pfaden, überwiegend aber auf breiten Forstwegen auf den selbstständigsten Berg des westlichen Harzes. Von dort bieten sich weite Ausblicke zum Hochharz und zur Clausthaler Hochfläche.

Ausgangs-/Endpunkt
Kleiner Parkplatz in einem Steinbruch (364 m) ostseitig an der nach Clausthal führenden B 241 im Gosetal

Anfahrt
Auto: Von Goslar über die B 241 in Richtung Clausthal-Zellerfeld, ca. 1100 m nach dem Campingplatz und noch 2 km vor der großen Kehre zu einem kleinen Parkplatz im Steinbruch im Gosetal
Bahn & Bus: Nicht optimal – Bahn bis Goslar, dann mit dem Stadtbus bis zur Clausthaler Straße und von dort zu Fuß bzw. eventuell mit dem Taxi zum Ausgangspunkt

Höchster Punkt
Schalke (762 m)

Beste Jahreszeit
April bis Oktober

Einkehr
Unterwegs keine

Karte
Besonders empfehlenswert ist die mit dem Harzklub erstellte Karte »Wandern im Westharz« (1:50 000) der LGN Niedersachsen (s. auch www.geolife.de).

Tourismus-Info
Tourist-Info, Markt 7, 38640 Goslar, Tel. 05321/780 60, www.goslar.de; www.harzinfo.de; www.harztourist.de

Diese weithin bewaldete Bergkuppe erreicht nicht einmal 800 Meter Höhe, aber westlich vom Einschnitt zwischen den Talsystemen von Söse und Oker ist dies der höchste Gipfel des Gebirges. Deshalb trug er in Zeiten des Kalten Kriegs auch Radaranlagen und Sender; heute ist die Kuppe wieder erfreulich gut renaturiert.

Zur »Großfürstin Alexandra« Unser Ausgangspunkt, die Parkmöglichkeit, befindet sich im Gosetal bei einem ostseitigen, unter einem Seitental gelegenen Steinbruch. Auf oft feuchtem Weg östlich vom Bach gehen wir etwa 300 Meter taleinwärts, südwärts, unter einem weiteren Seitental durch und gleich danach zur Einmündung eines weiteren, größeren und von links herabkommenden Tals.

Dort folgen wir im Talgrund, zuerst zwischen kleinen Felsen durch, einen schuttigen Weg hinauf zu den rechts gelegenen Halden des alten, nie besonders ergiebigen Bergwerks »Großfürstin Alexandra« (Sachkundige können hier mit etwas Glück auch Steine mit spärlichen Spuren von Erz

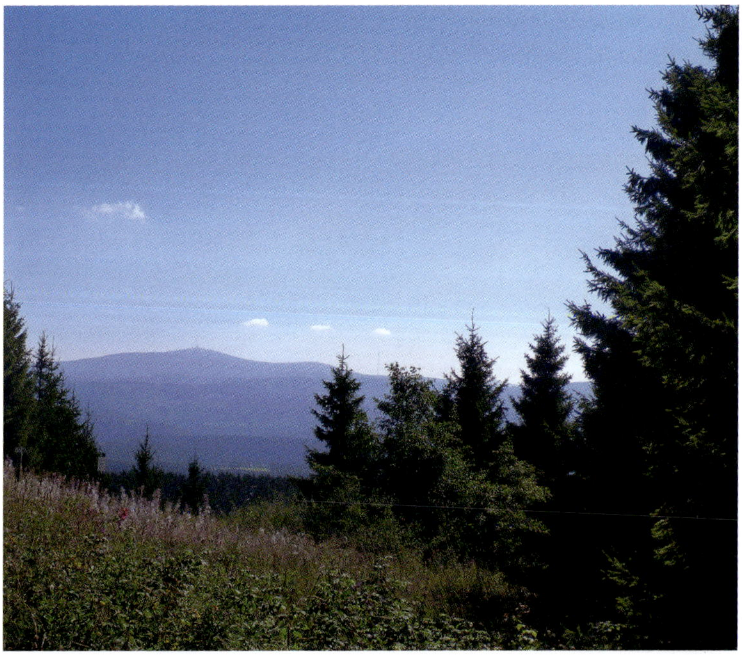

finden). Im teils nassen Talgrund steigen wir dann weiter hinauf zu einem das Tal querenden ❶ **Forstweg**. Auf diesem gehen wir nach rechts weiter und in einem großen Bogen um den markanten Bergsporn des Großen Schleifsteinsbergs herum.

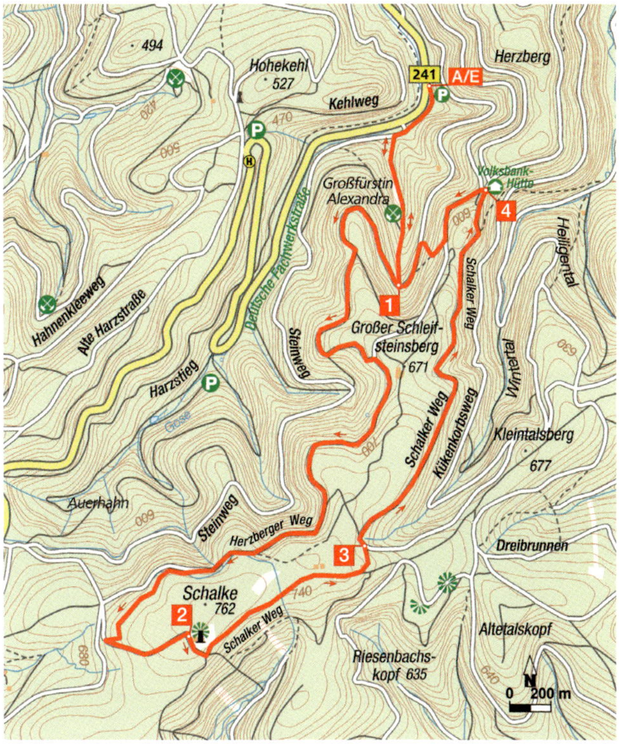

Auf die Schalke Dieser Weg leitet allmählich hinauf und mündet in den höher gelegenen »Herzberger Weg«. Dieser bringt uns nun mit wenig Steigung in gleicher Richtung weiter.

Nach Umrundung eines breiten Bergsporns biegen wir nach dem dritten rechts hinabziehenden Tälchen (und noch vor einer Gefällestrecke) nach links. Der unbefestigte alte Weg quert etwa auf gleicher Höhe nach etwa 600 Metern zu der von Westen heraufführenden Straße. (Wer diesen alten abkürzenden und teils überwachsenen Weg verfehlt, erreicht diese Straße weiter unten bei einem großen Forststraßendreieck und folgt ihr dann nach links hinauf.)

Diese führt zur ❷ **Kuppe der Schalke** (762 m) mit eisernem Aussichtsturm und eindrucksvollem Blick zum Brocken sowie einer Wanderhütte. Hinter der renaturierten Gipfelkuppe liegt ein kleines Hochmoor; der früher dort direkt hinabführende schmale Wanderweg wurde aus Naturschutzgründen gesperrt.

Linke Seite: Brocken von der Gipfelkuppe der Schalke

Schalker und Herzberger Weg Der etwas tiefer in nordöstliche Richtung führende breite Forstweg (auch Trasse einer Ferngasleitung) bringt uns nach gut einem Kilometer zu einer ❸ **Wegegabelung**, wo wir uns links auf den Schalker Weg halten. Dieser führt als Forstweg in einem Bogen nach links in einen Talanfang und danach in nördlicher und nordöstlicher Richtung weiter.

Nach etwa drei weiteren Kilometern erreicht der Schalker Weg die in einem Bergsattel gelegene ❹ **»Volksbank-Hütte«**. Nun biegen wir hinter dem Sattel nach links in den Herzberger Weg ein und wandern auf diesem südwestwärts 600 Meter ansteigend weiter zur Abzweigung eines Forstweges nach rechts. Er führt, steiler und etwas eingeschnitten, nun hübsch schräg hinab und zuletzt nach rechts biegend auf den Hangweg im Tal oberhalb der ehemaligen Grube »Großfürstin Alexandra«. Von hier steigen wir auf dem Anstiegsweg wieder ab zum Ausgangspunkt.

Meine Tour-Variante

Wer nur mal als Stippvisite kurz auf die Schalke will, startet von der B 241 aus beim Bergsattel und dem ehemaligen Wegehaus »Auerhahn« und geht auf der festen Straße zum Gipfel.

3

Der Aussichtsberg hoch über dem Kletterparadies

Vom Waldhaus Oker auf den Kahberg

mittel | 13 km | 400 m | 3.30 Std.

Tourencharakter
Ruhige Wanderung auf angenehmen Hangwegen hoch über dem verkehrsreichen Tal

Ausgangs-/Endpunkt
Gaststätte Waldhaus am südlichen Ortsausgang von Oker

Anfahrt
Auto: Von der Harzrand-Schnellstraße B 6 auf die ins Tal führende B 498
Bahn & Bus: Bahn bis Oker, öfter bis Goslar, dann Stadtbus bis zur Waldhaussiedlung

Höchster Punkt
Kahberg (527 m)

Beste Jahreszeit
April bis Oktober

Einkehr
Gaststätte Waldhaus wieder offen!

Karte
Besonders empfehlenswert ist die mit dem Harzklub erstellte Karte »Wandern im Westharz« (1:50 000) der LGN Niedersachsen (s. auch www.geolife.de).

Tourismus-Info
Tourist-Info, Markt 7, 38640 Goslar, Tel. 05321/780 60, www.goslar.de; www.harzinfo.de; www.harztourist.de

Diese Wanderung verläuft überwiegend auf teils grasigen Forstwegen. Aber obwohl sie dicht an einem der touristischen Hauptziele des Westharzes liegt, erfüllt sie das Merkmal »vergessen« in hohem Maße: Hier oben hin verläuft sich kaum ein Mensch.

Auf den Kahberg Dies könnte sich ändern, weil der Kahberg wegen Klimawandel und Borkenkäfer wieder ein Aussichtsgipfel wird (wie er es nach 1948 schon einmal war).

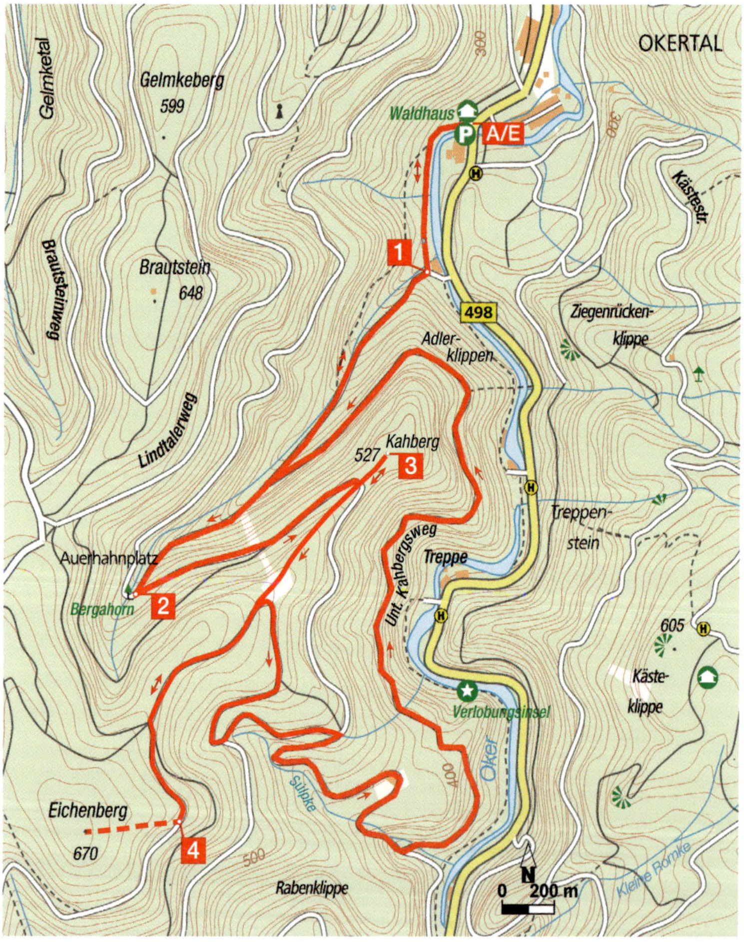

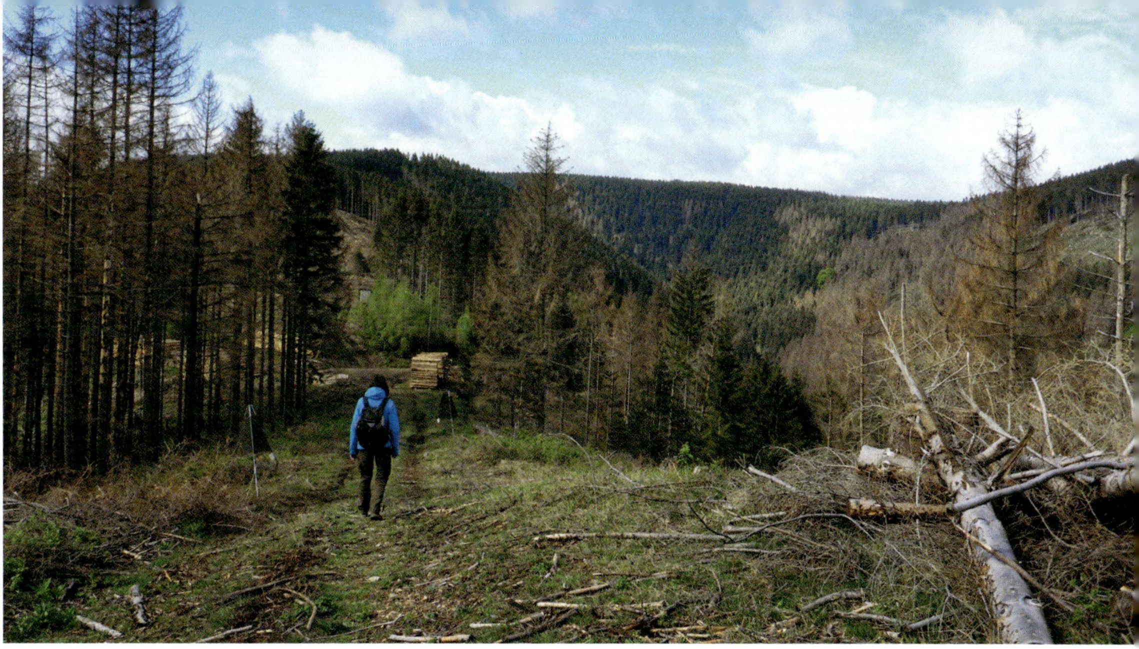

Abstieg vom Kahberg, hinten der neue Wegverlauf direkt über den Bergkamm

Vom Waldhaus Oker gehen wir auf dem westlich des Okerbachs südwärts führenden breiten Wanderweg 600 Meter talaufwärts bis zur Einmündung eines tief eingeschnittenen ❶ **Tals**. In seinem Grunde (Düsteres Tal) folgen wir nach rechts zuerst dem Pfad entlang dem durch das Hochwasser 2017 interessant renaturierten Bach und dann auf dem bald grasigen Weg weit hinauf bis zu einem Querweg vor einem altehrwürdigen ❷ **Bergahorn**.
Hier wenden wir uns nach links und folgen dem breiten Weg bis in einen markanten Bergsattel. Von hier bringt uns eine Schneise nach links hinauf auf den aus kontaktmetamorphem Devonsandstein aufgebauten felsigen ❸ **Gipfel des Kahbergs** (527 m, schon wieder Aussicht ins Tal zur Ziergenrückenklippe).

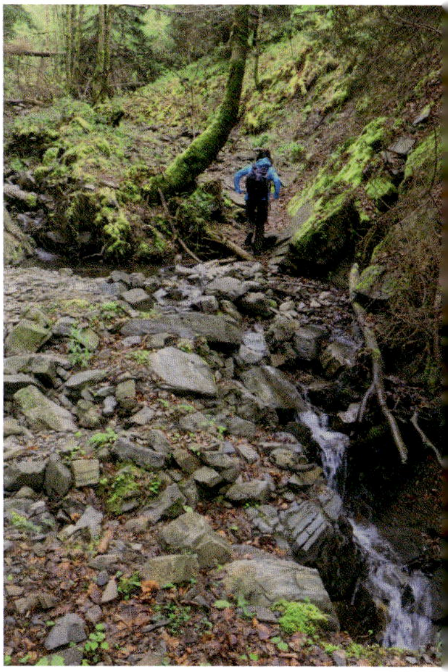

Im vom Wildbach umgestalteten Düsteren Tal

Durchs Tal der Sülpke Auf dem gleichen Weg geht's zurück zum Sattel. Nun folgen wir der breiten Harvestertrasse direkt auf dem aktuell kahlen Bergrücken. Mit weitem Blick nach links ins Okertal und nach rechts zum Brautstein erreichen wir schließlich die Kehre einer breiten Forststraße. Die Straße bringt uns in gleicher Richtung weiter nach etwa einem Kilometer zum ❹ **Bergsporn des Eichenberges** (toller Ausblick zum Brocken und zum Okerstausee, von hier Aufstieg über Schneise 400 m zum Gipfel, 670 m, keine Aussicht).
Wir gehen vom Aussichtspunkt zurück hinab zur Einmündung des Bergrückens vom Kahberg, folgen dann aber der Straße in weiten Bögen hinab in das Tal der Sülpke. Nahe dem Talgrund biegen wir links, nördlich in den Unteren Kahbergsweg (Wegestein). Er führt oberhalb an mehreren der beliebten Kletterfelsen der Adlerklippen vorbei und erlaubt auch Sicht auf die Felsen am östlichen Hang des Okertals.
Schließlich erreichen wir wieder nach links den Grund des Düsteren Tals und wandern in seinem Grund auf dem Anstiegsweg zurück zum Waldhaus.

4 Zur Harzhochfläche und zu Wollsackgranit

Von Romkerhalle über den Ahrendsberg zur Käste

mittel | 16,5 km | 300 m | 4 Std.

Tourencharakter
Ruhige kleine Wege, aber auch mit einer kurzen Strecke am beliebten Highlight Kästeklippen; überwiegend mit hübschen Ausblicken und durch stille Waldszenerien

Ausgangs-/Endpunkt
Gasthaus Romkerhalle an der B 398, unterhalb des Romkerhaller Wasserfalls

Anfahrt
Auto: Von Oker über die B 398 zum Gasthaus
Bahn & Bus: Bahn bis Goslar, dann mit dem Stadtbus über Oker bis zur Waldhaussiedlung, dann zu Fuß in 30 Min. nach Romkerhalle

Höchster Punkt
Kleiner Steffentalkopf (648 m)

Beste Jahreszeit
April bis Oktober

Einkehr
Am Ausgangspunkt Romkerhalle und Kästehaus (Mo Ruhetag)

Karte
Besonders empfehlenswert ist die mit dem Harzklub erstellte Karte »Wandern im Westharz« (1:50 000) der LGN Niedersachsen (s. auch www.geolife.de).

Tourismus-Info
Tourist-Info, Markt 7, 38640 Goslar, Tel. 05321/780 60, www.goslar.de; www.harzinfo.de; www.harztourist.de

Diese Wanderung ist ein gutes Beispiel dafür, wie auch in der Umgebung eines zu Recht sehr beliebten touristischen Ziels eine verblüffend ruhige Idylle gefunden werden kann. Wer weniger weit laufen möchte und dafür auch was verpassen will, dem stehen zwei Möglichkeiten zum Abkürzen der Tour zur Verfügung.

Hallesche Höhe und Kniepweg Vor dem Romkerhaller Wasserfall erreichen wir nach rechts rasch die Mündung des Tales der Großen Romke. Rechts unterhalb der Forststraße gehen wir am Wehr vorbei und unter einer Ecke des Kraftwerkes durch zum Beginn eines schmalen Wanderweges. Er führt rechts vom Bach als Jägerstieg am Berghang ansteigend taleinwärts. An der zweiten großen Schneise biegen wir nach rechts und steigen steil und teils felsig hinauf zum ❶ **Aussichtspunkt Hallesche Höhe** (590 m; Geländer, weiter Blick ins Okertal, Schutzhütte).
Nun geht's in flachem Gelände links, südostwärts, und bald auf einer Forststraße weiter. Von Süden her führt eine Stromleitung heran zum

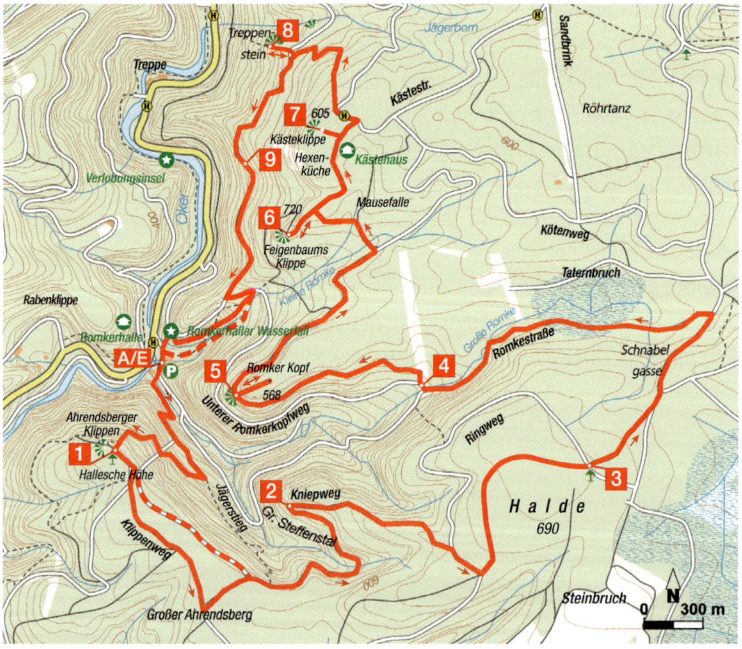

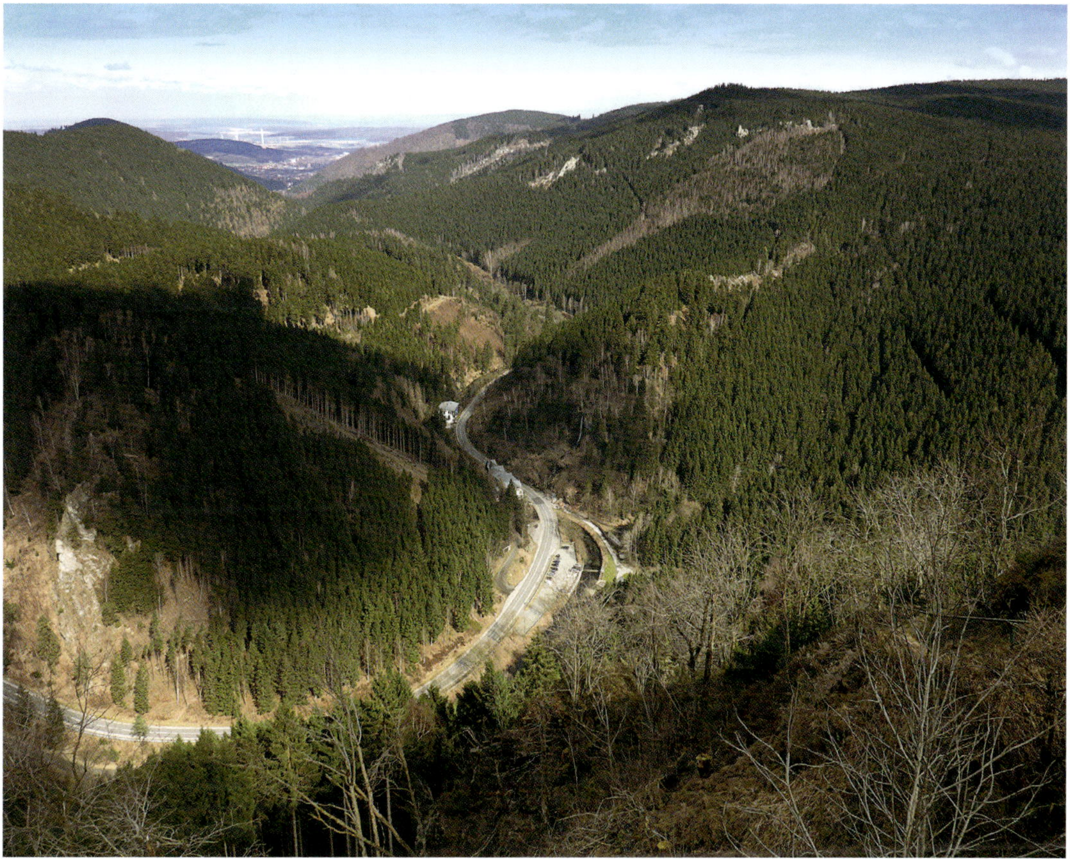

Blick von der Halleschen Höhe des Ahrendsberges ins Okertal: Bildmitte Romkerhalle, rechts oben die Klippen der Käste

Weg und folgt ihm nun. 300 Meter danach zweigt links der Kniepweg ab. Der leitet uns über eine Kuppe und hinab in ein Tal, dann hinauf zu einem ❷ **Bergsporn** (Blick ins Tal). Nun halten wir uns scharf rechts und steigen bergan. Nach gut einem Kilometer wird oben eine quer verlaufende Forststraße erreicht. Auf dieser wenden wir uns links und erreichen rasch den Fuß der riesigen Abraumhalde Diabas-Steinbruch Huneberg. Sie wurde (und wird) als neuer Gipfel raumgreifend hoch aufgeschüttet. Links führt ein neuer Forstweg in einem großen Bogen um die Halde herum, an der flachen Gipfelkuppe des Kleinen Steffentalkopfes (618 m) vorbei bis zu einem ❸ **Wegekreuz** nordöstlich der Halde (die über 50 Meter hoch ist und offenen Rundumblick bietet, aber noch Betriebsgelände ist). Hier verlief der altehrwürdige Salzstieg. Er ist westlich der Halde in Richtung Waldpädagogisches Zentrum Ahrendsberg noch durch eindrucksvolle Hohlwege kenntlich.

Durchs Tal der Großen Romke Vom Wegekreuz gehen wir nun in nordöstlicher Richtung den Forstweg hinab (links unauffällig die historische Trasse des Salzstiegs durch die Schnabelgasse) bis zu einem Querweg. Dieser bringt uns scharf links, westwärts weiter in das bald deutlicher eingetiefte Tal des Baches Große Romke. Nach etwa 1,5 Kilometern wird eine ❹ **Wegabzweigung** nach rechts erreicht (geradeaus würde uns der feste Forstweg mit einem Schlenker ins Große Steffental direkt

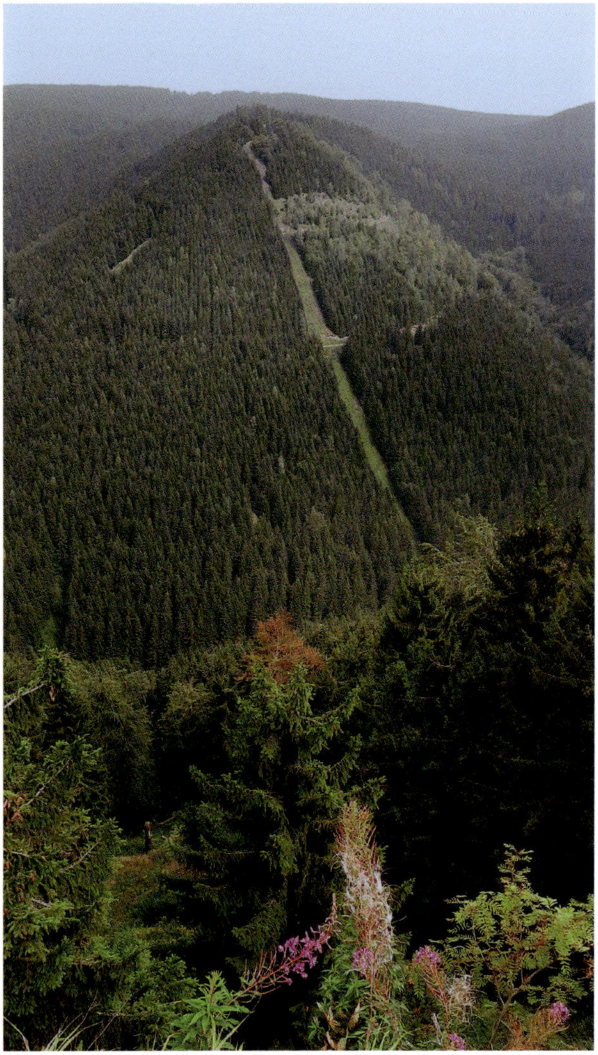

nach Romkerhalle zurückbringen). Wir gehen also auf dem rechts abzweigenden Weg 50 Meter hinauf bis zu zwei nach links führenden Wegen. Hier halten wir uns auf dem zweiten, dem Oberen Romkerkopfweg, nach links aufwärts (rechts oberhalb Granitklippen) und gehen dann eben mit teils hübschen Ausblicken zum Ahrendsberg weiter.

Hinter der Rechtskurve um einen Bergsporn herum erreichen wir oberhalb des Weges eine **5 Bank mit Ausblick** (von hier ist in einem Abstecher der hübsche Südwestgipfel des Romker Kopfs weglos und steil ansteigend in wenigen Minuten zu erreichen).

Mausefalle, Hexenküche und Kästehaus Unterhalb der Bank folgen wir weiter dem Weg an den kecken Granitfelsen Romker Kanzel und am tiefer gelegenen Romker Turm vorbei. Bald danach geht es im flachen Talgrund auf einem unbefestigten Weg nach links über den Bach. Kurz danach halten wir uns bei der Gabelung links auf den teils sehr zerfahrenen Weg, der abwärts führt (angenehmer kann man auch rechts vom Weg im hohen Wald gehen). Dann steigen wir weglos etwa 100 Meter hinauf zum schon sichtbaren großen Felsen Mausefalle, und nach links erreichen wir rasch den markanten **6 Aussichtspunkt Feigenbaumklippe** (Geländer, Blick ins Tal, von hier führt ein populärer direkter Weg hinab nach Romkerhalle).

Blick vom Ahrendsberg zum gegenüber gelegenen Romker Kopf – inzwischen auch hier mit vom Klimawandel und Käfer verändertem Waldbild.

Die vorgeschlagene Wanderung leitet uns aber von der Mausefalle nordwärts weiter, und es geht, an der Habichtsklippe vorbei, auf schmalem Weg über den nächsten Buckel zum Felsturm Hexenküche. Gleich danach erreichen wir das Kästehaus (Gaststätte; aktuell wegen Neubau geschlossen). Links führt ein lohnender Pfad auf die **7 Kästeklippe** (601 m) mit Blick ins Okertal; unterhalb des Geländers erblickt man einen gesichtsähnlichen Felsvorsprung, »Der Alte vom Berge« genannt.

Rückweg über den Großen Treppenstein Vom Kästehaus gehen wir weiter zur breiten Kästestraße (rechts Busstopp) und folgen ihr links abwärts bis hinter die Kurve. Nun biegen wir links, westwärts, und steigen über den Treppensteinpfad steil und rustikal hinab zum Forstweg »Bergmannscher Weg«. Gegenüber vom Sitzplatz kann man einen Abstecher auf den **8 Felsgipfel Großer Treppenstein**

machen (Granit; Treppen und Geländer; tolle Aussicht zu den Studentenklippen und ins Tal).

Zurück am breiten Hangweg folgen wir diesem südwärts, abwärts unter einem Sendemast und an dem beachtlichen Felsen 9 **Großer Kurfürst** vorbei und weiter bis zu einem Bergsattel. Kurz danach biegt hier auf gleicher Höhe, links unterhalb der Fortsetzung des teils felsigen Bergrückens, ein Hangweg ab und verläuft südostseitig weiter. So gelangen wir schließlich zur Oberkante des Romkerhaller Wasserfalls (Geländer, erschröcklicher Tiefblick). Von hier bringt uns rechts ein schmaler, steiler und schuttiger Weg hinab nach Romkerhalle (wem dies zu ruppig ist, der geht zurück zum Bergsattel und von dort den breit ausgelaufenen Weg nahe dem Bach hinab nach Romkerhalle).

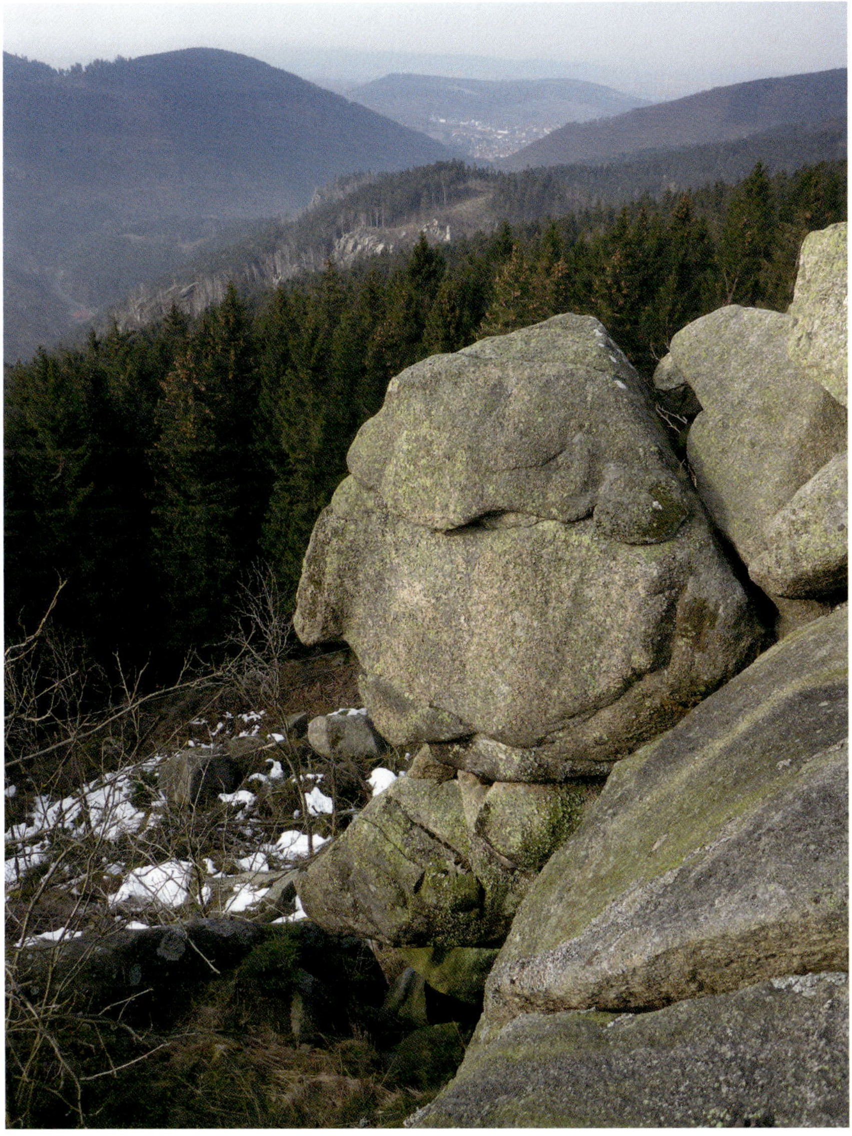

»Der Alte vom Berge« an der Kästeklippe auf dem Hutberg

5 Zu Wasserwegen und Bergwerksrelikten

Vom Okersee durch das Mittelschulenberger Bergwerksgebiet

leicht | 12 km | 250 m | 3 Std.

Tourencharakter
Ruhige Wanderung, weithin auf schmalen, angenehmen Wegen (oft Wasserwanderwegen), teils auch auf Forstwegen

Ausgangs-/Endpunkt
Abzweigung der Forststraße östlich von Mittelschulenberg, oberhalb von einem durch die Straße abgetrennten Arm des Stausees; Parkplatz am Wegedreieck

Anfahrt
Auto: Von Oker über die B 498 zum Okerstausee, dort vor der Brücke in Richtung Schulenberg abzweigen, unterhalb des neuen Ortes vorbei und zum Ausgangspunkt
Bahn & Bus: Bahn bis Goslar, dann weiter per Taxi bis Mittelschulenberg

Höchster Punkt
550 m

Beste Jahreszeit
April bis Oktober

Einkehr
In Schulenberg und Festenburg

Karte
Besonders empfehlenswert ist die mit dem Harzklub erstellte Karte »Wandern im Westharz« (1:50 000) der LGN Niedersachsen (s. auch www.geolife.de).

Tourismus-Info
Tourist-Info, Markt 7, 38640 Goslar, Tel. 05321/780 60, www.goslar.de; www.harzinfo.de; www.harztourist.de

Diese reizvolle Wanderung durch Wald- und Wiesengelände führt durch das alte Bergbaugebiet mit einigen Gräben des Harzer Wasserregals und allerlei vor Ort erläuterten Relikten der über Jahrhunderte betriebenen Ausbeutung der hier ursprünglich an der Oberfläche ausstreichenden Gangerze.

Zum Kleinen Wiesenberg Westlich unterhalb von Schulenberg gehen wir vom Parkplatz am Wegedreieck auf der breiten Forststraße talein bis zu einer Kurve und biegen dort rechts auf ein Zickzackweglein. Es bringt uns steil über den Waldhang hinauf bis vor die ersten Häuser von Schulenberg. Vor diesen wenden wir uns nach links auf einen breiten Weg, folgen ihm zu einer Abzweigung und gehen dort nach rechts rasch hinauf zu einem Wegekreuz am Rande der großen Wiese auf der **1 flachen Kuppe** (Kleiner Wiesenberg, 490 m). Am Waldrand entlang bringt uns nach links ein geologischer Lehrpfad (Brockenblick) zum

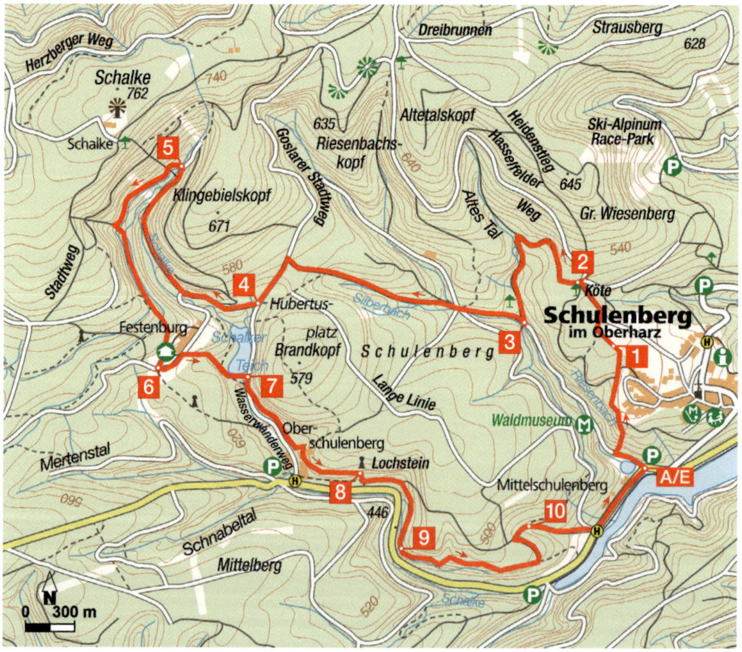

nördlichen Rand der Wiese. Dort führt uns ein Waldweg nach links weiter bis zu einem Rastplatz mit einer ❷ **Köte**.

Im ehemaligen Bergbaugebiet

Zusätzliche Informationen über den Bergbau und das Oberharzer Wasserregal bieten das Bergbaumuseum und die umfangreiche Mineraliensammlung in Clausthal-Zellerfeld. Es wird auch nochmals betont, dass das Durchstreifen des Altbergbaugebiets abseits der Wege und ganz besonders das Betreten der Pingen verstürzter Schächte wirklich ernsthaft gefährlich und unbedingt zu vermeiden ist!

Nach Festenburg Wir wenden uns links und gehen auf der Forststraße in einem Bogen hinab ins Riesenbachtal zu einem ❸ **Forststraßendreieck (Waldmuseum)**. Hier folgen wir rechts dem Asphaltsträßchen im Springbachtal 15 Minuten immer gerade hinauf zur Querstraße. Links hinab in Richtung Schalker Teich bringt uns diese zum ❹ **Schmandplatz**. Hier gehen wir rechts, an einem alten Teichdamm vorbei. Wo die Straße nach links (nach Festenburg) führt, gehen wir den grasigen Weg gerade im Tal weit hinauf und auch noch an der ❺ **Abzweigung** zum Unteren Schalker Graben vorbei. Dann folgen wir nach links dem idyllischen Oberen Schalker Graben (siehe Foto Seite 118, Ausblicke bis zum Brocken) und stoßen schließlich auf den Weg von der Schalke. Dieser führt rasch hinab nach ❻ **Festenburg**.

Durchs ehemalige Grubengelände Gegenüber vom Hotel folgen wir dem Wanderweg hinab zum Schalker Teich. An diesem entlang führt er rechts zum Staudamm und über diesen zur Straße. Auf dieser gehen wir kurz abwärts und biegen dann links in einen ❼ **schmalen Weg** ein. Er führt entlang von Grabenresten zu einem Tälchen. Gleich danach passiert man die felsigen Ränder einer ehemaligen Grube (rechts unterhalb ein Lochstein).

Noch einige Meter weiter südlich bringt uns der Steig über Treppchen einige Meter hinauf, dann wandern wir durch von verstürzten Schächten perforiertes Gelände (Achtung, genau den Weg einhalten, nicht in die abgesperrten Pingen gehen!). So gelangen wir zu einem weiteren ❽ **Lochstein** (Infotafel) und danach absteigend (Geländer) zur Oberschulenberger Halde (Mineraliensucher bücken sich hier vielleicht mal ab und zu).

Der Weg führt nach der Querung des Haldengeländes weiter zu einer Gabelung. Hier halten wir uns auf dem ❾ **oberen Weg** und wandern auf ihm an einem alten Graben entlang am Hang weiter (Erläuterungstafeln). Schließlich mündet der Weg in eine breite Forststraße. Auf dieser biegen wir nach links und gelangen um eine Kurve in ein Tälchen. Darin folgen wir der Straße kurz hinab und dann links einen alten Hangweg mit Bergbaurelikten (❿ **Infotafeln**) weiter. Danach steigen wir hinab zur Talstraße und gehen entlang dieser an Mittelschulenberg vorbei zurück zum Ausgangspunkt.

Einer der beiden Lochsteine am Wasserwanderweg, die Abbaugrenzen markierten

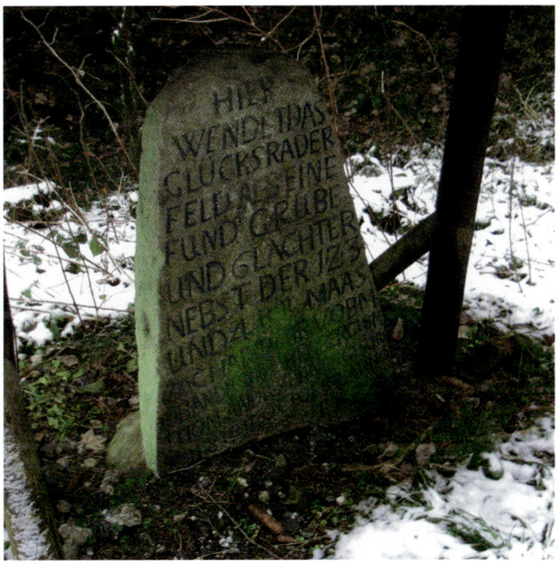

6 Aussichtsklippe hoch über dem Harzrand

Von der Wolfsklippe auf die Kattnäse und zur Ilsenburger Hütte

leicht | 11 km | 380 m | 3 Std.

Tourencharakter
Waldwanderung durch weithin selten besuchte Bereiche auf teilweise schmalen, aber immer angenehmen Wegen

Ausgangs-/Endpunkt
Am östlichen Ortsrand, gegenüber der Einmündung des Weges An den Wolfsklippen in den Ilsenburger Stieg

Anfahrt
Auto: Von der B 4 über die Ausfahrt Bad Harzburg zum Zentrum/Bahnhof, die Ilsenburger Straße ostwärts und dann rechts in den Ilsenburger Stieg; 100 m oberhalb vom Ausgangspunkt ist ein Parkplatz.
Bahn & Bus: Bahn bis Bad Harzburg, von dort zu Fuß 2,5 km bis zum Ausgangspunkt (Anfahrt dorthin auch mit dem Taxi möglich)

Höchster Punkt
Kattnäse (580 m)

Beste Jahreszeit
April bis Oktober

Einkehr
Unterwegs keine; in Bad Harzburg besonders originell das »Winuwuk«

Karte
Besonders empfehlenswert ist die mit dem Harzklub erstellte Karte »Wandern im Westharz« (1:50 000) der LGN Niedersachsen (s. auch www.geolife.de).

Tourismus-Info
Tourist-Info, Nordhäuser Str. 4, 38667 Bad Harzburg, Tel. 05322/753 30, www.bad-harzburg.de; www.harzinfo.de; www.harztourist.de

Diese Runde östlich des Kurorts Bad Harzburg steht etwas im Schatten berühmterer Ziele – dafür erfüllt sie aber alle Wünsche nach Ruhe und beschaulichem Wandern. Die Aussicht von einigen Punkten über die Weite des Vorlands ist beeindruckend.

Zur Quarzitklippe Kattnäse Vom Ausgangspunkt am Ilsenburger Stieg gehen wir einige Meter im Grunde eines flachen Tälchens leicht bergan und dann gleich links auf einem schmalen Idealpfad in einem weiten Bogen nach rechts zu einem (derzeit) grasigen Bergsporn. Der Pfad über diesen nördlichen Sporn der ❶ **Uhlenköpfe** führt uns weiter hinauf bis zu einem breiten Querweg. Den überschreiten wir und nehmen gleich den schmaleren Weg steiler und schräg nach links empor. Er bringt uns zu einem höher verlaufenden breiteren ❷ **Forstweg**.
Auf diesem geht es auf gleicher Höhe nach links um zwei Bergsporne (Rastplatz) herum. Danach zweigt ein schmalerer Weg ab und leitet ansteigend weiter zu einem grasigen Platz mit einer Infotafel zur Geologie des Ortes. Von hier steigen wir auf einem kleinen Treppenweg hinauf

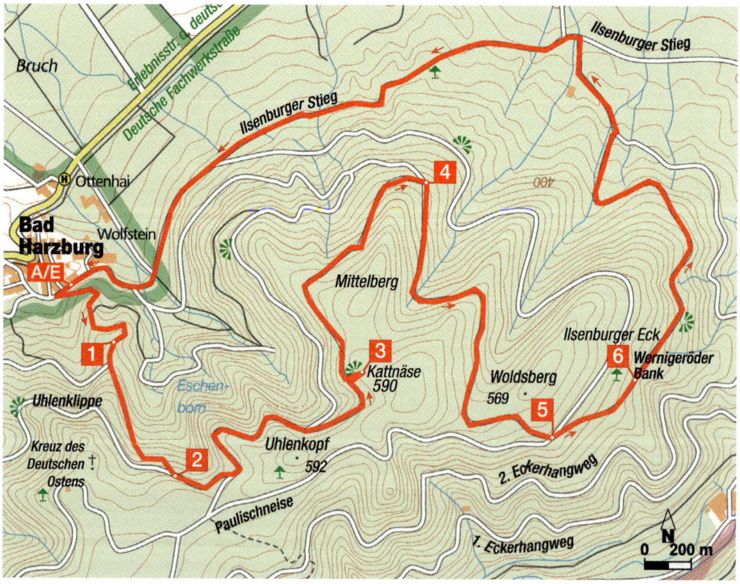

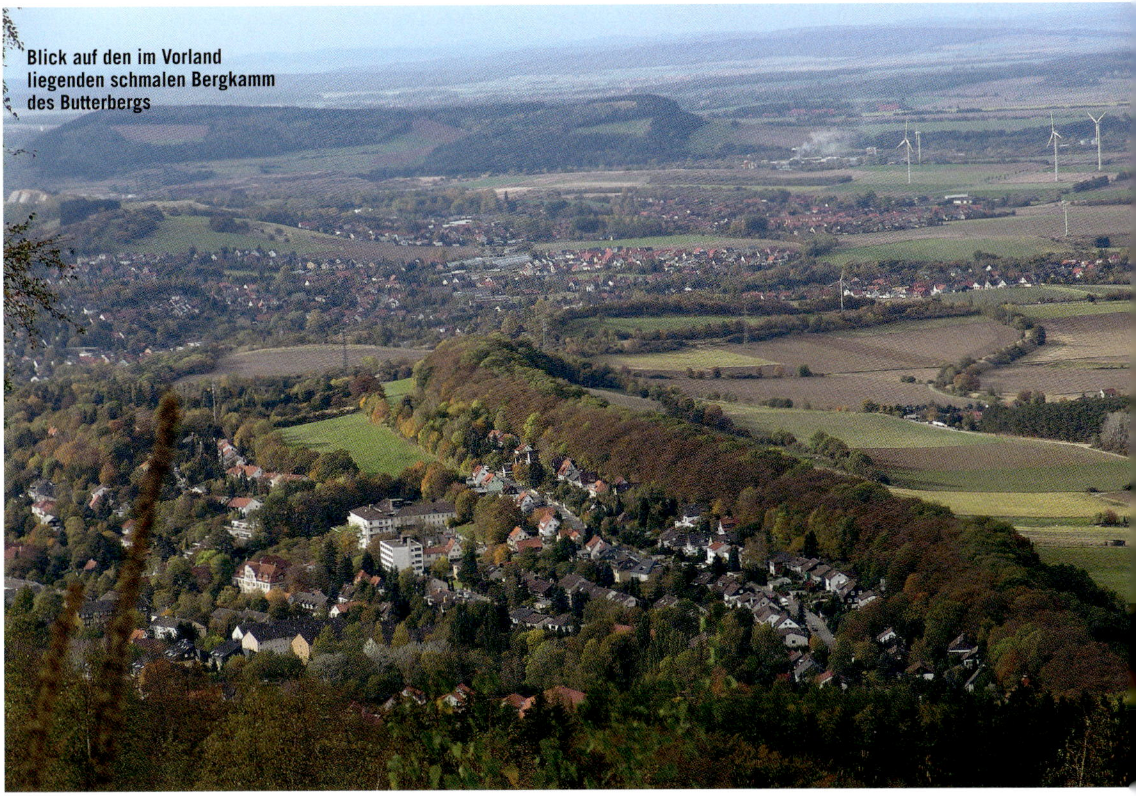

Blick auf den im Vorland liegenden schmalen Bergkamm des Butterbergs

zur Quarzitklippe ❸ Kattnäse (580 m) mit Geländer und Aussicht bis zum Harli, Fallstein, Huy und zum Brocken.

Zum Ilsenburger Eck Wir steigen hinab zum grasigen Platz mit der geologischen Erläuterungstafel. Von dort gehen wir rechts, nordostwärts den Forstweg weiter. Er führt durch hübschen, lichten Wald um einen kleinen Bergsporn und später etwas abwärts, unter den Quarzit-Blockhalden am Nordhang des Wartenberges durch. Eine Wegabzweigung nach links hinab bleibt unbeachtet, stattdessen gehen wir ❹ rechts weiter. Nun führt der Forstweg immer nach rechts aufwärts um den Bergsporn des Mittelbergs herum zu einem Bergsattel vor der Kuppe des Woldsberges. Dahinter gehen wir leicht bergab bis zu einem Wegekreuz unterhalb von einem ❺ grasigen Hang.

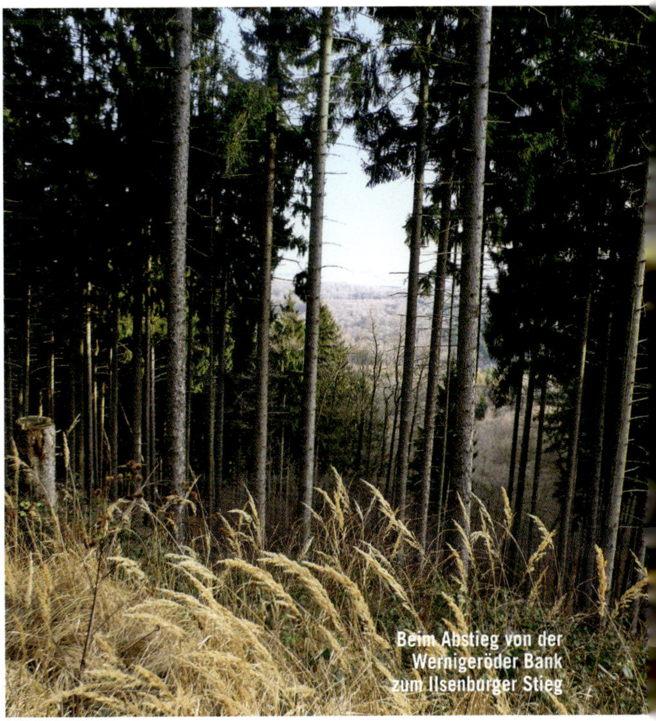

Beim Abstieg von der Wernigeröder Bank zum Ilsenburger Stieg

Ilsenburger Stieg

Der Ilsenburger Stieg ist Teil des beliebten Europäischen Radwanderweges 1, der von Goslar am Harzrand entlang bis nach Blankenburg und Ballenstedt führt.

Wir halten uns nun links auf dem unteren Weg und erreichen bald die »Wernigeröder Bank« und eine kleine Wanderhütte, das ⑥ **»Ilsenburger Eck«** (mit einem originellen Anwesenheitsbuch, in dem z. B. auch Notizen von Besuchern zu finden sind, die hier ihre erfolgreiche Flucht aus der DDR über die grüne Grenze abgefeiert haben!).

Auf diesem Forstweg wandern wir stetig abwärts, teils durch lückigen Wald mit hübschen Ausblicken ins Vorland, bis hinab zum breiten Ilsenburger Stieg. Dieser leitet uns nach links, westwärts, zurück zum Ausgangspunkt.

Harzrandverwerfung Die Wanderung führt durch das Gebiet der großen Harzrandverwerfung, an der der Gesteinsblock des Harzes gegenüber dem nördlichen Vorland gewaltig angehoben wurde. Im Vorland fällt der aus steil gestellten Muschelkalkschichten aufgebaute Butterberg auf. Der unterhalb vom Ausgangspunkt gelegene Wolfstein besteht aus relativ jungem Juragestein, während oberhalb Grauwacken und Tonschiefer des Erdaltertums anstehen. Die markante Klippe der Kattnäse besteht aus dem gleichen Quarzit des Unterkarbons, wie er am Bruchberg-Ackerkamm zu finden ist. Diese ursprünglich zusammenhängen-

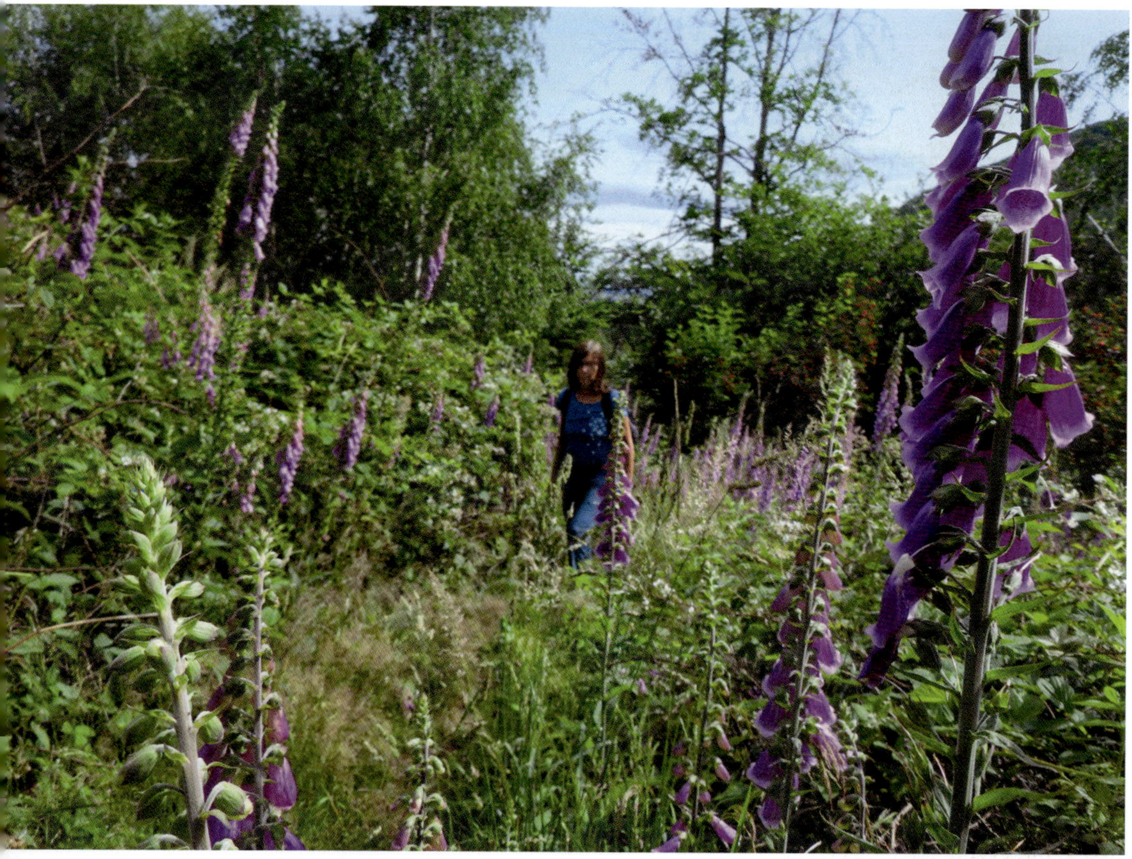

Am Bergrücken der Uhlenköpfe

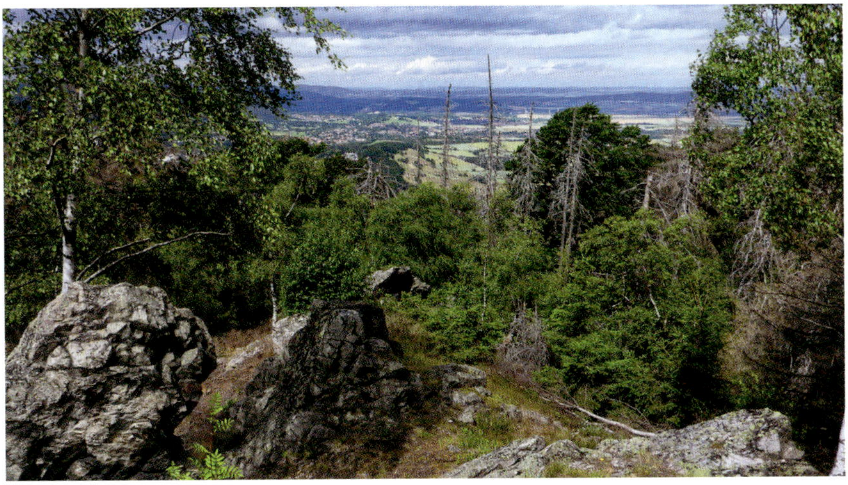

Ausblick Kattäse

den Gesteinsmassen wurden im Oberkarbon durch das aufdringende glutflüssige Magma der Tiefengesteine Gabbro und Granit getrennt, die jetzt im Radautal (Steinbruch) und an den Hängen des Eckertales (z. B. Rabenklippen) und besonders großflächig am Brocken die Landschaft prägen.

Waldwegzauber am Wartenberg

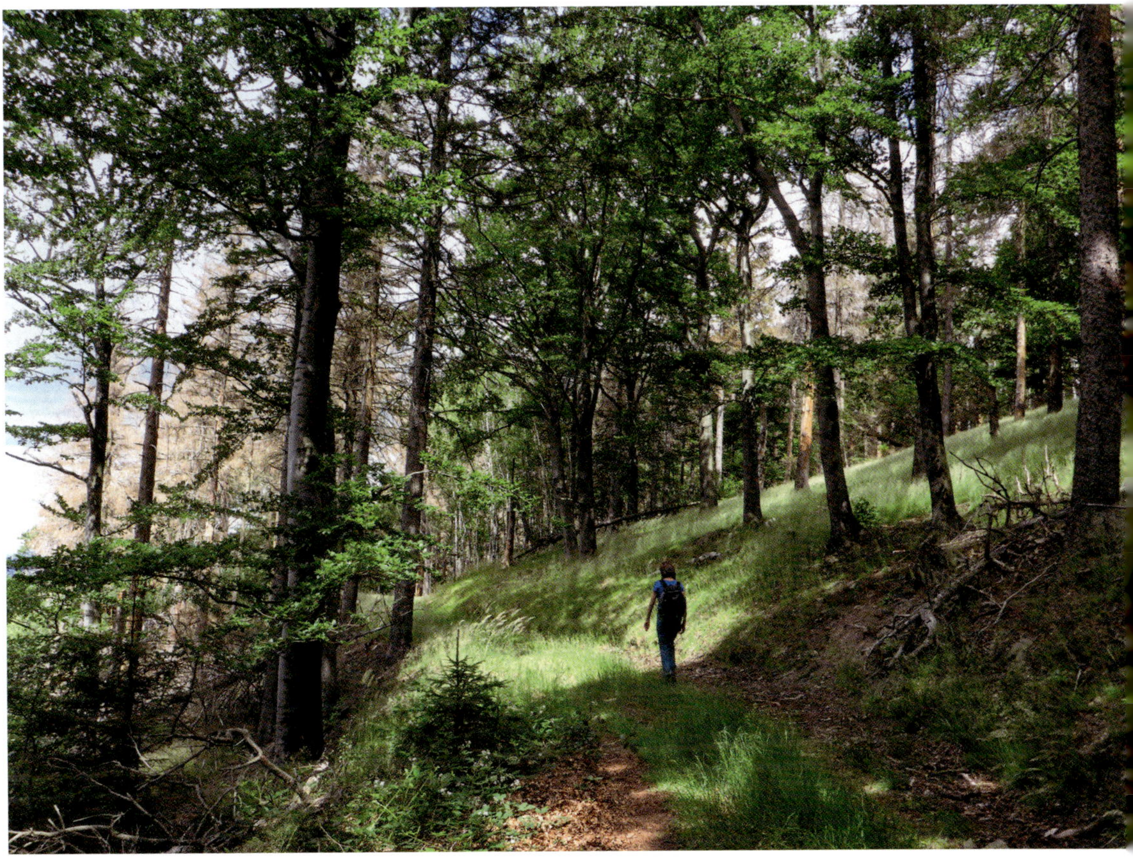

7

Stille Winkel und einsame Pfade beim Eckerstausee

Vom Radauwasserfall zu Kruzifix und Scharfenstein

mittel | 15 km | 350 m | 4 Std.

Tourencharakter
Großartige, ruhige Wanderung im Nationalpark, nahe der ehemaligen innerdeutschen Grenze, mit eindrucksvollen, teils im Wandel befindlichen Waldszenerien und Aussichtspunkten und mit einer Querung des tief eingeschnittenen Eckertals

Ausgangs-/Endpunkt
Radauwasserfall an der B 4 im Radautal, südlich vom Gabbrosteinbruch

Anfahrt
Auto: Über die B 4 zum Radauwasserfall; Parkplätze gegenüber vom Wasserfall So/Feiertag frei (sonst für Gäste der Gaststätte) oder immer frei im 200 m oberhalb von Osten einmündenden Seitental
Bahn & Bus: Bahn bis Bad Harzburg, dann mit dem Stadtbus bzw. April–Nov. auch mit dem erdgasbetriebenen Nationalpark-Bus (auch zum Molkenhaus)

Höchster Punkt
620 m (mit Variante: 698 m)

Beste Jahreszeit
April bis November

Einkehr
Beim Radauwasserfall, Molkenhaus

Karte
Besonders empfehlenswert ist die mit dem Harzklub erstellte Karte »Wandern im Westharz« (1:50 000) der LGN Niedersachsen (s. auch www.geolife.de).

Tourismus-Info
Tourist-Info, Nordhäuser Str. 4, 38667 Bad Harzburg, Tel. 05322/753 30, www.bad-harzburg.de; www.harzinfo.de; www.harztourist.de

Trotz ihrer Nähe zum nördlichen Einfallstor des Harzes bietet diese zwar lange, aber landschaftlich reizvolle Wanderung ruhige Wege durch Talhänge und auf der Hochfläche. Die Berührungspunkte mit den üblichen Wanderrouten um Bad Harzburg und zum Brocken werden rasch wieder verlassen.

Zum Molkenhaus Am Radauwasserfall steigen wir erst links über den steilen Steig hinauf zum Kopf der Felskanzel, dann folgen wir dem Weg entlang dem Zuflussgraben bis zur Abzweigung des gleichfalls gut ausgebauten Weges Richtung Molkenhaus. Wir steigen nun in weiteren Kehren hinauf. Nach Überqueren eines Hangweges geht es unterhalb einer bemoosten Gabbroklippe nach links empor. Nun geht es in flacherem Gelände zur ❶ **Felskanzel der Winterbergklippe** (Geländer, etwas zugewachsener Blick auf Harzburg) und dann weiter dem Weg nach (links lohnender Abstecher zur nahen Rudolfsklippe). Zuletzt führt ein breiter Forstweg hinab zur ❷ **Gaststätte Molkenhaus**.

Zum Wegekreuz Kruzifix Unterhalb des Hauses folgen wir dem Luchssteig am Hasselteich vorbei hinab zur Straße und zu einem Spielplatz am Beginn einer großen Wiese (Haltestelle Erdgasbus). Zuerst gehen

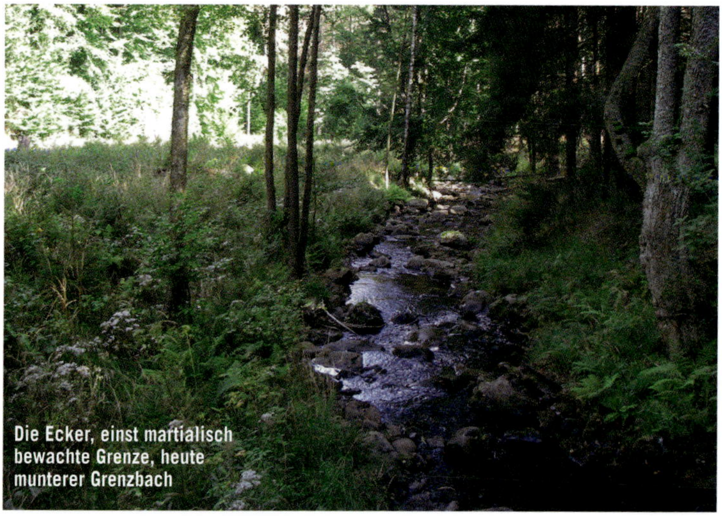

Die Ecker, einst martialisch bewachte Grenze, heute munterer Grenzbach

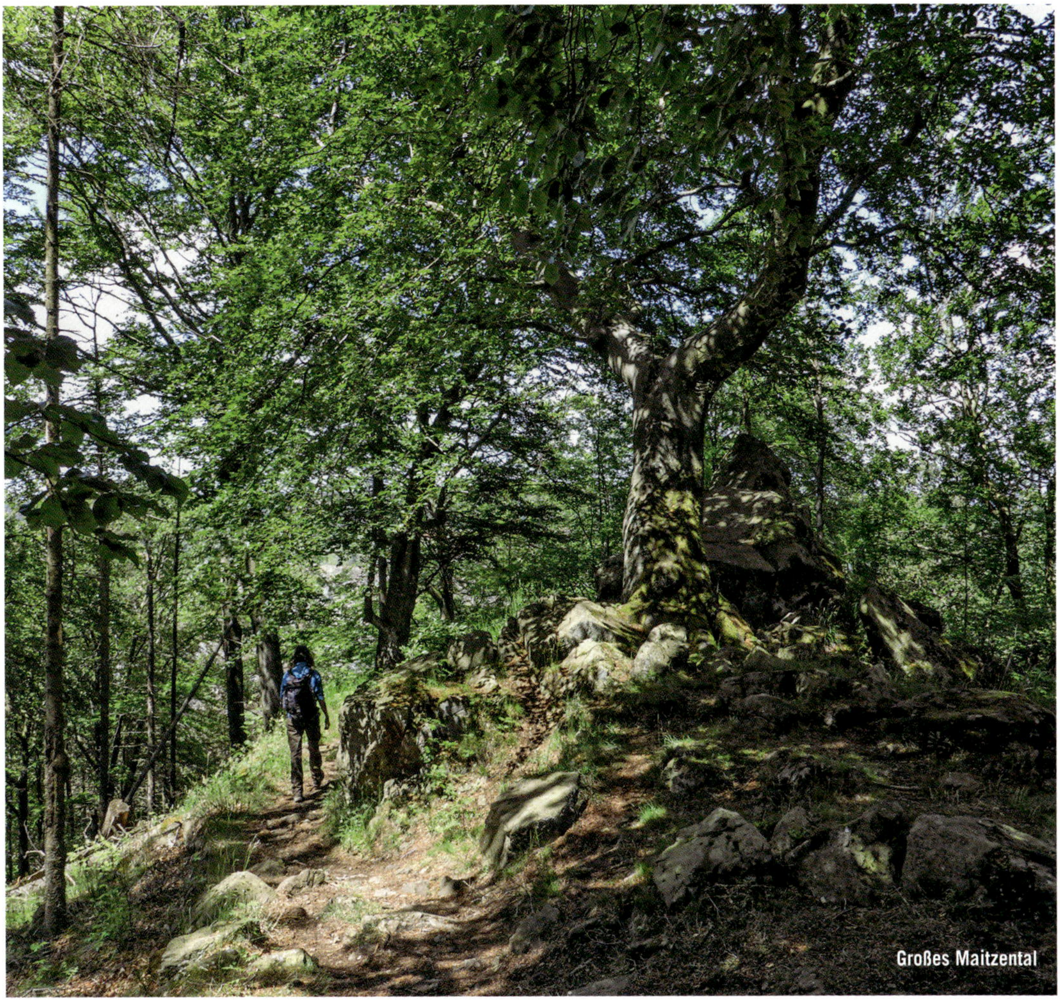

Großes Maitzental

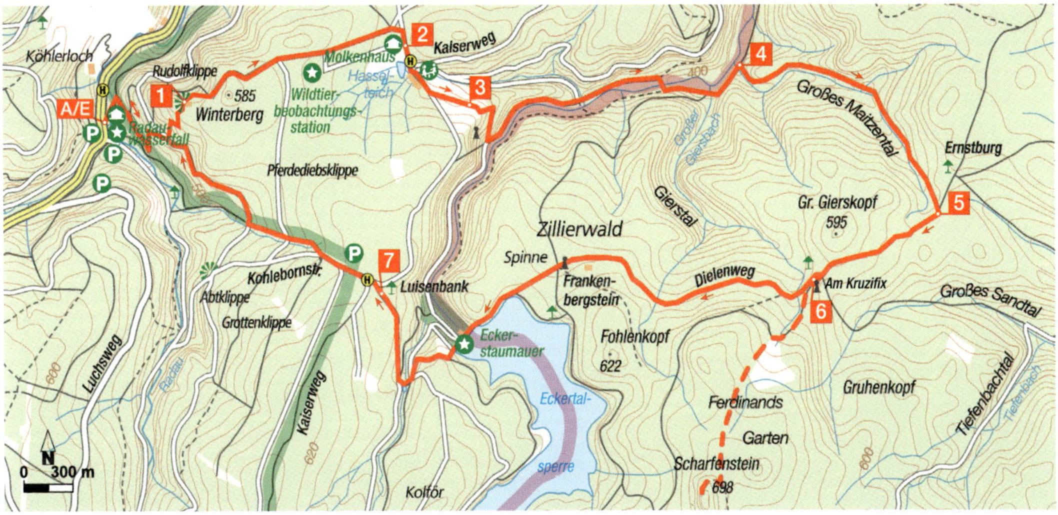

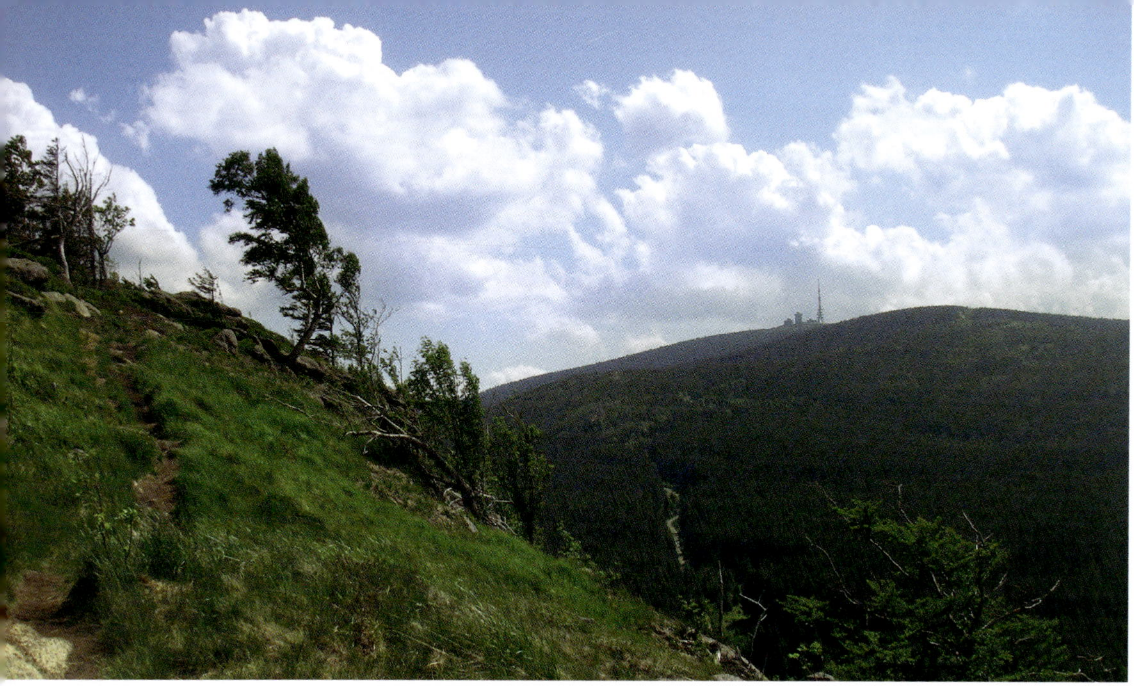

Der Brocken überragt den Scharfenstein um mehr als 400 Hm.

wir noch auf der Straße nach rechts hinauf, danach biegen wir mit dem Luchssteig nach links ab. Er bringt uns über die große ❸ **Wiese** und danach im Wald über die steileren Hänge hinab in den Grund des tief eingeschnittenen Eckertals.

Darin wandern wir auf der Talstraße hinab zur an einen Harzklub-Veteranen erinnernden ❹ **Käsewieter-Brücke** und über sie ans östliche Ufer der Ecker. Dort gehen wir nochmals 700 Meter talabwärts und steigen dann nach rechts im Grund des wilden Großen Maitzentales an. Der Weg führt teils zwischen nach Borkenkäferbefall malerisch zusammenbrechendem Fichtenbaumgerippen durch, teils durch düsteren Fichtenwald. Die vom Borkenkäfer gemeuchelten Fichten werden vom Nationalpark bewusst als interessantes Stadium von natürlicher Regeneration hin zu naturnäherem Wald gesehen.

Nach knapp zwei Kilometern erreichen wir die grenzparallele ❺ **Betonstraße** nahe der Ortsstelle der einstigen Ernstburg (ohne erkennbare Reste). Auf der Straße gehen wir nach rechts, südwärts, und im Folgenden an einer links gelegenen, derzeit kahlen Kuppe (550 m; Ausblicke) und der rechts in totem Fichtenwald gelegenen Gipfelkuppe des Großen Gierskopfes (590 m; über Stichweg erreichbar) vorbei zum ❻ **Wegekreuz Kruzifix** (links auf Felsblock ein dem verschwundenen historischen Wegekreuz nachempfundenes Eisenkreuz; Schutzhütte; von hier Abstecher s. Kasten).

Meine Tour-Variante

Vom Wegekreuz Kruzifix lohnt sich unbedingt ein Abstecher zum Scharfenstein (698 m): Auf der nach Süden führenden Forststraße hinauf bis 50 m hinter eine Rechtskurve und dort bis zu mehreren großen Granitblöcken. Von hier einen deutlich eingeschnittenen, unbefestigten Weg schräg rechts empor, bald nach links, dann geradeaus in einer Schneise weiter hinauf zu einem flachen Sattel. Kurz danach zur Abzweigung eines Weges nach rechts, der durch dichten Fichtenwald und über Granitblöcke, weiter oben auch über eine steile Holzleiter, hinaufleitet zur grasigen und felsigen Gipfelkuppe des Scharfensteins (großartiger Ausblick zum Brocken). Danach auf dem gleichen Weg zurück zum Wegekreuz Kruzifix (hin und retour ca. 1 Std.).

Zurück zum Radauwasserfall Nun geht es auf der nach Südwesten führenden Betonstraße rechts abwärts in einen Talgrund und dort rechts auf der Forststraße Dielenweg in westlicher Richtung weiter. Sie leitet teils durch abgestorbenen Fichtenforst zum Wegekreuz Spinne.

In gleicher Richtung wandern wir weiter hinab zum Ecker-Stausee, dort am Ufer entlang und über die Krone der Staumauer zu den Betriebsgebäuden der Harzwasserwerke. Auf der Forststraße gehen wir zum 7 **Straßenkreuz Luisenbank** (Schutzhütte; Haltestelle Erdgasbus) und halten uns dort links, westwärts, auf der Straße hinab bis zu einer Linkskurve.

Hier folgen wir geradeaus einem schmalen Wanderweg steil hinab bis zum zweiten Querweg. Auf diesem biegen wir nach rechts. In einem weiten Bogen, zwischendurch auch etwas ansteigend und an kleinen Felsen vorbei, gelangen wir so zu dem schon vom Hinweg bekannten Zickzackweg und steigen über diesen steil hinab zurück zum Radauwasserfall.

Brocken vom Eckerstausee

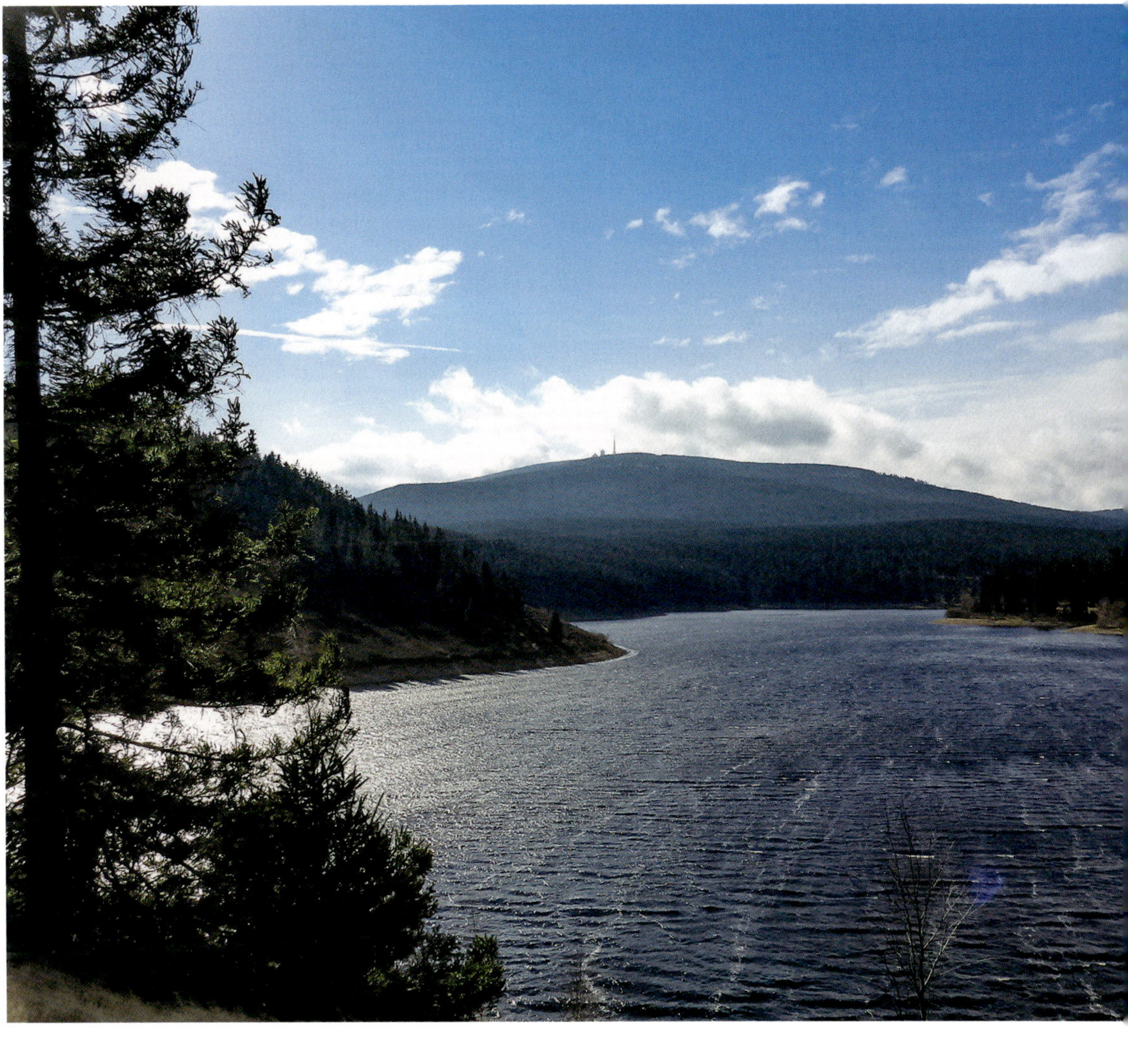

8 Felskanzeln und Hangwege über tiefen Tälern

Vom Berghotel Ilsenburg zur Taubenklippe

leicht · 11 km · 300 m · 3 Std.

Tourencharakter
Ruhige Wanderung auf meist grasigen Forstwegen, mit einigen kurzen Strecken auf schmalen Pfaden

Ausgangs-/Endpunkt
Wanderparkplatz (281 m) beim Berghotel Ilsenburg

Anfahrt
Auto: B 6neu nach Ilsenburg und bis zum Parkplatz am oberen Ende der Kastanienallee, zuletzt auf Waldsträßchen anfahrbar
Bahn & Bus: Bahn bis Ilsenburg, dann zu Fuß durch den Ort bis zum Wanderparkplatz

Höchster Punkt
Zwißelkopf (587 m)

Beste Jahreszeit
April bis November

Einkehr
Berghotel Ilsenburg

Karten
Besonders empfehlenswert sind die mit dem Harzklub erstellten Karten »Wandern im Westharz« bzw. »Wandern im Ostharz« (beide 1:50 000) der LGN Niedersachsen (s. auch www.lvermgeo.sachsen-anhalt.de).

Tourismus-Info
Tourismusbüro, Karl-Marx-Str. 1, 38871 Ilsenburg (Harz), Tel. 039452/194 33, www.ilsenburg.de

Die durch ehemaliges Grenzgebiet führende Wanderung verläuft weithin über Hangwege, die Ausblicke auf Tal und Vorland bieten. Sie hat den herben Charme abgelegener Waldszenerien und gibt weithin mit teils flächenhaft vom Borkenkäfer gemeuchelten Fichten malerische Einblicke in das Werden und Vergehen und die Wandlungen des Waldes.

Zum Zwißelkopf Vom Wanderparkplatz vor dem Berghotel gehen wir auf dem Weg nahe dem Waldrand entlang einer Wiese hinauf und erreichen nach 600 Metern die ❶ **Abzweigung des Fingerwegs** nach links. Dieser Hangweg führt uns zuerst durch hohen Fichtenforst, aber bald zunehmend auch an knorrigen Eichen und Ahornen vorbei. Später öffnet sich der Blick an den von Sturm und Borkenkäfern erst einmal entwaldeten Hängen zurück ins Vorland und hinab ins Suental. Nach dem Passieren mehrerer Bergsporne führt der Weg wieder in (derzeit noch) ❷ **ho-**

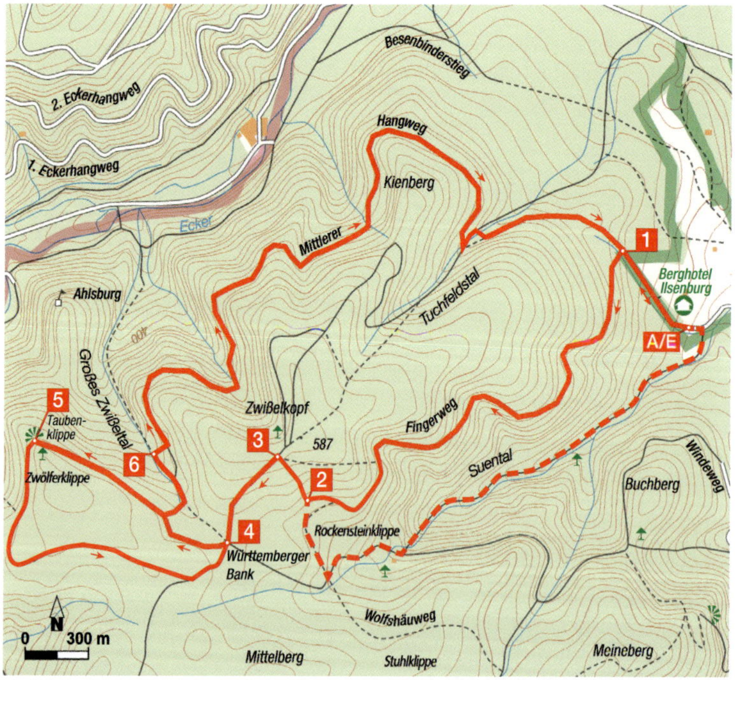

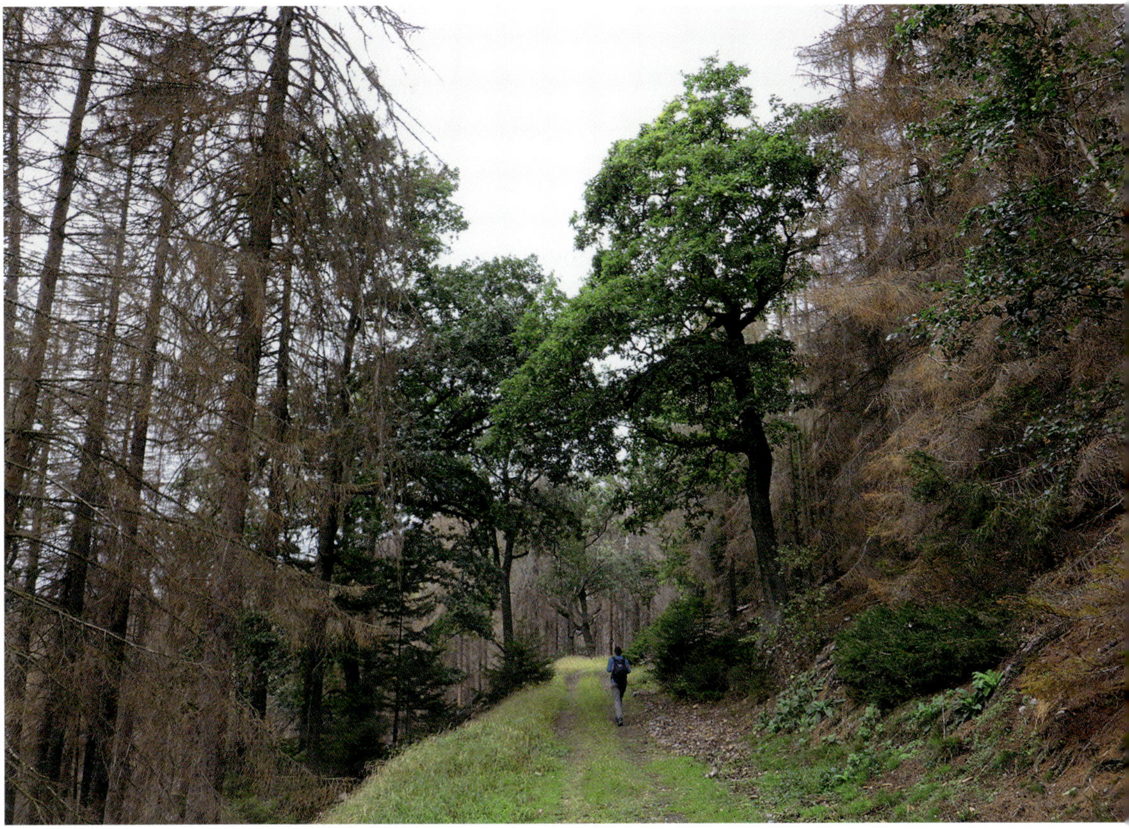

Am Fingerweg

hen Wald. Hier steigen wir auf einem alten Weg geradeaus steiler und direkt hinauf zum Wegekreuz am flachen ❸ **Gipfel des Zwißelkopfs** (587 m) mit Bank. (Hierher führt auch mit weniger Aussicht, aber teils steil und unterhaltsam, am Rockenstein vorbei, der Aufstieg durch das Suental, s. Karte).

Zum Taubenstein Links, in südwestlicher Richtung, führt nun die Plattenstraße hinab zum ❹ **Forststraßenkreuz »Württemberger Bank«** mit Rastplatz. Hier halten wir uns rechts und wandern weiter auf dem grasigen Forstweg zuerst in Windungen, dann geradeaus durch flache Hänge mit jungem Grün zwischen toten Stämmen bis zur kecken Felsbastion des ❺ **Taubensteins** (550 m; Schutzhütte, Stempelstelle Harzer Wandernadel). Zwischen den aufkommenden Fichten bietet sich von hier leider nur noch eine spärliche Aussicht zu den Hausmannsklippen und den Rabenklippen am gegenüberliegenden Hang des Eckertals und hinaus ins Vorland.

Der Wald im Nationalpark Harz

Der Nationalpark Harz wurde erst vor einigen Jahren auch auf diese Bereiche ausgedehnt, um ebenso wie im niedersächsischen Teil auch hier alle Lebensgemeinschaften bis zum Harzrand hin zu erfassen. In der Praxis bedeutet das, erst einmal die Regeneration der nach Schädigung durch Luftschadstoffe vom Borkenkäfer großflächig gemeuchelten standortfremden Fichtenmonokulturen laufen zu lassen. Die künftige Entwicklung hin zu dem eigentlich hier von Natur aus zu erwartenden, artenreicheren und deshalb weit vitaleren Laubwald wird durch das Einbringen von Laubhölzern aktiv unterstützt.

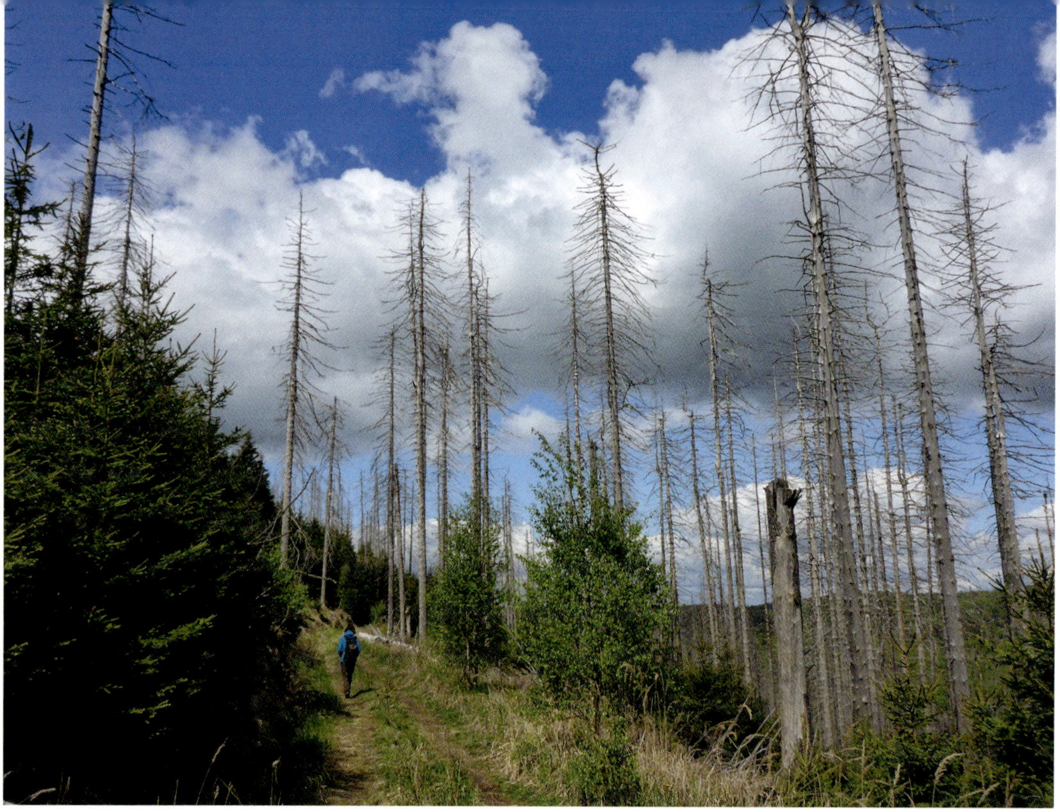

Weg zur Taubenklippe mit teils schon jungem Wald

Schutzhütte an der Taubenklippe

Zurück zum Berghotel Zunächst wandern wir auf dem gleichen Wege zurück, aber nur bis zu einem Wegweiser in einer deutlichen Linkskurve des Weges (noch ca. 300 m vor dem Straßenkreuz »Württemberger Bank«). Wir folgen dem Wegweiser und wandern auf einem schmalen Weglein nach links ins Große Zwißeltal hinab und darin bis zu einem ❻ **Wegweiser**.

Hier folgen wir in Richtung Kienbergweg nach rechts, nordwärts, einem Pfad, der, auf gleicher Höhe bleibend, den Waldhang quert. Er führt um einen Bergsporn herum und erreicht dahinter einen breiten, grasigen Hangweg. Auf diesem geht es nun munter sanft abwärts, um mehrere weitere Bergsporne herum und, immer wieder mit hübschen Ausblicken, zu einem überwachsenen alten Steinbruchgelände.

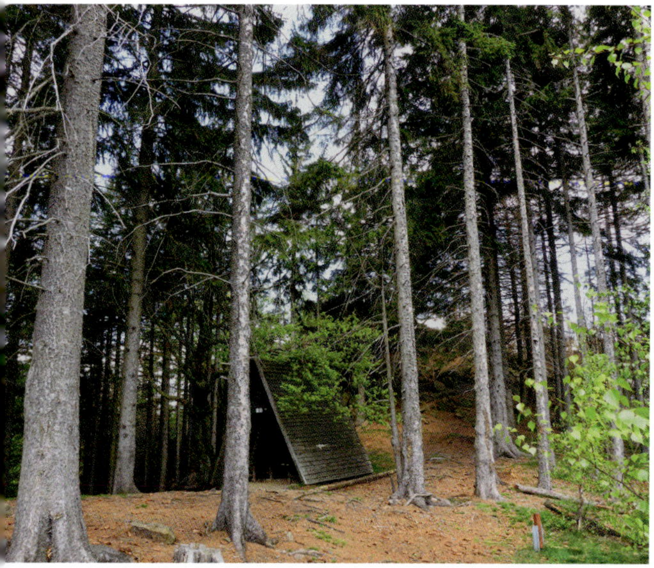

Später biegt der Weg nach rechts, ostwärts, und erreicht schließlich die vom Zwißelkopf herabkommende Plattenstraße (Tuchtfeldstraße). Auf dieser gehen wir nur kurz hinab und biegen dann auf den rechts abzweigenden Hangweg. Er bringt uns an einem kleinen Teich vorbei zur Abzweigung des Fingerwegs und dann wie zu Beginn der Wanderung neben der Wiese hinab zum Parkplatz beim Berghotel.

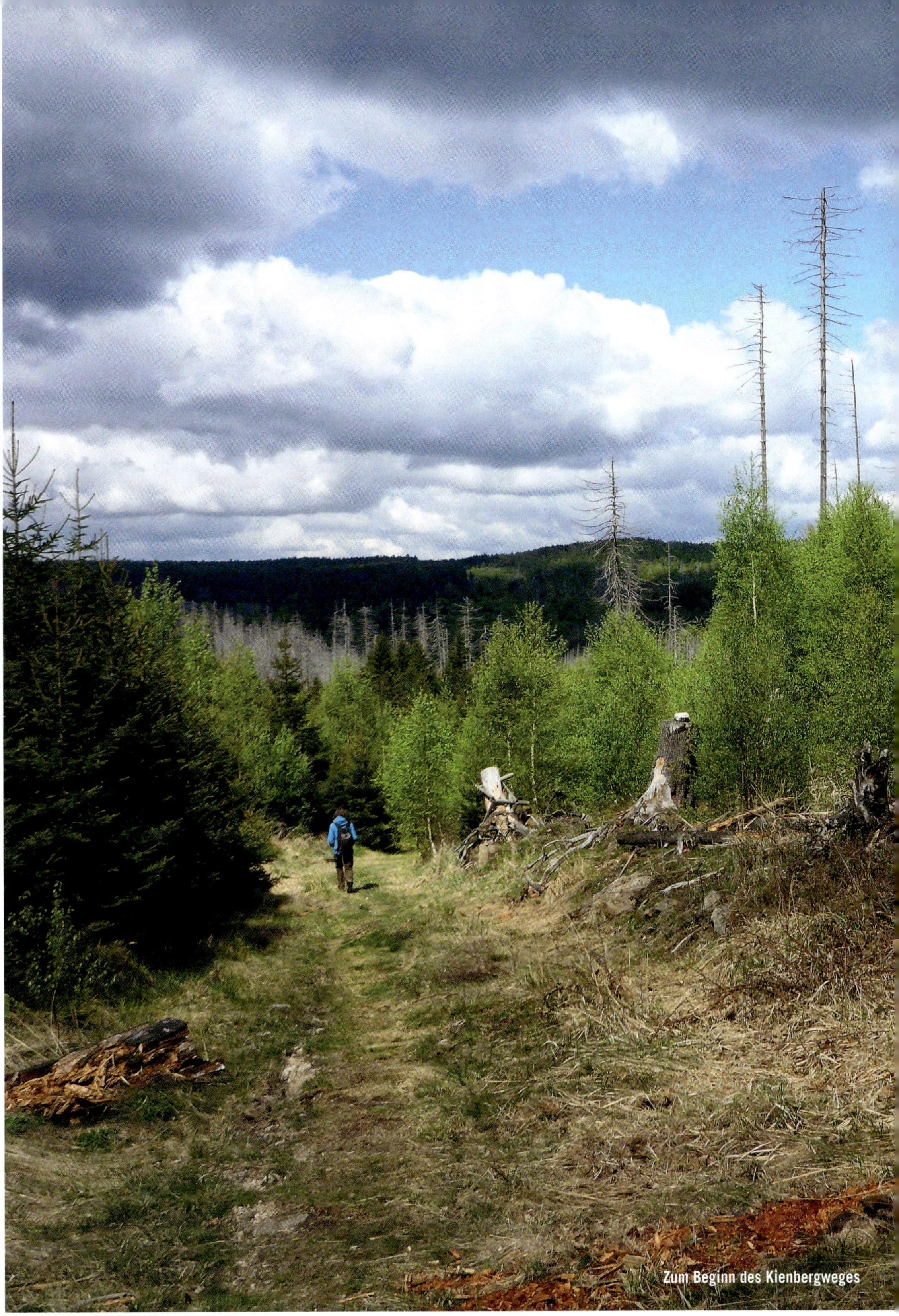
Zum Beginn des Kienbergweges

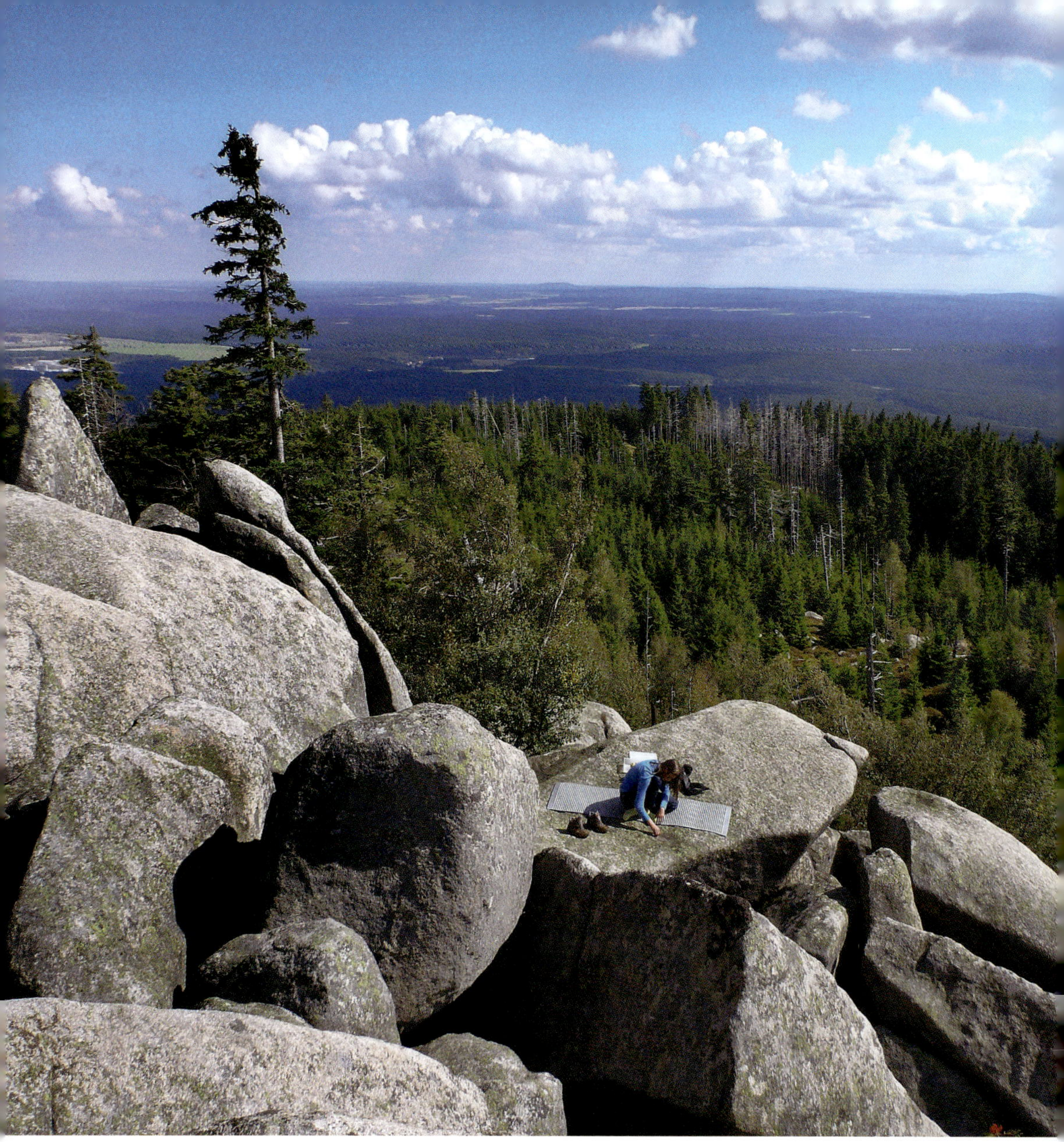

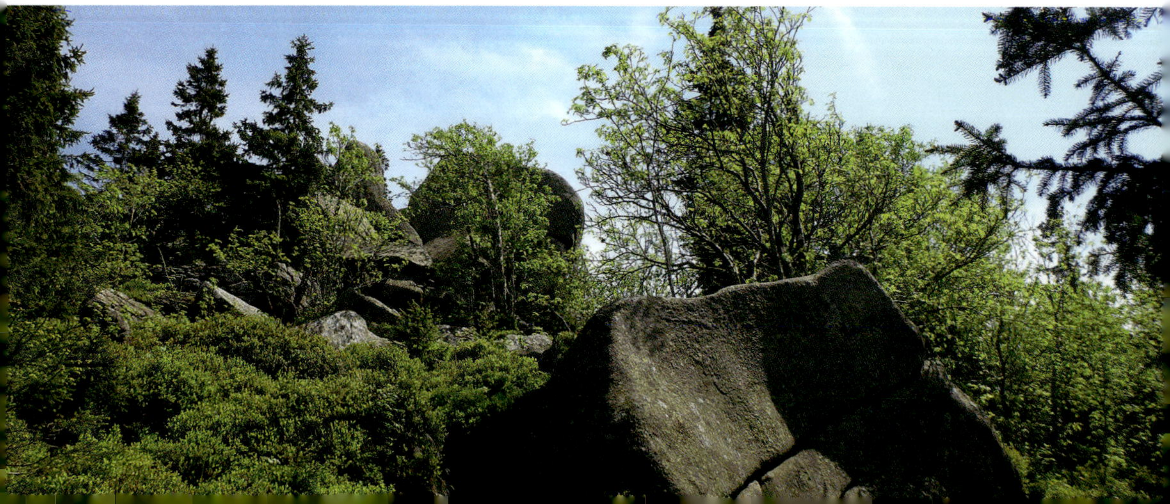

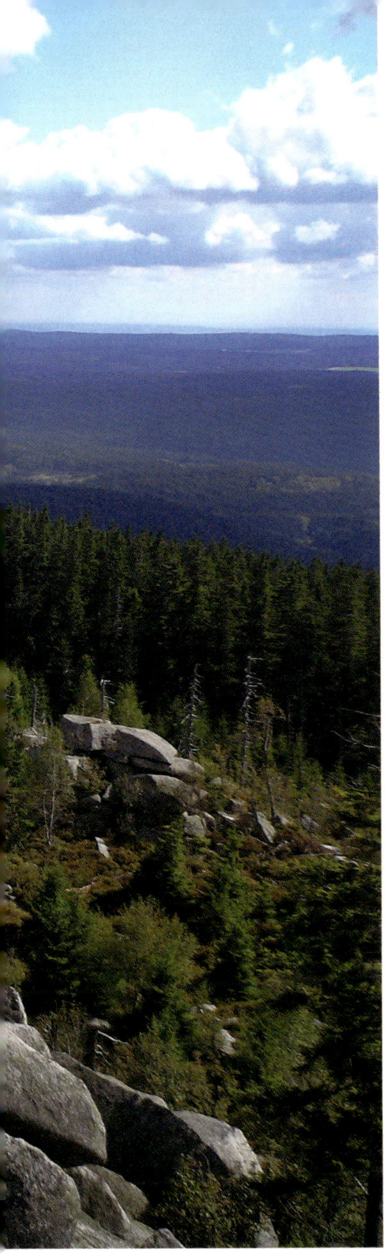

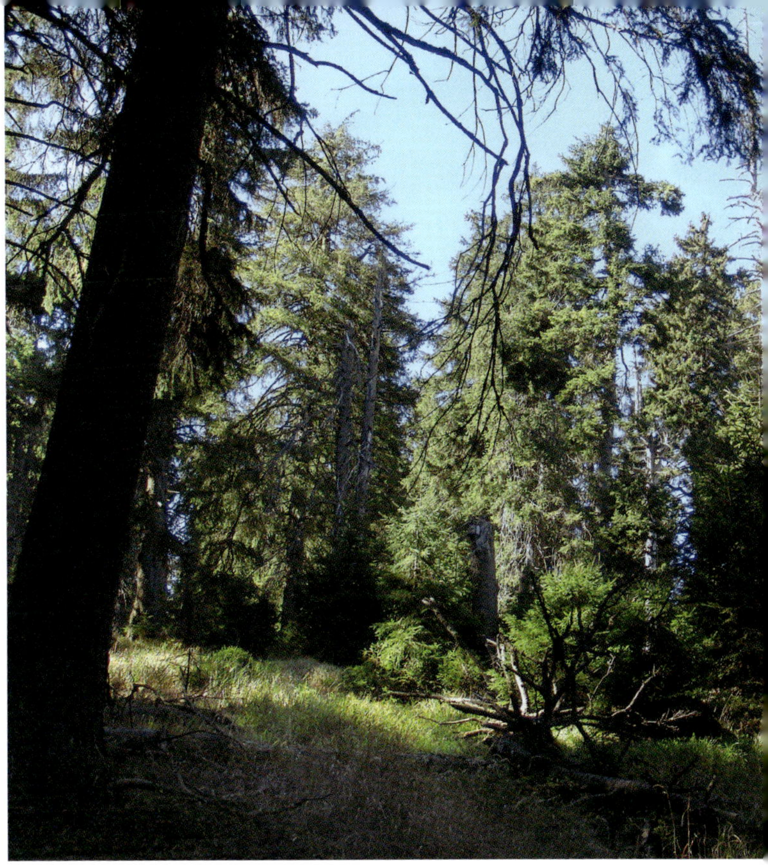

Hochharz

Oben links: Auf den Hohneklippen. Unten links: An der Kapellenklippe. Oben rechts: Urwald nahe des Brockengipfels. Unten rechts: Bahn auf der Brockenkuppe.

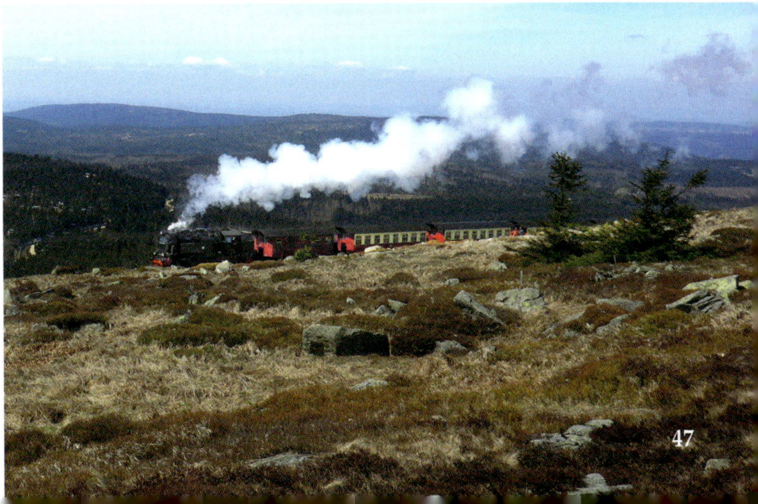

9 Verträumte Grabenwege und spröde Felsenklippen

Vom Sperberhaier Dammhaus zur Stieglitzecke

leicht 12,6 km 250 m 4 Std.

Tourencharakter
Ruhige Waldwanderung, anfangs auf idealem Grabenweg und kleinen Steigen, teils an Felsenklippen aus Quarzit vorbei; danach folgen eine Durststrecke mit Forststraßen und zum Ausklang wieder Grabenwege.

Ausgangs-/Endpunkt
Parkplatz an der B 242 an der Gaststätte beim historischen Gebäude des Sperberhaier Dammhauses

Anfahrt
Auto: Von der A 7 über die Ausfahrt Seesen und weiter auf der Harzhochstraße (B 242) nach Bad Grund und Clausthal; von Norden von Bad Harzburg auf der B 4 in Richtung Braunlage bis hinter Oderbrück und dann nach Westen über die B 242
Bahn & Bus: Bahn bis Goslar, von dort mit dem Bus nach Altenau; dann am besten die Wanderung am Grabenhaus Rose beginnen

Höchster Punkt
Stieglitzecke (780 m)

Beste Jahreszeit
April bis November

Einkehr
Im Sperberhaier Dammhaus und im Grabenhaus Rose

Karte
Besonders empfehlenswert ist die mit dem Harzklub erstellte Karte »Wandern im Westharz« (1:50 000) der LGN Niedersachsen (s. auch www.geolife.de).

Tourismus-Info
www.harzinfo.de;
www.harztourist.de;
www.nationalpark-harz.de

Die klassische Wanderung auf meist idealen kleinen Wegen verläuft weithin an den Gräben des Harzer Wasserregals entlang. Wegen der Gesamtlänge und der Höhenunterschiede ist sie mit Ausnahme des Kammbereichs bei Stieglitzecke und der Grabenstrecken nahe Altenau nie überlaufen.

Zu den Hammersteinklippen Vom Sperberhaier Dammhaus gehen wir entlang der Straße ostwärts, an der raumgreifend ausgebauten Abzweigung der Altenauer Straße vorbei, 300 Meter bis zum Beginn des aus-

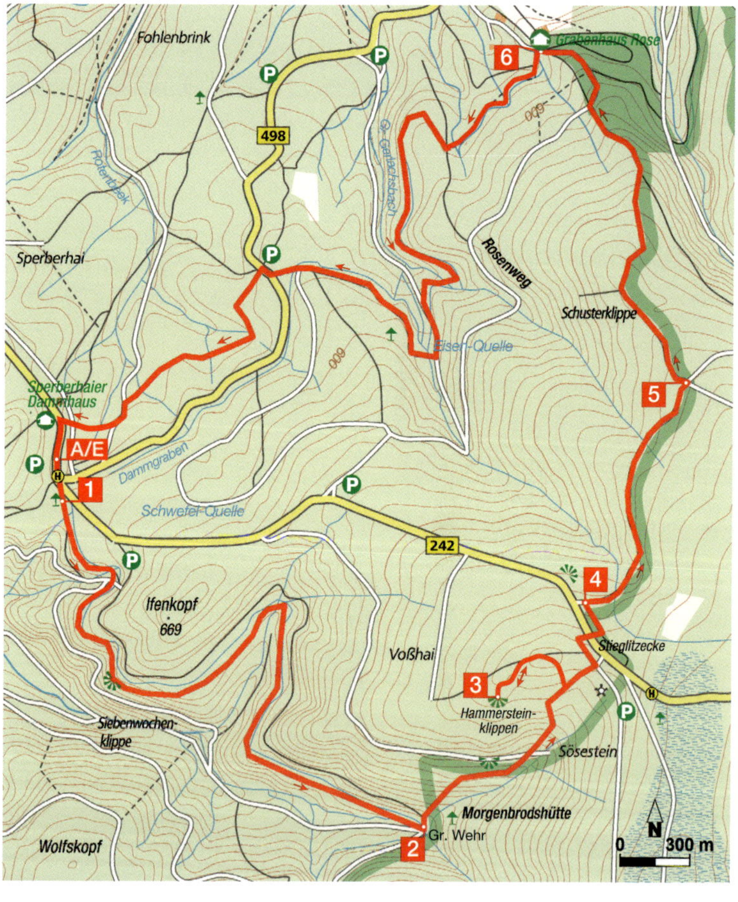

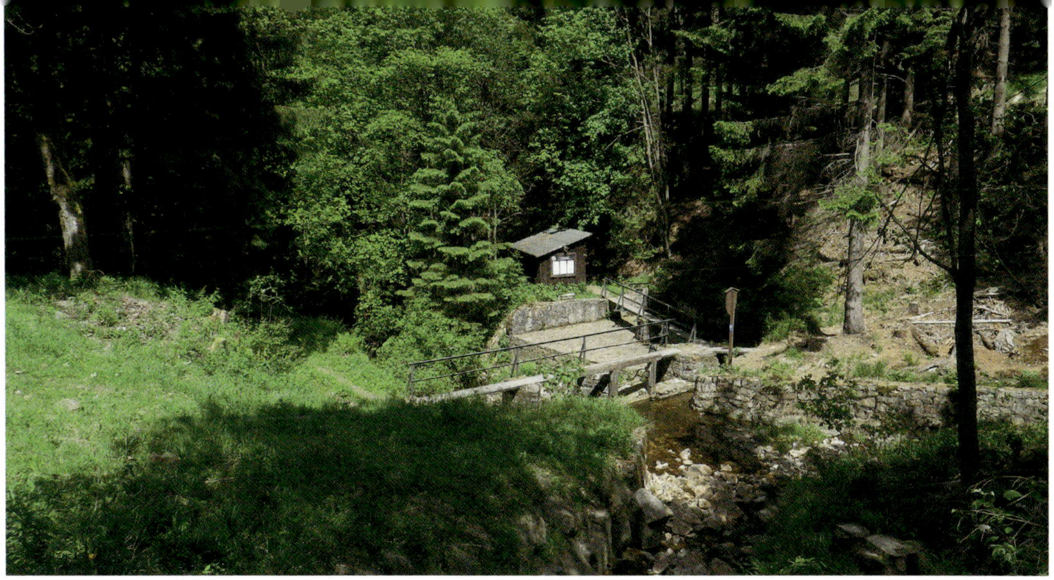

geschilderten und mit Tafeln erläuterten ❶ Morgenbrodstaler Grabens. An ihm entlang wandern wir neben dem darin behäbig dahinfließenden bräunlichen Moorwasser kurzweilig und angenehm steigungsfrei am aktuell teils entwaldeten Hang des Ifenkopfes um mehrere Bergsporne herum und einige Tälchen querend in drei Kilometern bis zum ❷ Großen Wehr am Ursprung der Söse.

Am Großen Wehr beginnt der Morgenbrodstaler Graben.

Nun steigen wir oberhalb der Forststraße auf einem kleinen Weg im Wald hinauf. Wir passieren den kecken, aus Quarzit bestehenden Felsturm Sösestein. Kurz danach halten wir uns bei einer Abzweigung links und folgen einem Weg, zuletzt etwas abwärts, zum lohnenden Ausguck auf der Felskanzel der gleichfalls aus Quarzit bestehenden ❸ Hammersteinklippen (Geländer). Hier genießen wir den

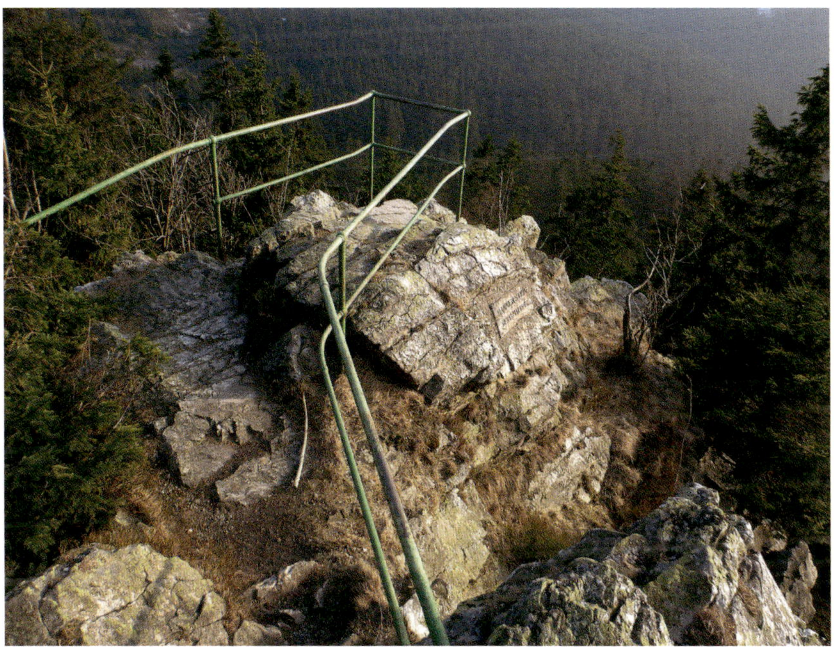

Auf der Hammersteinklippe

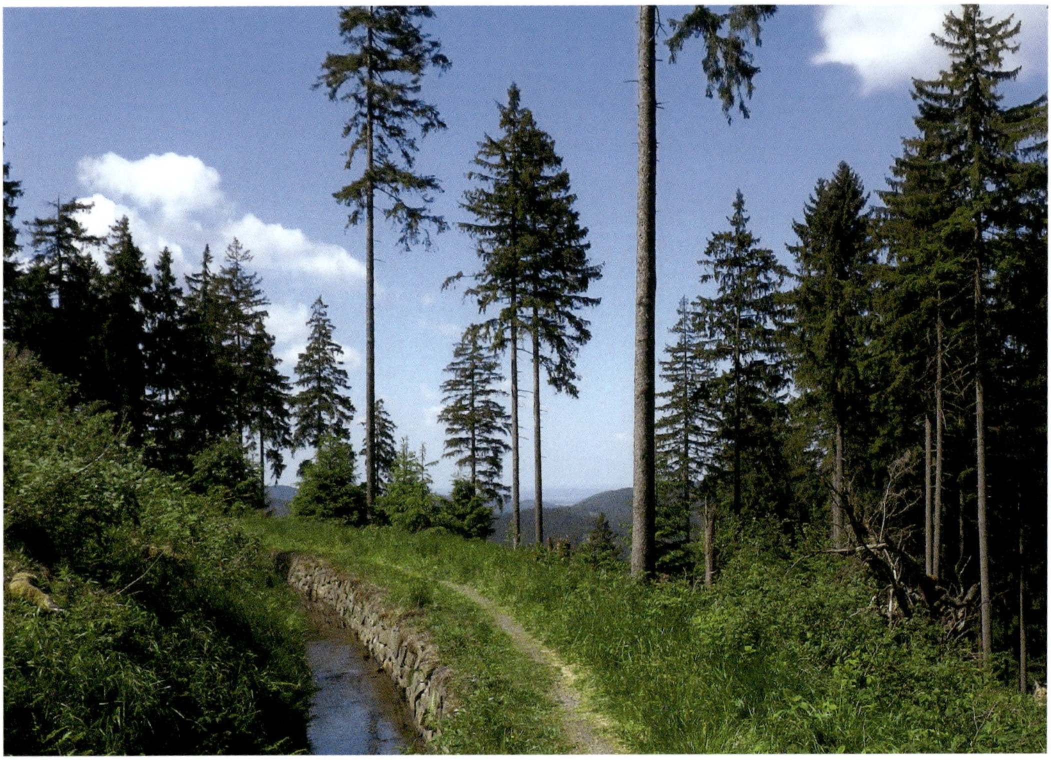

Am Morgenbrodstaler Graben

Blick auf die unterhalb gelegenen kargen, nur von Flechten und etwas Moos bewachsenen Blockmeere, das Sösetal und hinüber zum Ackerkamm.

Zum damaligen Grabenhaus Rose Zunächst gehen wir wieder zurück zum Beginn des Abstechers und folgen dann links dem anderen Weg rasch hinauf zur nahen Harzhochstraße mit den Parkplätzen von Stieglitzecke (bis hier 5 km).

Der Sperberhaier Dammgraben

Direkt westlich vom Dammhaus erstreckt sich der 1732–34 von einem Drittel der damals aktiven Oberharzer Bergleute in einer bewundernswerten Anstrengung mit einfachsten Mitteln für einen Graben über den tiefsten Einschnitt des Kamms gebaute Damm. Über ihn konnte man vom weiter östlich gelegenen höheren und niederschlagsreicheren Gebirgsteil Wasser zum Betrieb der um Clausthal herum gelegenen Bergwerke leiten. Dieser Sperberhaier Dammgraben war das größte Bauwerk des Oberharzer Wasserregals (s. folgende Wanderung).

Übrigens: Nahe dem Parkplatz Stieglitzecke standen bereits bei der Gründung des Nationalparks Harz die ersten Windräder der Gegend. Sie kämpften jedoch noch mit technischen Kinderkrankheiten und auch alle Freunde dieser schadstofffreien Technik der Energiegewinnung freuten sich, als die Masten in diesem hochrangigen Schutzgebiet wieder abgebaut wurden. Die Freude darüber dauerte aber nicht lange, denn wenig später wurde dort ein optisch nicht weniger aufdringlicher Sendemast installiert …

Wir überqueren die Straße und erreichen etwas links (Westen) die Einmündung des breiten ❹ **Branderwegs**. Diesem folgen wir nun bis zur kleinen Branderklippe. Hier biegen wir links bei der Markierung schwarzes »X« des Europäischen Fernwanderweges E6 und Wegschildern in Richtung Altenau ab. ❺ **Dieser**

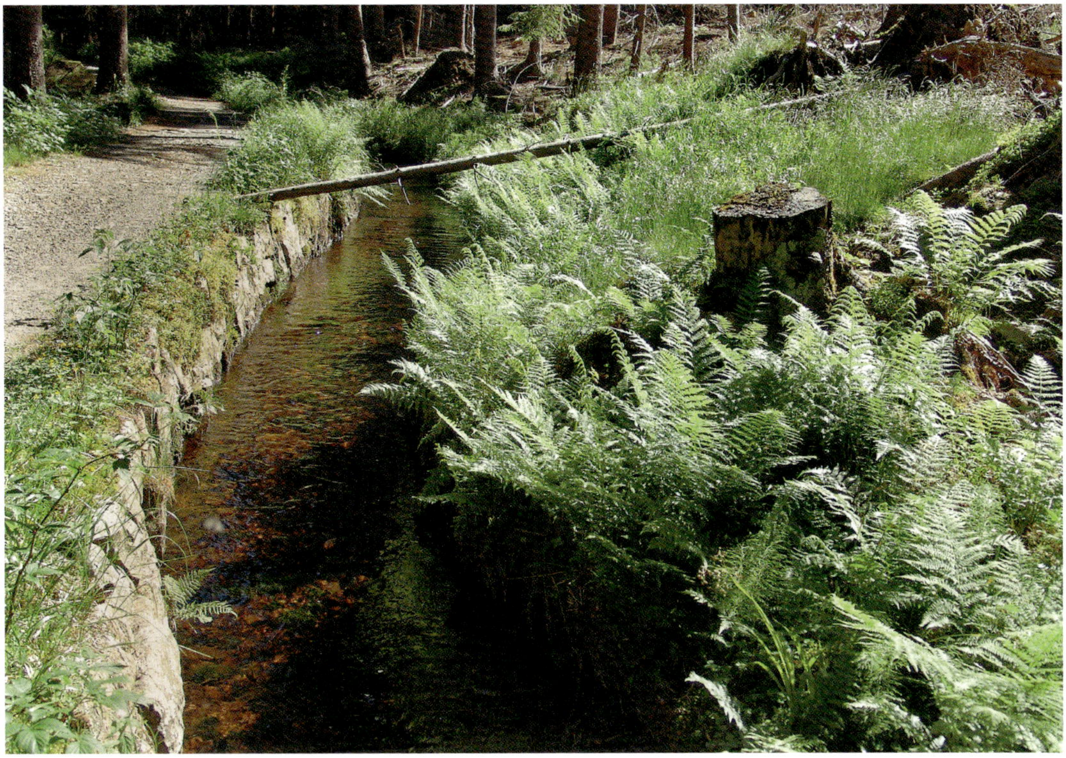

Farne beugen sich über den Graben.

Weg bringt uns in nordwestlicher Richtung hinab zum ehemaligen ❻ **Grabenhaus Rose**. Hier erreichen wir auch den Dammgraben.

Immer auf dessen Krone führt der angenehme, schmale Weg mit vielen Windungen in westlicher und südlicher Richtung zur Straße Altenau–B 242. Diese wird überquert. In gleicher Richtung bringt uns der Weg an oder nahe der Fortsetzung des Grabens entlang zurück zum Sperberhaier Dammhaus.

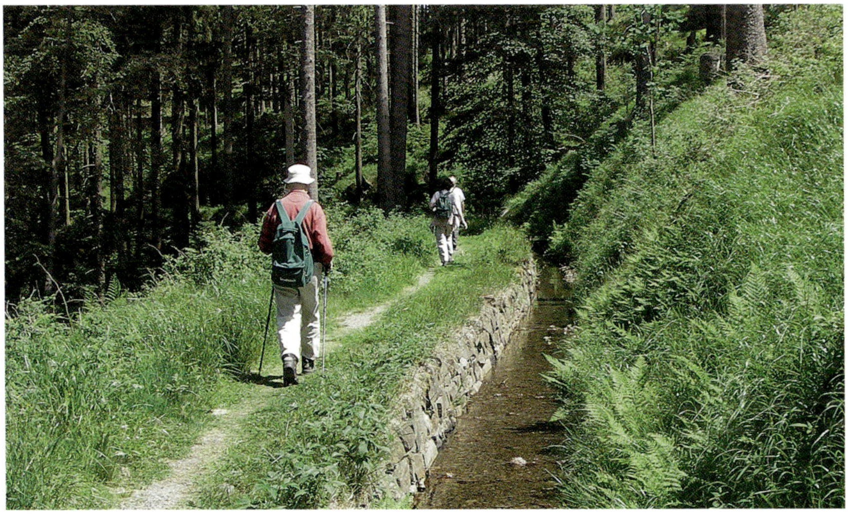

Wanderer hoffen hier auf Rücksichtnahme der Radfahrer.

10 Wildromantischer Hangweg und Aussichtswarte

Über Grabenwege und Butterstieg zur Wolfswarte

leicht | 10 km | 300 m | 3 Std.

Tourencharakter
Die Wanderung führt abwechslungsreich auf meist kleinen Wegen durch eine herb-wilde Naturlandschaft.

Ausgangs-/Endpunkt
Parkplatz Torfhaus-West, an der L 504 in Richtung Altenau, unterhalb der Jugendherberge

Anfahrt
Auto: Von Bad Harzburg über die B 4 erreichbar
Bahn & Bus: Bahn bis Bad Harzburg, dann Linienbusse bis Torfhaus

Höchster Punkt
Wolfswarte (910 m)

Beste Jahreszeit
April bis November (im Winter gelegentlich aus Naturschutzgründen gesperrt)

Einkehr
In Torfhaus

Karte
Besonders empfehlenswert ist die mit dem Harzklub erstellte Karte »Wandern im Westharz« (1:50 000) der LGN Niedersachsen (s. auch www.geolife.de).

Tourismus-Info
www.torfhaus-info.de;
www.harztourist.de;
www.torfhaus.jugendherberge.de;
www.torfhaus-harzresort.de

Dies ist eine nicht ganz vergessene Gegend – wer hier wandert, wird meist auch andere Leute sichten. Aber diese teils über den bekannten Hexenstieg führende Wanderung ist im Harz eine der besonders schönen und abwechslungsreichen Strecken auf naturnahen, schmalen Wegen.

Zum Dammgraben Vom unteren Ende des Parkplatzes bei der Jugendherberge gehen wir jetzt den breiten Weg am ❶ **Wegweiser zur Wolfswarte** vorbei nach rechts. Wir queren die Trasse eines in Zeiten des Klimawandels aus der Zeit gefallenen Skiliftes und folgen danach dem schmaleren Weg hinab in Richtung Altenau. Er bringt uns über eine Wiese und dann im Wald steil abwärts zu einem breiteren Grasweg und schließlich im Kellwassertal zur Kehre einer breiten festen Forststraße. Diese verlassen wir gleich wieder nach links und gehen nun entlang einem idyllischen Graben fast horizontal quer durch die Hänge und einige darin eingeschnittene Tälchen. Schließlich führt der Graben zu einem Tunnel. Der Weg leitet nun steil und lehmig mühsam hinauf zu einem höheren Hangweg am Beginn des wegen Windbruchs aktuell gesperrten historischen Harz-Highlights Magdeburger Weg.

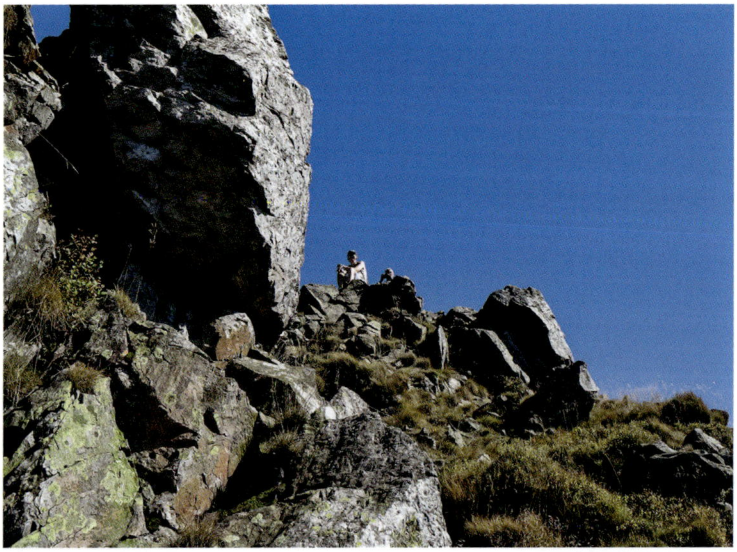

An der Wolfswarte

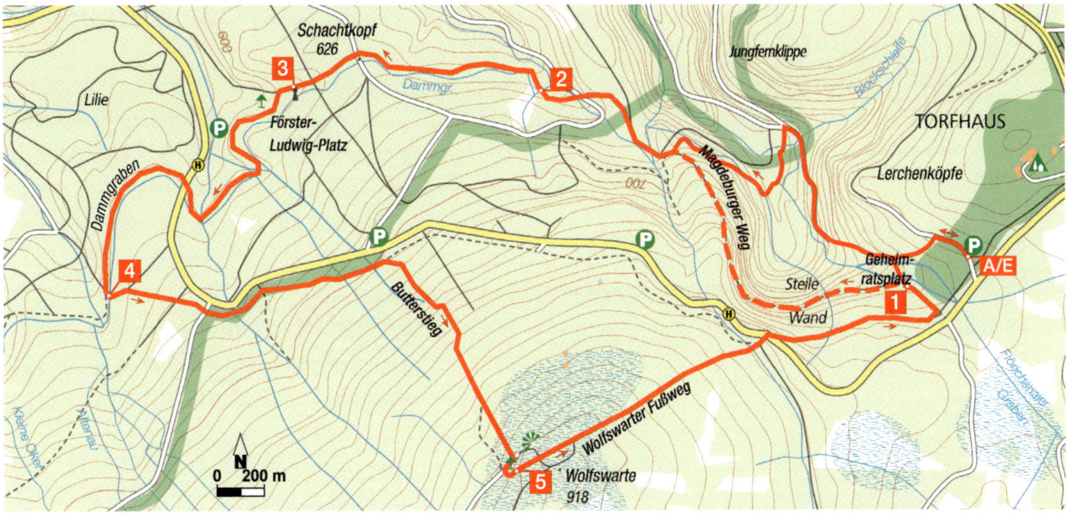

Am Dammgraben und auf dem Butterstieg zur Wolfswarte Viel zu schnell führt der Weg in Richtung Altenau wieder in sanftere Hänge und zum Beginn des ❷ Dammgrabens. Diesem folgt man nun, zwischendurch kurz absteigend, für mehrere Kilometer um allerlei flache Bergsporne herum. Bald nach steilerem Bachverlauf und dem ❸ Förster-Ludwig-Platz (Wasserbecken, Pavillon) überquert man die Autostraße und folgt auf der anderen

Das Oberharzer Wasserregal

Der Dammgraben ist, wie auch viele andere Gräben, Teil des als »Oberharzer Wasserregal« von den Bergleuten mit einfachsten Mitteln geschaffenen und heute als Weltkulturerbe geschützten kunstvollen Grabensystems. Die Bergleute fingen damit großräumig Wasser ein und leiteten es teils über große Strecken zu den Bergwerken, um damit über Wasserräder ihre Fahrkünste, Pochwerke und Schmieden zu betreiben. Die Gräben werden heute von den Harzwasserwerken unterhalten, und dieses Wunderwerk ist auch in über 20 erläuterten Wasserwanderwegen zugänglich.

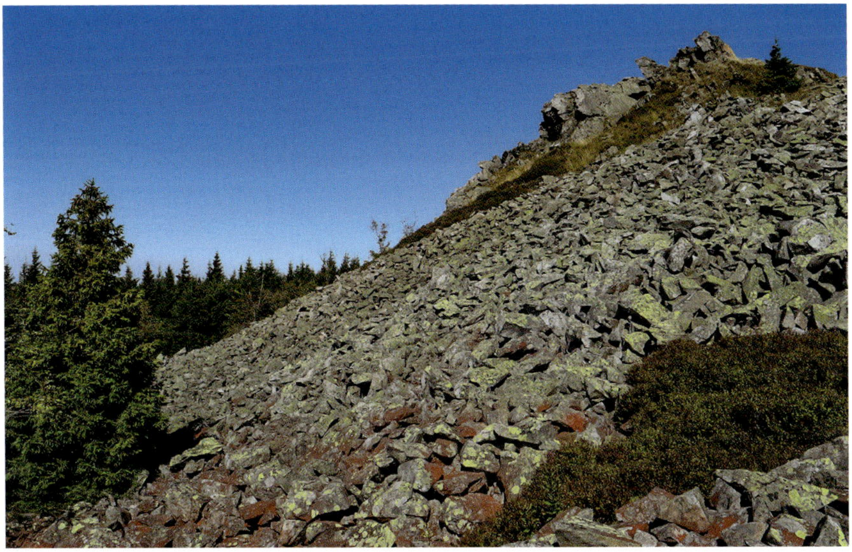

Die von Flechten überzogene Quarzithalde der Wolfswarte

Harz-Highlight Magdeburger Weg

Der 1899 vom Harzklub Magdeburg gebaute Wanderweg führt quer durch die Steile Wand. Das sind felsdurchsetzte Steilhänge, die von Geografen als Karnische eines lokalen kaltzeitlichen Gletschers gedeutet werden. Der Fels ist teils Granit, teils Hornfels. Letzterer wurde beim Aufsteigen des glutflüssigen Granits kontaktmetamorph angeschmolzen. Im Winter sind hier bei Eis Steigeisen hilfreich. Diese Hänge sind auch für den Wald eine Kampfzone. Es gehörte schon immer zum Begehen des Weges, dass frisch umgefallene Bäume irgendwie improvisierend zu passieren waren (Motto: Drunterdurch? Drüberweg? Oder seitlich drumherum?). Weil zu Beginn und nahe dem Ende des Weges aktuell je eine längere Passage Windbruch entstanden ist, hat der Nationalpark aktuell den gesamten Weg gesperrt und eine Umgehung eingerichtet. Es ist jedoch zu hoffen, dass der nach seinem Ambiente, seiner historischen Bedeutung und nach den eindrucksvollen Einblicken in die Geologie und Geomorphologie und Naturgewalten überhaupt einmalige Weg den Naturerfahrung suchenden Menschen nicht dauerhaft entzogen und bald wieder zugänglich wird.

Seite der Fortsetzung des Grabens in einem weiten Bogen nach links.

Kurz vor einer scharfen Rechtsbiegung im Grunde eines Tälchens und vor einem Grabenhäuschen überqueren wir nach links eine ❹ **Brücke** und steigen über einen steinigen Weg hinauf.

Dieser erreicht bald die Autostraße und führt neben dieser etwa 700 Meter weiter bis zum Beginn des Buttersteigs, gegenüber von der Einmündung einer Forststraße (die vom Beginn des Dammgrabens her auch eine – nicht wirklich wanderwürdige – Abkürzung der Wanderung erlauben würde, s. Karte).

Der Steig leitet naturnah, wurzelholprig und steil aufwärts zur felsigen Quarzitklippe der ❺ **Wolfswarte** (910 m) mit Ausblick auf Altenau und zur Schalke. (Der weiter südwestlich gelegene, etwa 10 Meter höhere Gipfel des Bruchbergs ist als Teil der sehr störanfälligen Hochmoore Teil der Kernzone des Nationalparks und deshalb für alle Besucher ganzjährig gesperrt. Das traditionelle Skikreuz wurde zur Wolfswarte versetzt).

Danach wandern wir in nordöstlicher Richtung den steinigen und teils nassen Weg durch eine lange, schnurgerade Schneise hinab. Wir überqueren die Autostraße und folgen gegenüber der Fortsetzung des Weges hinab zum Beginn des Magdeburger Weges und zurück nach Torfhaus.

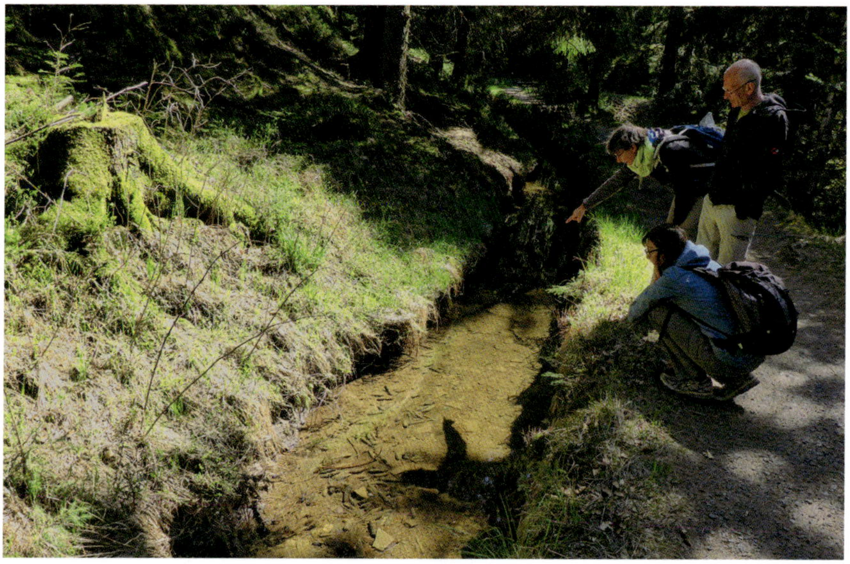

Am Dammgraben

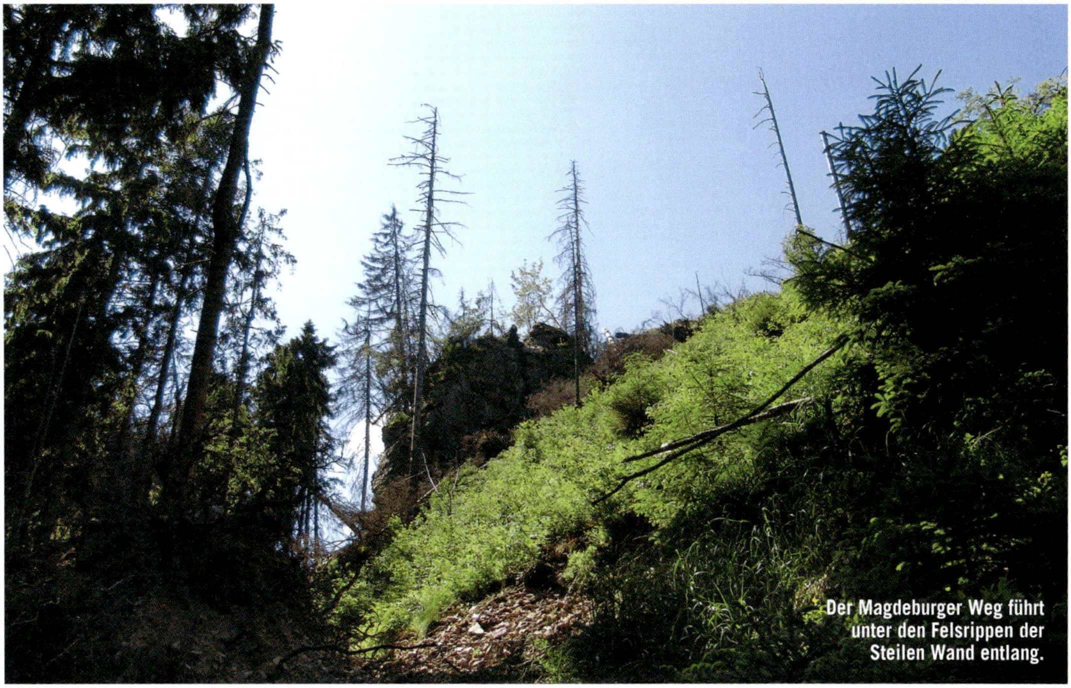

Der Magdeburger Weg führt unter den Felsrippen der Steilen Wand entlang.

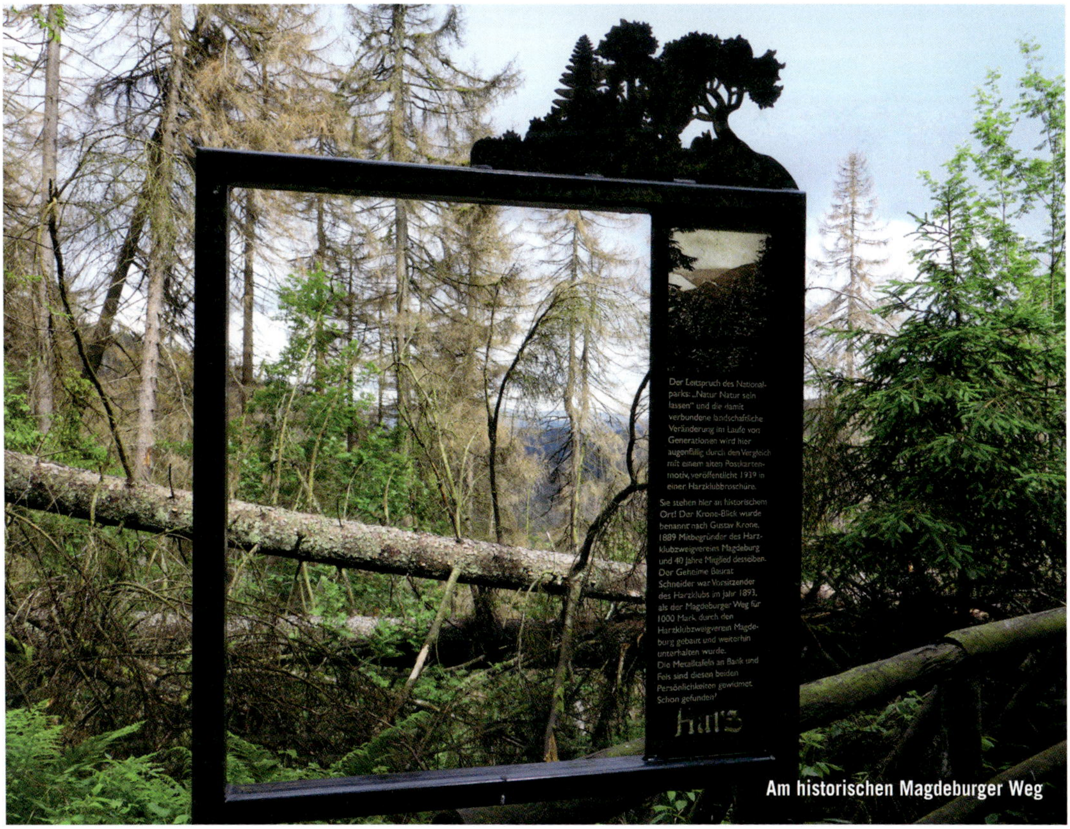

Am historischen Magdeburger Weg

11 Vergessene Waldwege zum höchsten Harzberg

Von Torfhaus über die Scharfensteinbaude zum Brocken

mittel | 21 km | 600 m | 6 Std.

Tourencharakter
Lange, weitgehend sehr ruhige Wanderung im Ambiente des Hochharzes mit allmählicher Steigerung der landschaftlichen Eindrücke; der Abstieg verläuft allerdings auf einer der populärsten Routen. Der Weg ist anfangs nur spärlich beschildert und verlangt bis zur Eckerbrücke genaue Beachtung von Beschreibung und Karte. Auf der Nordroute ist er dann mit den Platten des Kolonnenwegs offensichtlich und gar kein Pfad mehr. Am Neuen Goetheweg hilft üppige Beschilderung.

Ausgangs-/Endpunkt
Nationalparkhaus Torfhaus am großen Parkplatz an der B 4

Anfahrt
Auto: Von Bad Harzburg über die B 4 zum Nationalparkhaus Torfhaus
Bahn & Bus: Bahn bis Bad Harzburg, dann Linienbusse bis Torfhaus

Höchster Punkt
Brocken (1142 m)

Beste Jahreszeit
Mai bis November

Einkehr
In Torfhaus, in der Rangerstation Scharfenstein und auf dem Brockengipfel

Karte
Besonders empfehlenswert ist die mit dem Harzklub erstellte Karte »Wandern im Westharz« (1:50 000) der LGN Niedersachsen (s. auch www.geolife.de).

Tourismus-Info
www.torfhaus-info.de;
www.harztourist.de;
www.torfhaus.jugendherberge.de;
www.torfhaus-harzresort.de

Diese Wanderung ist eine ruhige Annäherung an den großen Berg des Nordens. Man muss dabei nicht weiter laufen als auf den anderen Nordrouten, und das sogar mit deutlich geringerem Höhenunterschied. Im Gipfelbereich ist der Trubel aber auch bei diesem Wandervorschlag unvermeidbar – an populären Tagen und zu Stoßzeiten gilt dies auch für den Abstieg.

Zum Talgrund der Ecker Die Route beginnt am Großparkplatz Torfhaus, direkt hinter dem Nationalparkhaus und bei den Menhiren nachempfundenen, spektakulär platzierten Großblöcken der häufigen Harzgesteine Granit, Gabbro und Diabas. Neben dem Lift gehen wir auf dem breiten Wanderweg zunächst bergab und treffen unten auf den Querweg, der uns durch Wald gen Osten zum Wegekreuz mit dem ❶ **Kaiserweg** bringt. Auf diesem geht's nun ansteigend nach rechts, südwärts, nach 500 Metern zum Luchsdenkmal (Rastplatz).

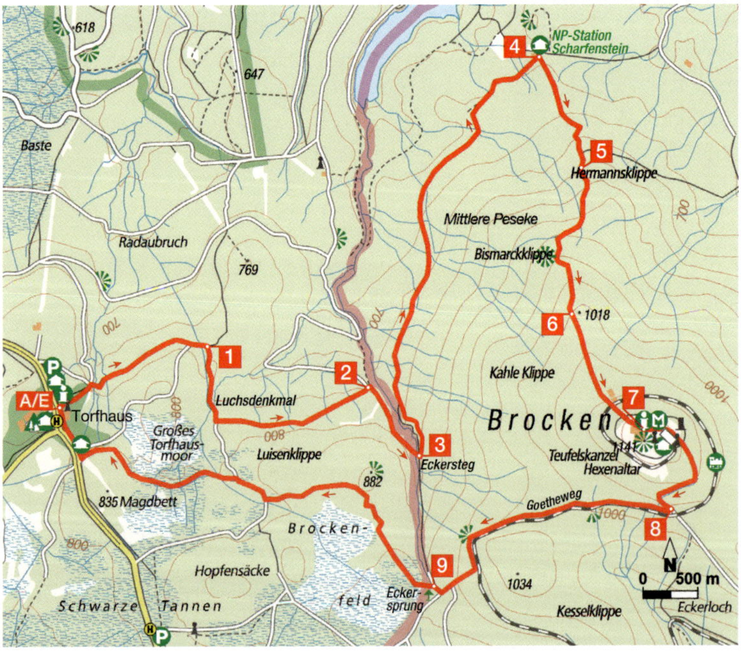

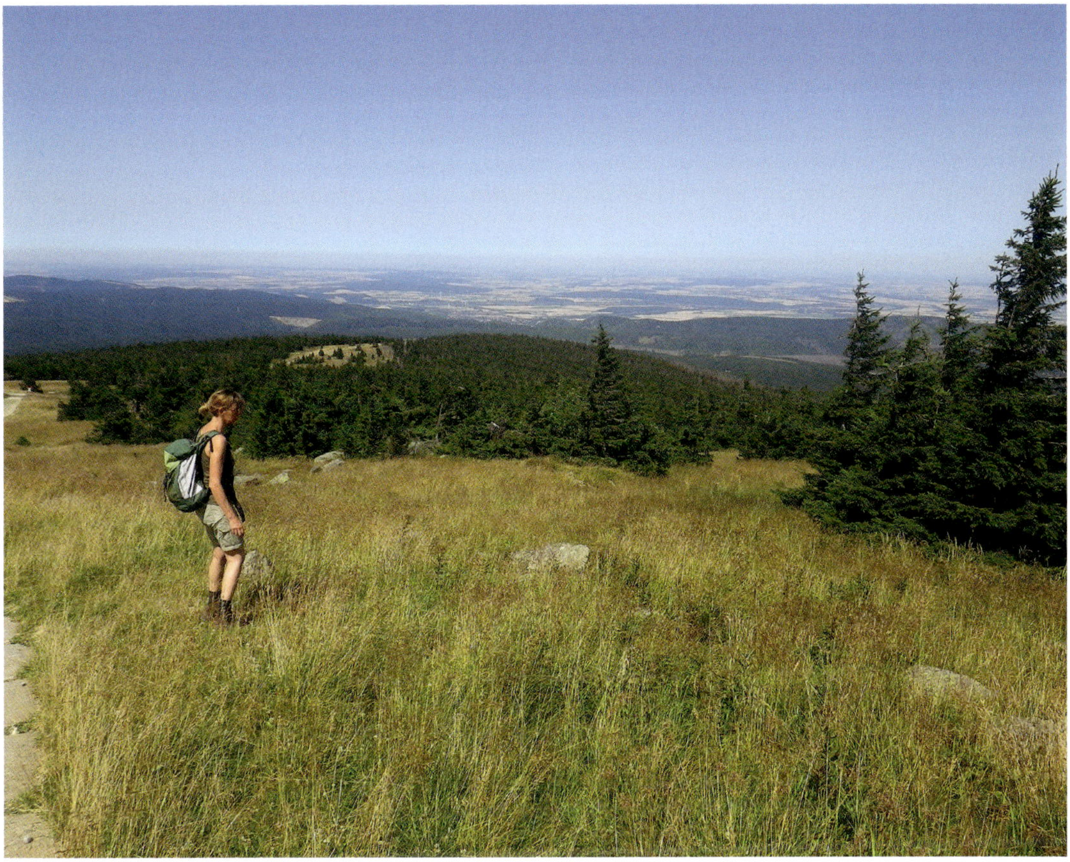

200 Meter danach folgen wir dem links, ostwärts, abzweigenden breiten Forstweg bis zu einem ❷ **Holzplatz** vor dem Talgrund der Ecker, wo ein breiter Forstweg nach links hinab weiterführen würde. Wir halten uns hier stattdessen aber auf dem schmalen Weg nach rechts und erreichen südwärts in etwa 10 Minuten den Bach. Dieser wird auf einem hübschen ❸ **Holzsteg** überschritten.

Im obersten Teil des Heinrich-Heine-Weges, mit Blick zum Kleinen Brocken

Die Westnase der Bismarckklippe

Zur Rangerstation Scharfenstein Jenseits steigen wir über eine kurze Treppe hinauf und erreichen dahinter im Wald rasch einen Querweg. Auf diesem wandern wir nach links in nördlicher und nordöstlicher Richtung durch hohen Fichtenwald stetig abwärts. Später führt der breite grasige Weg an eingezäunten Pflanzungen von Laubhölzern entlang, mit denen hier wieder ein deutlich naturnäherer Wald entstehen soll.

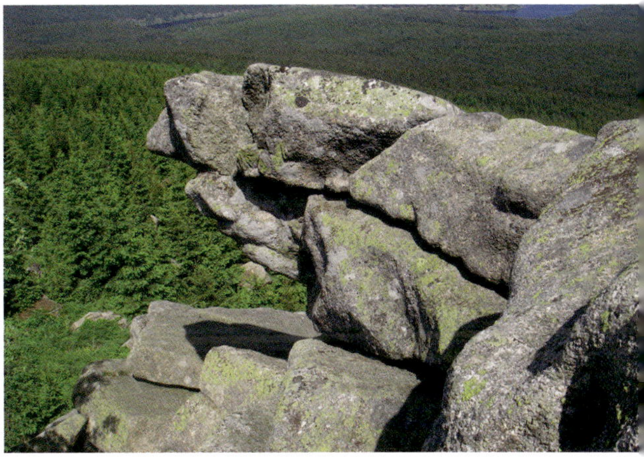

Nach vier Kilometern, zuletzt an einer kleinen Klippe vorbei, erreicht man den vom felsigen Scharfenstein überragten Sattel mit der ❹ **Rangerstation Scharfenstein** (630 m). Von hier aus kann man über einen an der Station beginnenden Steig den Scharfenstein (698 m) besteigen, der einen sehr schönen Blick zum Brocken hin bietet (hin und retour ca. 45 Min. zusätzlich).

Zum Brocken Nun wenden wir uns nach rechts und steigen südwärts auf dem mit gelochten Betonplatten belegten Kolonnenweg hinauf zum ❺ **Rastplatz Hermannsklippe** (750 m; hier mündet der Heinrich-Heine-Weg ein).

Stetig recht steil ansteigend, wird in einem weiten Bogen nach rechts die am Weg gelegene Bismarckklippe (895 m; nur mit etwas Kletterei besteigbar) erreicht. Der Plattenweg führt nach einer Kehre links zu einer Wanderhütte und dann steil hinauf zur 1000-Meter-Marke und auf eine ❻ **Bergschulter** (Kleiner Brocken, 1025 m).

Zuerst geht es nun weniger steil weiter auf die sichtbare Gipfelkuppe zu. Bald jedoch steilt sich der Weg wieder auf, überquert die Bahnlinie und leitet vor dem hohen Sendemast rechts weiter zum höchsten Punkt des ❼ **Brockens** (1141,2 m). Die gelungen hierhin transplantierte Gipfelklippe dürfte mit dem obligaten Selfie einer der am häufigsten fotografierten Orte der Republik sein.

Die Gipfelkuppe des Brockens und dahinter der Turm der Wetterwarte

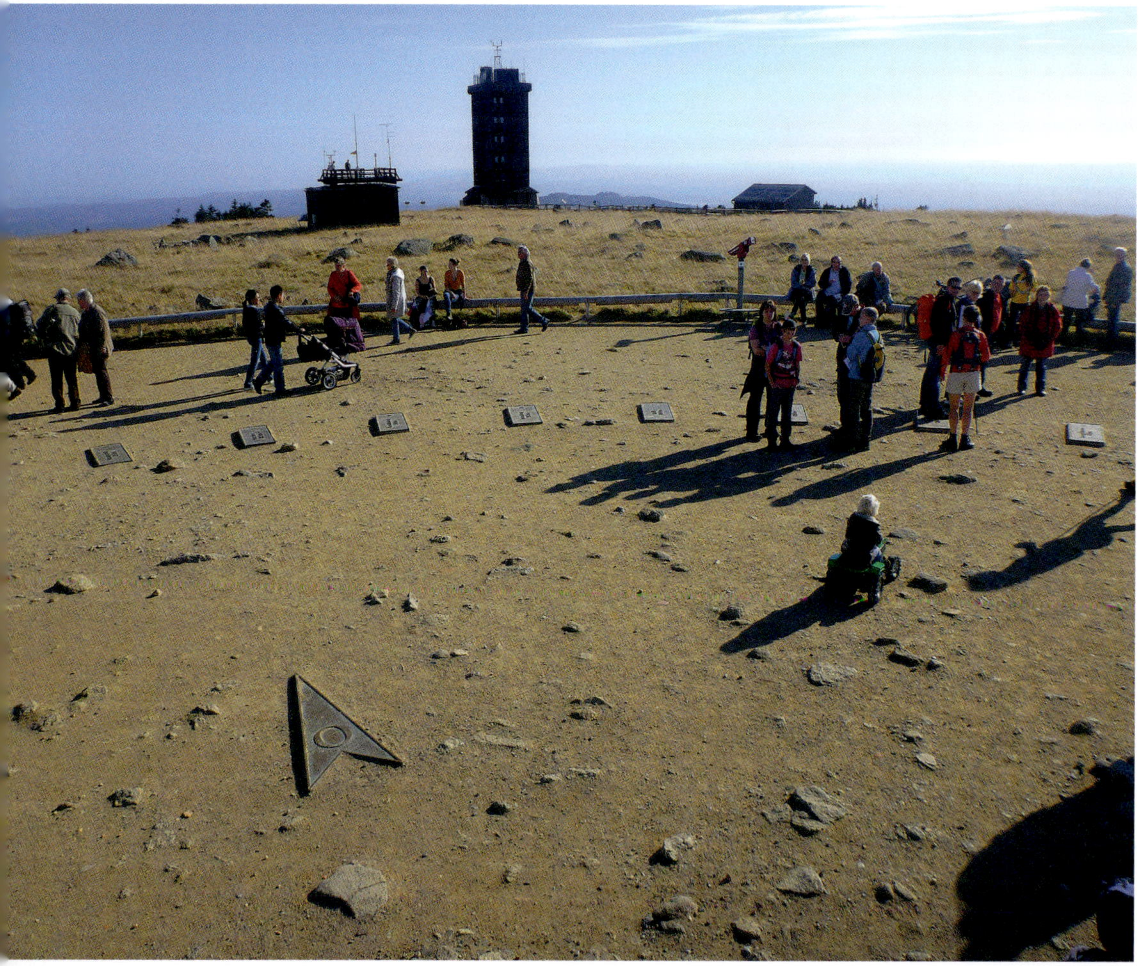

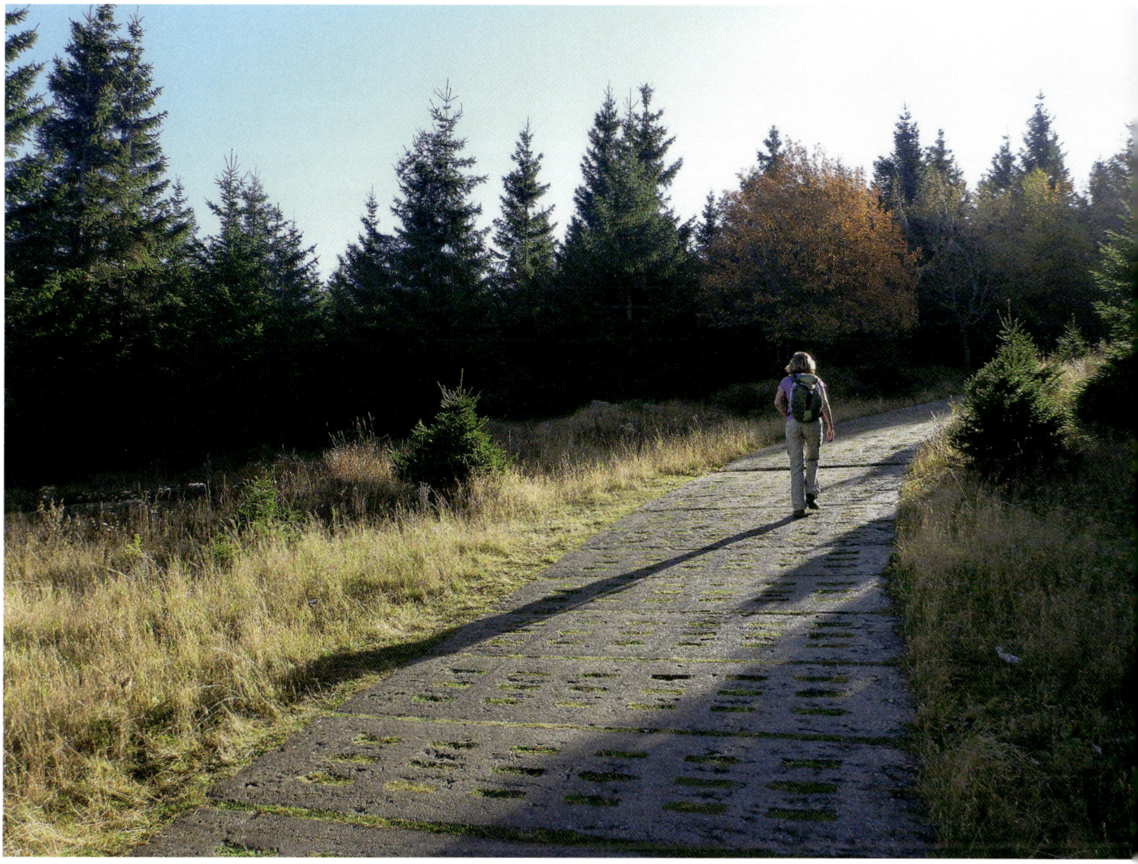

Der historische »Hirtenstieg« ist heute Teil des großartigen Heinrich-Heine-Wegs.

Rückweg über Goethe-Bahnhof und Eckersprung Am Bahnhof vorbei folgen wir der breiten Brockenstraße hinab bis vor die Bahngleise der 8 **Brockenbahn**. Dort gehen wir rechts an diesen entlang auf dem breitklotzig als Wanderstraße ausgebauten Goetheweg in westlicher Richtung bergab und erreichen nach zwei Kilometern und nach einer Kurve die als »Goethe-Bahnhof« bezeichnete Begegnungsstelle der Züge. Von dem dort installierten Schnickschnack-Angebot fürs »Erlebnissitzen« leitet die nur teilweise von Platten befreite breite Trasse hinab. Nach 400 Metern zweigen wir von dieser nach rechts ab und gelangen zum 9 **Rastplatz Eckersprung**.

Auf einem festen Forstweg wandern wir anschließend an der wieder mit Fichten neu zuwachsenden Kuppe des Quitschenbergs vorbei und erreichen nach zwei Kilometern den Kaiserweg. Auf diesem gehen wir nach rechts und wandern einige Minuten bergab, ehe wir links abzweigen und hinab zum Abbegraben gehen. Der Weg leitet hübsch an diesem entlang.

Später ist rechts am Torfmoor ein Abstecher auf einen Steg möglich, der mit weitem Blick zum Brocken einen Happen vom Ambiente der störanfälligen, sonst überall gesperrten Hochmoore erlebbar macht.

Weiter am Graben entlang gelangen wir zur B 4 und nun neben dieser im Kontrastprogramm gehobener Bevölkerungsdichte zurück zum touristischen Brennpunkt beim Nationalparkhaus Torfhaus.

12

Felsenburgen und Moore am uralten Handelsweg

Von den Kriegsgräbern zum Kaiserweg und zum Bodebruch

leicht | 8 km | 100 m | 2 Std.

Tourencharakter
Herb-schöne Wanderung im von Hochmooren geprägten Vorfeld des Brockens, teilweise auf einem alten Handelsweg

Ausgangs-/Endpunkt
Bushaltestelle und Wanderparkplatz »Kriegsgräber« an der B 4 zwischen Torfhaus und Oderbrück

Anfahrt
Auto: Über die B 4 von Bad Harzburg–Braunlage zum Ausgangspunkt
Bahn & Bus: Bahn bis Bad Harzburg, weiter mit dem Bus in Richtung Braunlage bis zur Bushaltestelle »Kriegsgräber«

Höchster Punkt
Große Hopfensäcke (890 m)

Beste Jahreszeit
Mai bis Oktober

Einkehr
In Oderbrück »Hütte am Achtermann«

Karte
Besonders empfehlenswert ist die mit dem Harzklub erstellte Karte »Wandern im Westharz« (1:50 000) der LGN Niedersachsen (s. auch www.geolife.de).

Tourismus-Info
www.torfhaus-info.de; www.harztourist.de; www.torfhaus.jugendherberge.de; www.torfhaus-harzresort.de

Rechte Seite oben: Der Abfluss des Sumpfgebiets Bodebruch

Rechte Seite unten: Der Dreieckige Pfahl ist eine alte Grenzmarkierung.

Auf dieser Wanderung erhält man einen Eindruck von den kargen hochharztypischen Szenerien mit Felsburgen über sumpfigem Wald und Hochmooren. Weil sie zwar ganzjährig begehbar ist, aber in der Skisaison auf einem Teil der Strecke Loipen gespurt sind, bedeutet das in dieser Jahreszeit eine gutnachbarschaftliche Rücksichtnahme durch Gehen neben den Spuren.

Zu den Großen Hopfensäcken Von dem hinter der Bushaltestelle »Kriegsgräber« im Wald gelegenen Parkplatz steigen wir einige Meter an und treffen auf eine schmale Schneise. Durch diese führt ein schmaler Weg in nördlicher Richtung. Er verlangt bei Nässe einige sportlich große Schritte über Matsch und Pfützen, ist aber durch kurze Stege über die hungrigsten Schlammlöcher entschärft.

So wird ein nicht breiter, aber fester Querweg erreicht, zu dem hier eine frühere Forststraße gelungen rückgebaut wurde. Dieser Weg führt in östlicher Richtung an teils grandiosen Urwaldszenerien vorbei und nach

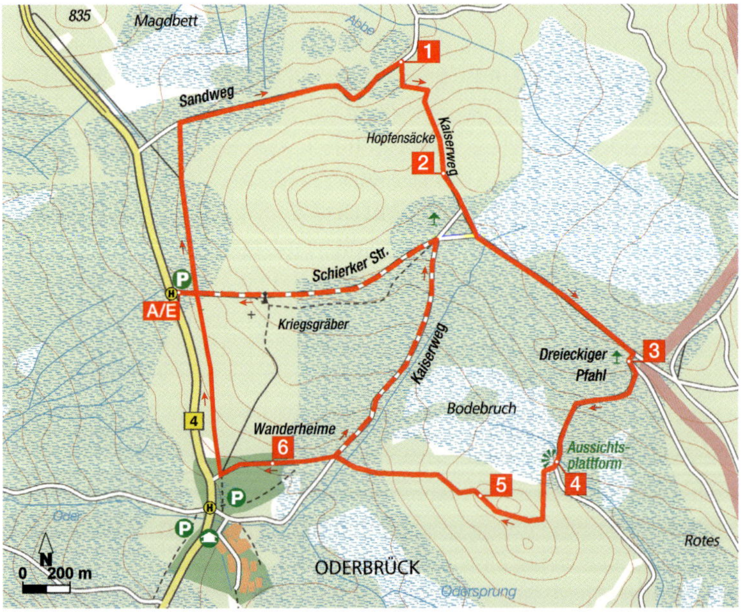

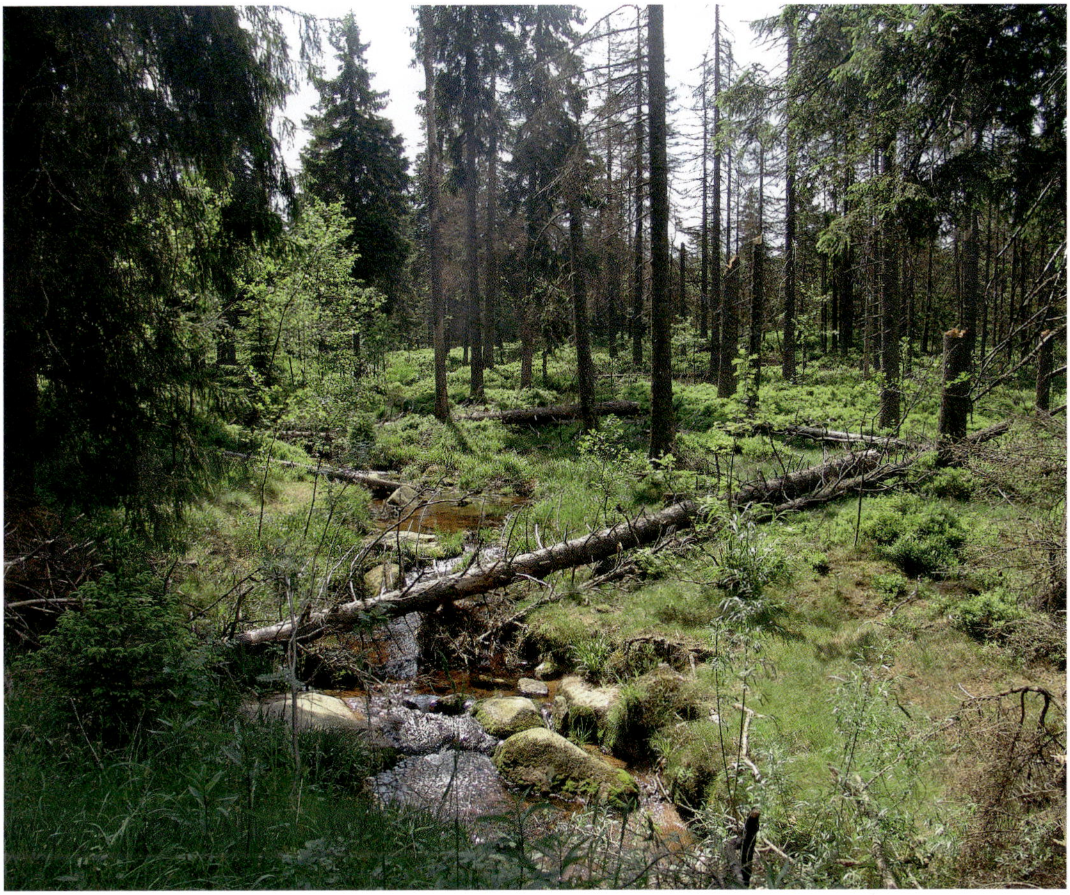

etwa 800 Metern vor einer Linkskurve zu einer ❶ **Blockhütte**.

Hier erreicht man den uralten Handelsweg Kaiserweg, in den wir nach rechts einbiegen. Er zeigt auf dieser Strecke mit grobem Pflaster und gelegentlichen Karrenspuren noch etwa den originalen Zustand der alten Handelswege. Auf der Höhe der nächsten Kuppe liegen rechts und links die großblockigen Granitklippen ❷ **Große Hopfensäcke**.

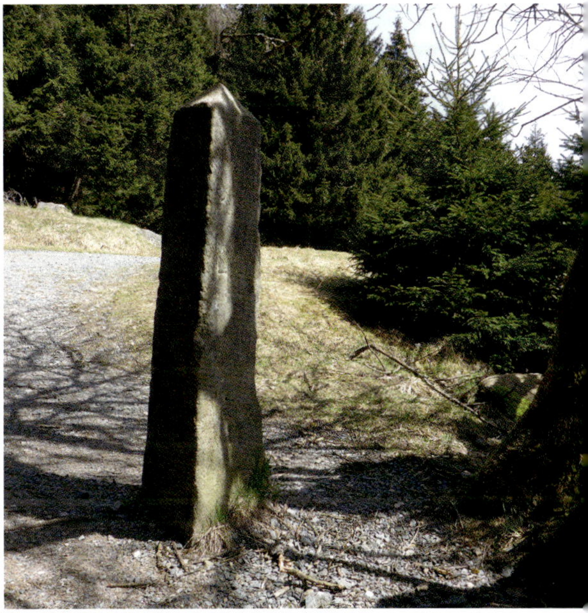

Dreieckiger Pfahl und Bodebruch Danach führt der Kaiserweg abwärts zu einer Forststraße. Auf dieser wandern wir nach links und erreichen in etwa 10 Minuten den alten ❸ **Grenzstein »Dreieckiger Pfahl«** unweit der früheren innerdeutschen Grenze.

Hier zweigt der Weg nach rechts ab in Richtung Bodebruch und führt nach einem Wegweiser rechts

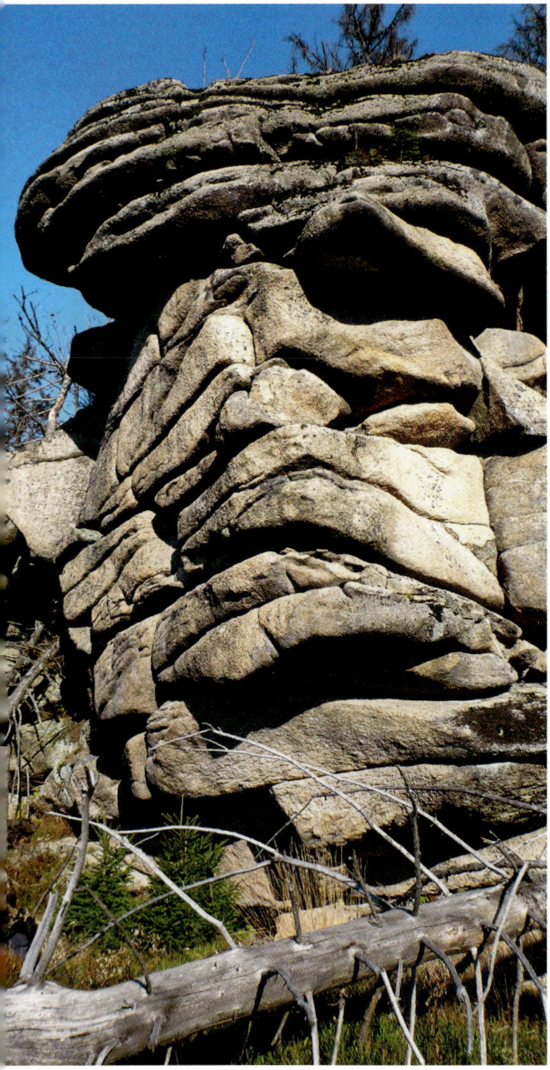 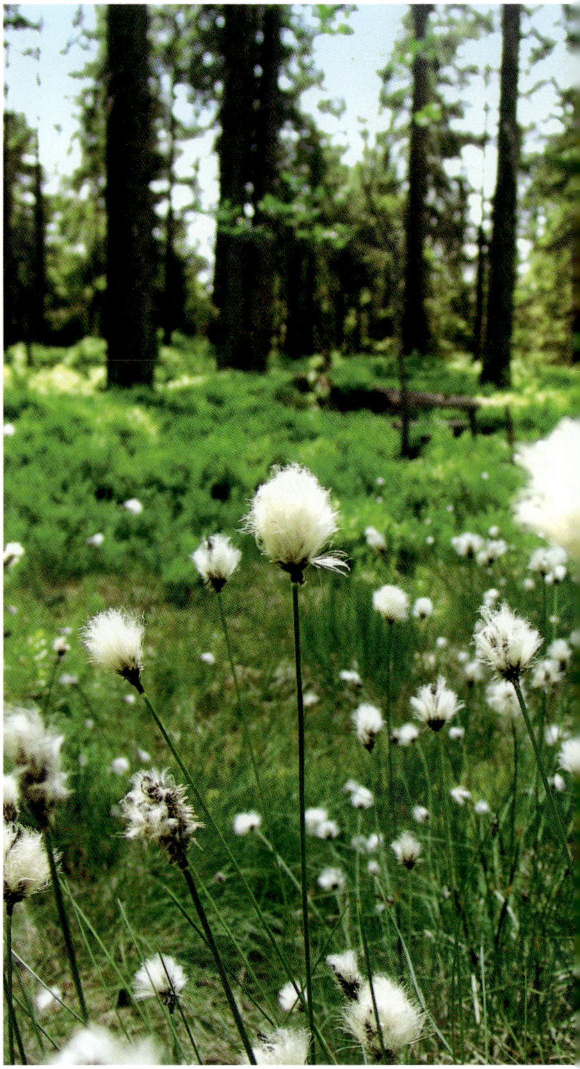

Goethe und der Brocken

Das Hochmoor Bodebruch bildet die Wasserscheide zwischen dem Tal der Oder und dem der Bode. Die zu Beginn bis zum Kaiserweg benutzte, angenehm rückgebaute Forststraße entspricht vermutlich der originalen Aufstiegsroute Goethes bei seiner farbig beschriebenen und oft zitierten frühen Brockenbesteigung. Die Straße zum Dreieckigen Pfahl ist zugleich der Beginn eines der beiden kürzesten Aufstiege zum Brocken.

zum erhöht gebauten ❹ **Aussichtspunkt** über das Hochmoor. Auf schmalen Stegen gehen wir über den Rand des Moores, queren danach über Wurzeln und Blöcke ein Tälchen. Weitere Stege führen nochmals hinauf zum Rand des Moores und zur Trasse der Loipe (auf der sich in der Skisaison Fußwanderer mit dem Zertreten der Spuren sehr unbeliebt machen können!).
Der Weg biegt schon bald von der Loipentrasse nach rechts (Richtung Oderbrück). Er führt als von Wurzeln überzogene Holperstrecke durch hohen ❺ **Wald** und teils auch an von Stürmen malerisch umgelegten Baumleichen vorbei und erreicht nach etwa einem Kilometer wieder den Kaiserweg. Diesen überqueren wir und fol-

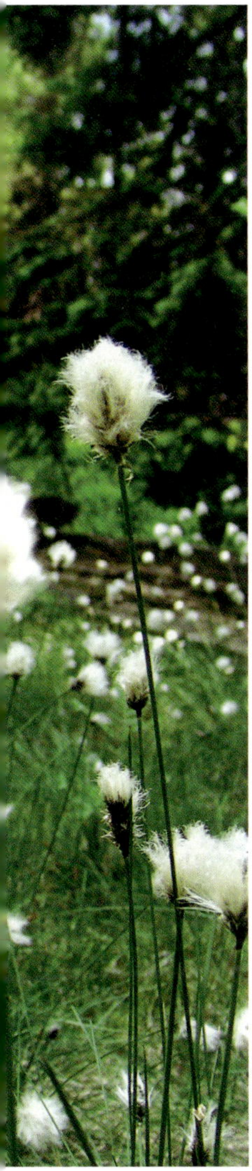

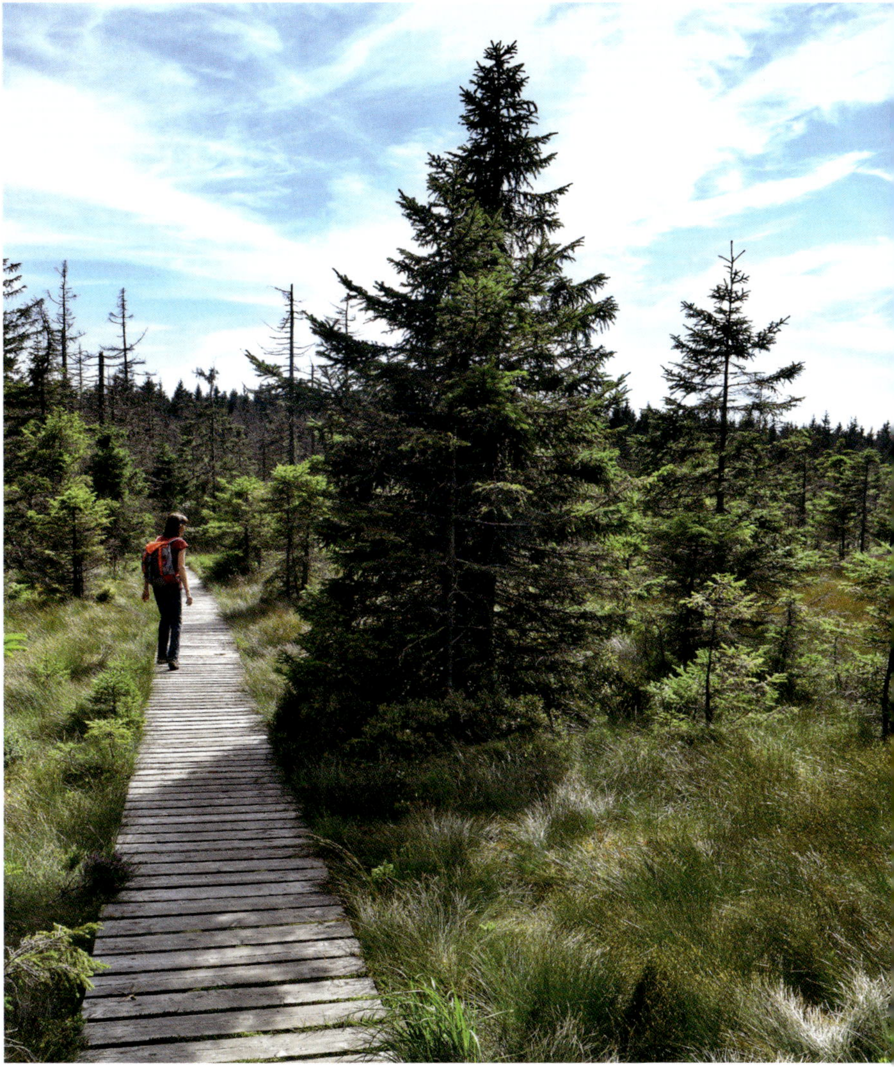

gen hübschen Stegen über sumpfige Stellen und an weiterem wilden Wald vorbei rasch zu den 6 **Skihütten** von Oderbrück Nord.

An denen gehen wir vorbei. Etwa 100 Meter vor der Autostraße biegen wir dann bei einem Wegweiser nach rechts (Richtung Torfhaus) in einen Grasweg. Er leitet in der auffallend geraden Lichtschneise (in der früher die erste Stromleitung verlief) nordwärts. Der Weg ist angenehm zu gehen und trotz der geraden Linienführung wieder durch weitere urwüchsige Waldszenerien abwechslungsreich, wenn auch auf diesem letzten Wegabschnitt neben Waldesrauschen ebenfalls etwas Autorauschen geboten wird. Die Schneise führt direkt zurück zum Parkplatz an der B 4.

Übrigens: Auf dem Friedhof »Kriegsgräber« liegen neben in letzten Kämpfen als Volkssturm sinnlos verheizten Jugendlichen auch namenlose osteuropäische Fremdarbeiter und vermutlich auch Opfer von Todesmärschen zur Vernichtung von KZ-Häftlingen.

Links: Die Großen Hopfensäcke zeigen die granittypische Wollsackverwitterung.

Mitte: Im Bodebruch wächst natürlich auch das Wollgras.

Rechts: Auf dem Moorsteg am Rand des Bodebruchs

13

Über die Sonnenklippe zu Zeterklippen und Brockenkindern

Auf die Granitfelsen gegenüber vom Brocken

schwer 22 km 700 m 6 Std.

Tourencharakter
Lange Wanderung teils auf kleinen Wegen teils auf Forststraßen und abgesehen von den Strecken am Heinrich-Heine-Weg mit großer Wahrscheinlichkeit sehr ruhig

Ausgangs-/Endpunkt
Am Südende von Ilsenburg kostenpflichtiger Parkplatz Ilsetal hinter dem Nationalpark-Haus, beim Camperplatz und neben dem »Kletterwald«

Anfahrt
Auto von B6neu Ausfahrt Stapelburg oder Ilsenburg Zentrum
Bahn & Bus: Bahn bis Ilsenburg, von dort zum Ausgangspunkt 2 km, www.reiseauskunft.bahn.de, im Sommer auch an einigen Wochentagen Bus zur Plessenburg

Höchster Punkt
Brockenkinder (932,7 m)

Beste Jahreszeit
Mai bis Oktober

Einkehr
Im Ilsetal Waldhotel und Kurhaus, im Ort u.a. »Tasin«

Karten
Besonders empfehlenswert sind die mit dem Harzklub erstellten Karten »Wandern im Westharz« bzw. »Wandern im Ostharz« (beide 1:50 000) der LGN Niedersachsen (s. auch www.lvermgeo.sachsen-anhalt.de).

Tourismus-Info
Tourismusbüro, Karl-Marx-Straße 1, 38871 Ilsenburg (Harz), Tel 039452/19433, www.ilsenburg.de

Dies ist eine lange Hammertour mal statt auf den Brocken auf einen seiner großen Nebengipfel. Sie führt teils über ideale Naturwege, teils über Forstwege, durch von Klippen und Blöcken gezierten Laub- und Nadelwald, aber auch über nach Borkenkäfer und Sturm reizvoll im Wandel begriffene Bereiche mit weiten Ausblicken.

Vom öffentlichen Parkplatz Ilsetal geht es zuerst an der Straße zum Gästeparkplatz des Waldhotels Ilsetal. Nun links, ostseitig am Bach entlang kurzweilig auf dem altehrwürdig abgewetzten und ausgelaufenen Heinrich-Heine-Weg taleinwärts. Eine eiserne Brücke leitet nach rechts über die Straße zum Zanthier-Platz. Nun führt der Weg westlich vom Bach weiter, an einem kleinen Wehr vorbei und danach bei einer deutlichen Rechtsbiegung des Baches links über eine hochgelagerte neue Brücke zur Talstraße. Wenig oberhalb der Brücke erreicht man die Abzweigung der Eschwegestraße in Richtung Plessenburg/Drei Annen von der Ilsetalstraße.

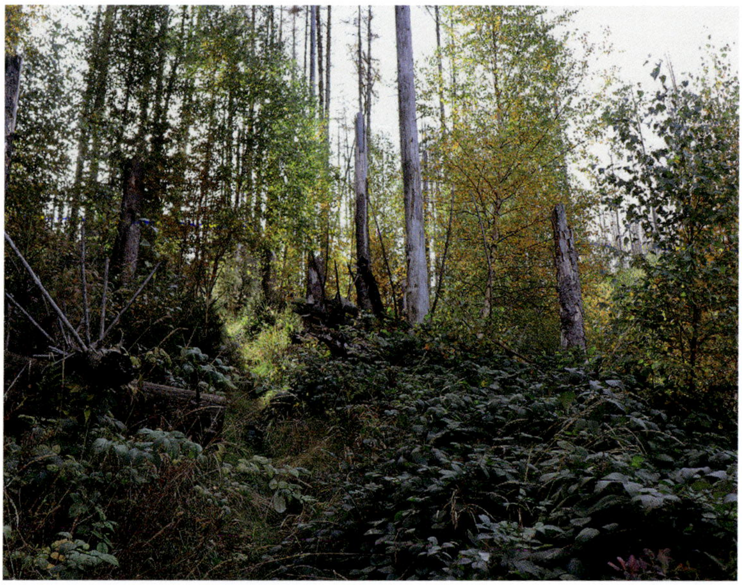

Im Spukelok

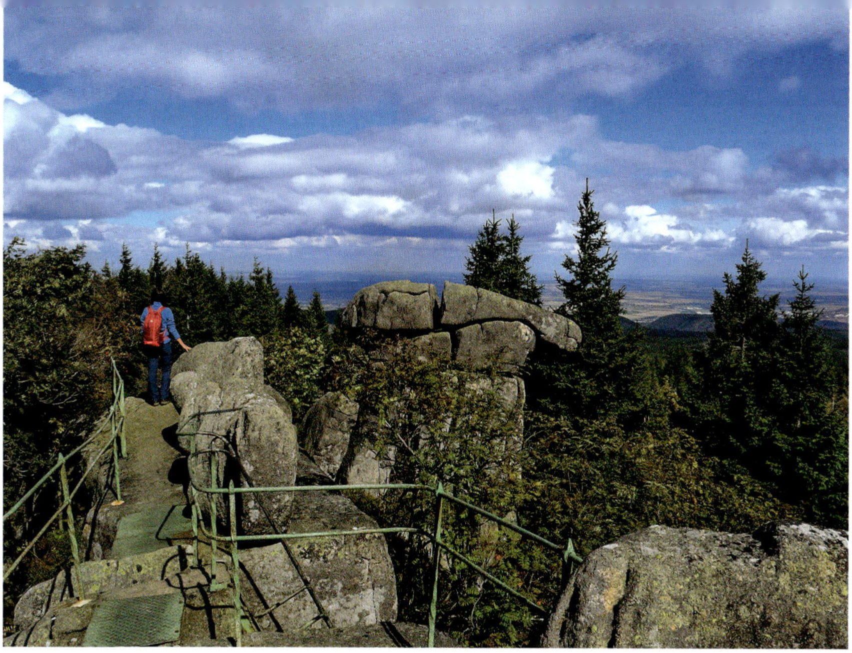

Auf der Oberen Zeterklippe

Bild unten: Auf den nördlichen Felskopf geht es nur mit etwas Kletterei.

Auf der Eschwegestraße gehen wir 50 Meter nach links und biegen dann gleich rechts in einen kleinen unbefestigten ❶ **Forstweg**. Nach wiederum nur wenigen Metern zweigt von diesem links ein schmaler aber deutlicher Pfad (*Spukelok = Spukloch*) ab. Diesem folgen wir mit etwas Tendenz nach rechts steiler hinauf bis auf eine horizontal verlaufende Forststraße.

Auf dieser Straße gelangen wir geradeaus rasch zu einer großen Straßengabelung und gehen links die neu klotzig ver-

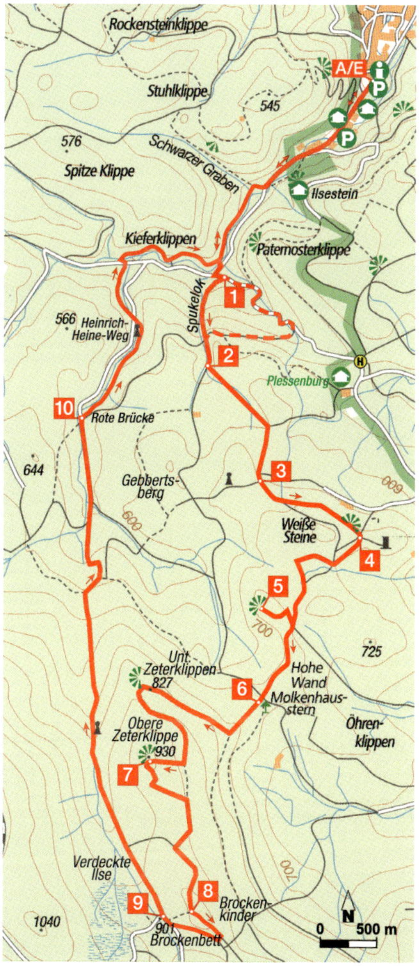

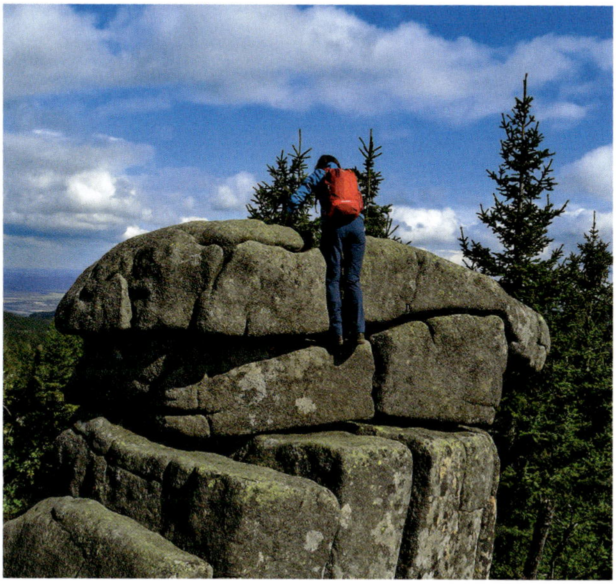

breiterte Straße weiter. Nach 200 Metern gehen wir bei der ❷ **Gabelung** nochmals links und 700 Meter geradeaus weiter zu einem Forstwegedreieck (zwischen Pfortenberg/Wolfsberg rechts und Dreisageblocksberg links). Nach rechts führt die Forststraße ansteigend zu einem Wegedreieck beim Pfortenberg. Wir gehen hier den breiten Weg schräg rechts zuerst durch Fichtenwald, bald jedoch mit weitem Blick ins Vorland unter den Weißen Steinen durch zum oberen Ende des ❸ **Alexanderstieges** (links Stempelstelle der nahen Wolfsklippe). Wir folgen dem breiten Forstweg im Bogen nach rechts und nun südwestwärts in einem weiten Bergsattel zu einer Querstraße. Auf dieser gelangen wir links zu einem markanten ❹ **Forstwegekreuz**, wo nach links die Chaussee B hinabführt. Hier gehen wir rechts auf einem kleineren Weg nordwärts. Bald führt er schmaler in einem Bogen nach links in hohem Fichtenwald hinauf zur Kuppe mit der idyllischen ❺ **Sonnenklippe** (749 m, zum höchsten Punkt etwas Kletterei nötig, offener Blick zum Brocken).

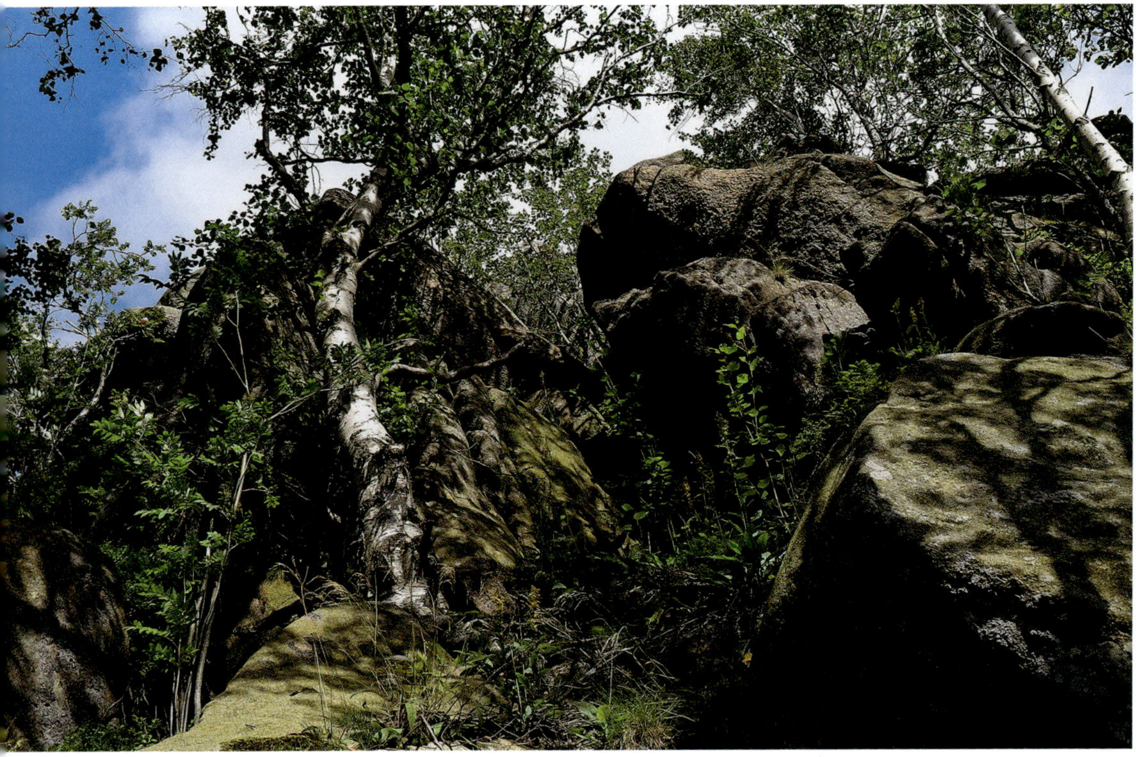

An der Sonnenklippe stehen lichte Birken.

Wir gehen zurück zum markanten Wegekreuz und folgen dann rechts, süd- und südwestwärts dem hübschen Grasweg an Jungwald vorbei zum großen Wegekreuz im Bergsattel ❻ **Molkenhausstern** (Schutzhütte, Stempel). Hier gehen wir geradeaus auf dem oberen Weg südwestwärts weiter. Später biegt er nach rechts und bringt uns stetig deutlich ansteigend zu einer markanten Kurve (Schutzhütte, nebenan Untere Zeterklippen). Nun nach links (SW) mehrere Minuten weiter aufsteigen. Bei einem Wegweiser folgen wir nach rechts einem deutlich ausgelatschten Pfad steiler hinauf zur ❼ Oberen Zeterklippe. Ihr Gipfel ist mit Eisenleiter und Eisengeländer auch für Nichtkletterer eingerichtet (930 m, guter Blick zum nahen Brocken).

Wir folgen nun dem schmalen Weg über den Bergrücken südwärts abwärts. Er quert später auf Holzstegen einen sumpfigen Bereich. Kurz danach führt ein breiterer Weg gleich wieder nach rechts und nach seinem Ende in Fichtenwald als schmaler Pfad hinauf zu den Felsköpfen der ❽ Brockenkinder (mit 932,7 m höchster Punkt des Renneckenberges).

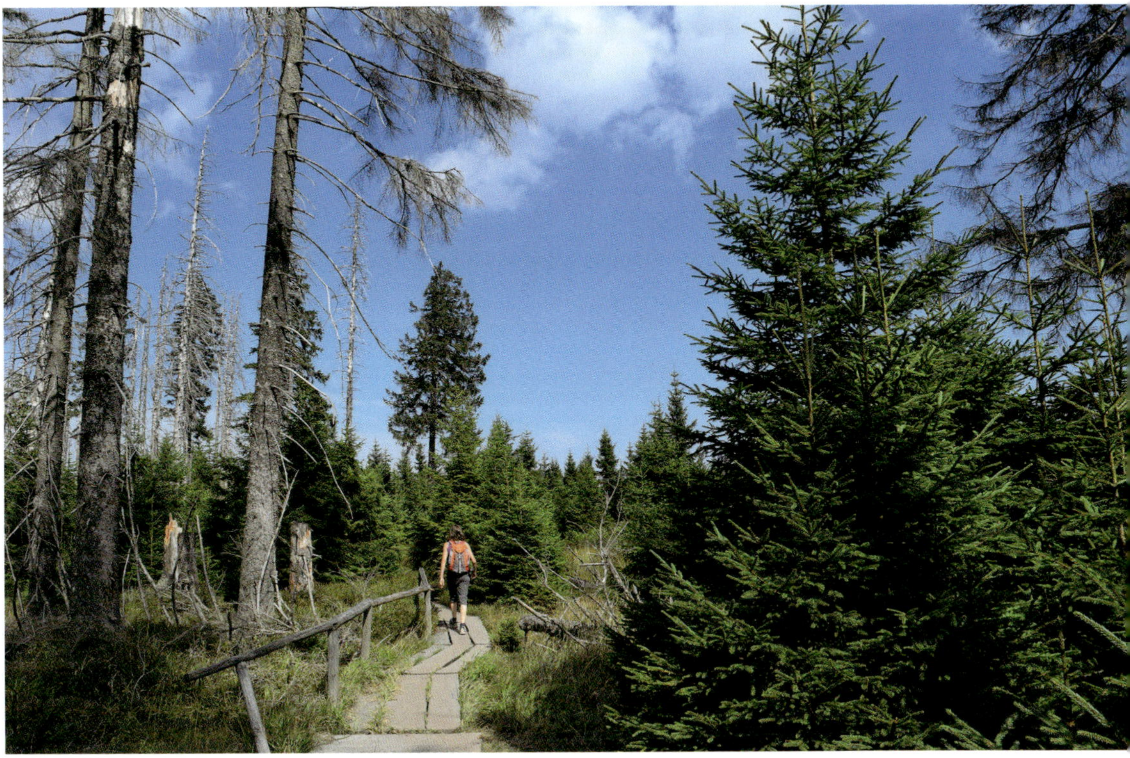

Steg am sumpfigen Bergsattel zwischen den Zeterklippen und den Brockenkindern

In westlicher Richtung steigen wir steil hinab, an einer Hütte vorbei, zum ❾ Sattel Brockenbett an der Brockenstraße (Rastplatz Eiserner Handweiser; wer zusätzlich zum Brockengipfel will, erreicht ihn von hier auf der Straße nach 3,5 Kilometern, steigt dann aber besser über den Heinrich-Heine-Weg ab, insgesamt 2 Stunden mehr als mit der hier beschriebenen Wanderung).

Vom Brockenbett gehen wir nordwestwärts auf dem befestigten breiten Forstweg hinab. Er führt an der verdeckten Ilse vorbei, die hier vernehmbar unter den oberflächlich trockenen Blockpackungen rauscht. Immer dem Weg folgend das anfangs steile Tal hinab gelangt man schließlich nach mehreren Kilometern an der ❿ Roten Brücke auf den populären und üppig ausgeschilderten Heinrich-Heine-Weg. Diesem folgen wir immer hübsch und unterhaltsam nahe am Bach an den oberen und unteren Ilsefällen vorbei, zuletzt wie zu Beginn zurück zum Parkplatz Ilsetal.

14

Der einsame Weg zum großen Berg des Nordens

Über den Höllenstieg von Osten auf den Brocken

schwer | 22 km | 830 m | 6–7 Std.

Tourencharakter
Zwar einige Strecken Straße, aber auch eine Menge auf kleinen Naturwegen und wegen der Mühen allemal – mit Ausnahme der Brockenkuppe und der Brockenstraße – mit übersichtlichem Publikum. Bestens geeignet als autofreie Wanderung; mit dem Erdgasbus lässt sich eventuell die Strecke um 2 x 3 km kürzen.

Ausgangs-/Endpunkt
Bahnhof Steinerne Renne an der Hauptstrecke der historischen Harzer Schmalspurbahn (HSB)

Anfahrt
Auto: Von der Talstraße in Hasserode abzweigend zum Bahnhof
Bahn & Bus: Bahn bis Wernigerode, dann weiter mit der HSB (www.hsb-wr.de; www.wvb-gmbh.de); an bestimmten Wochentagen im Sommer fährt auch ein Erdgasbus auf der Strecke Ilsenburg–Plessenburg–Steinerne Renne–Drei Annen.

Höchster Punkt
Brocken (1141,2 m)

Beste Jahreszeit
Mai bis Oktober

Einkehr
Gaststätte Steinerne Renne, am Brockengipfel und in Wernigerode

Karte
Besonders empfehlenswert ist die mit dem Harzklub erstellte Karte »Wandern im Ostharz« (1:50 000) der LGN Niedersachsen (s. auch www.lvermgeo.sachsen-anhalt.de).

Tourismus-Info
www.nationalpark-harz.de; www.sachsen-anhalt-tourismus.de; www.harztourist.de

Der großartige, unbekannte Aufstieg von Osten führt durch weithin urige Waldszenerien. Nur im unvermeidlichen Straßentreten des Gipfelbereichs bedeutet er eine Härteübung, aber damit versöhnen in diesem Teil des Aufstiegs die weiten Ausblicke, die auch im Abstieg über die elf Kilometer lange Strecke noch einmal zu genießen sind.

Über den Höllenstieg Vom Bahnhof Steinerne Renne folgen wir dem gut ausgeschilderten und erst einmal gar nicht vergessenen Steig, zuletzt originell über die bei Nässe glitschglatten Blöcke südlich entlang vom Bach, zur ❶ **Gaststätte Steinerne Renne**. Die steht mit Gastraum und Terrasse spektakulär direkt oberhalb der Passage des Baches, wo dessen Wasser über Granitplatten zu Tale schießen und eine Brücke hinüberführt.
Von der Gaststätte steigen wir steil hinauf zur Forststraße und gehen auf dieser westwärts. An Häusern und einer Straßenabzweigung vorbei erreichen wir die breite Eschwegestraße (Haltestelle Erdgasbus). Dieser folgen wir 200 Meter nach links, in Richtung Drei-Annen-Hohne, dann zweigen wir nach ❷ **rechts**, westwärts, ab. Auf der festen Straße gehen wir an frisch baumbefreiten Flächen vorbei bis zu einer deutlichen Biegung nach rechts. Hier beginnt der eigentliche ❸ **Höllenstieg**: Ein schmaler Weg führt geradeaus weiter zu einem kleinen ❹ **Moor**.

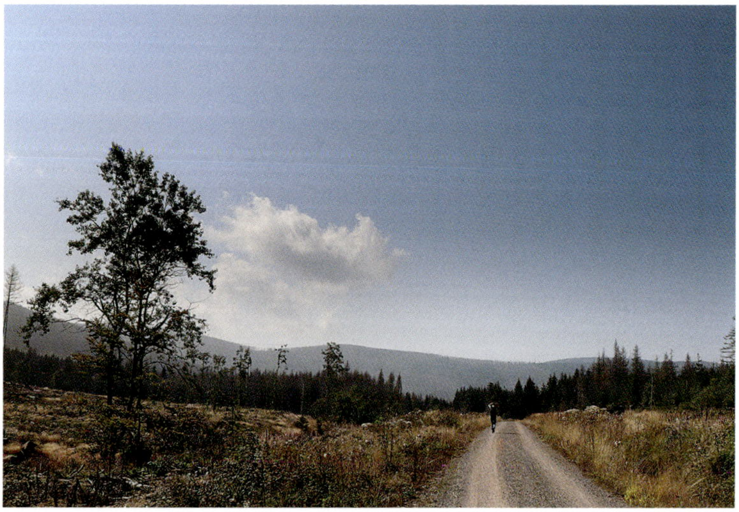

Zugang Höllenstieg, nun Aussicht bis Brocken

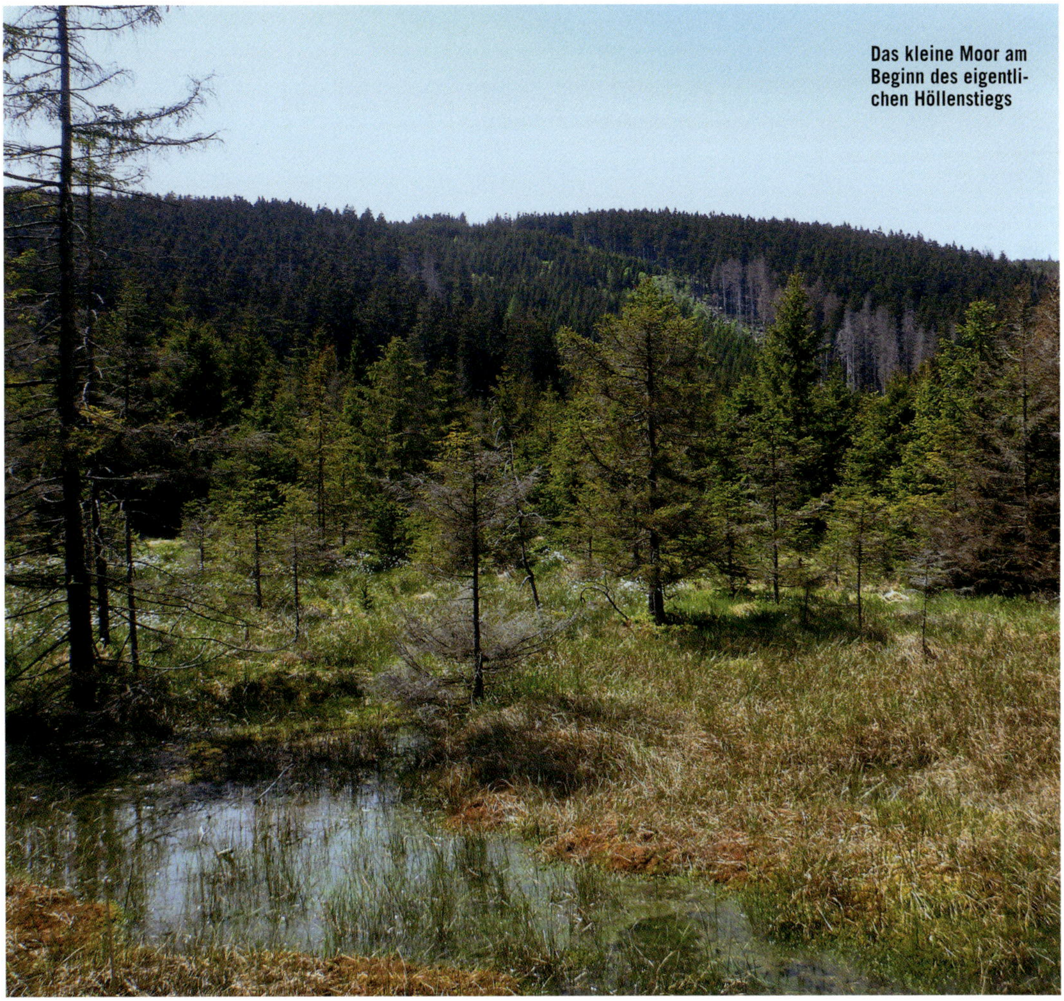

Das kleine Moor am Beginn des eigentlichen Höllenstiegs

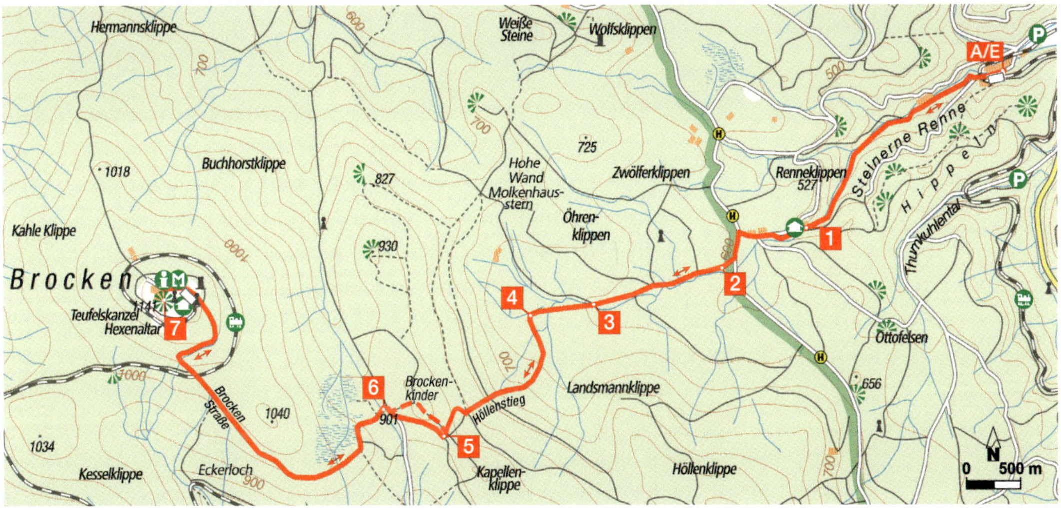

Wir gehen nach links um das Moor herum und steigen dann im vom Käfer eindrucksvoll gemeuchelten Fichtenwald in per Säge passierbar gewordenem Zickzack steiler an zu einer markanten kleinen Granitklippe mit einer kompakten, schräg gestellten Felsplatte und weiter hinauf zu einem ersten, etwa horizontalen Forstweg. Diesen überschreiten wir und arbeiten uns im Wald steiler hinauf zum zweiten Hangweg, der ebenfalls überschritten wird.

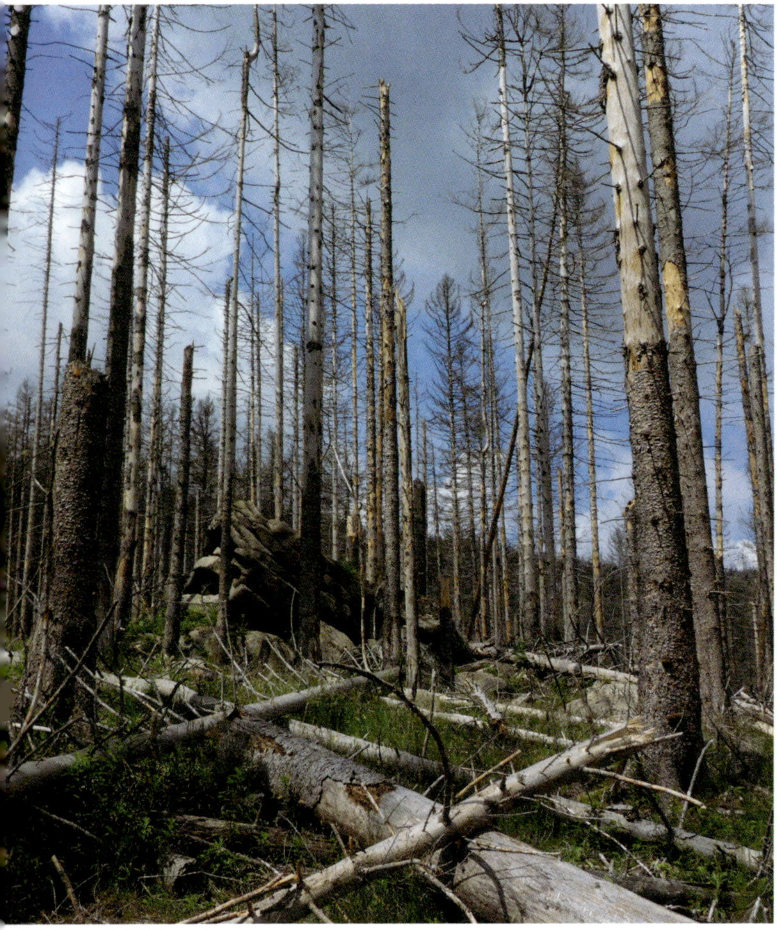

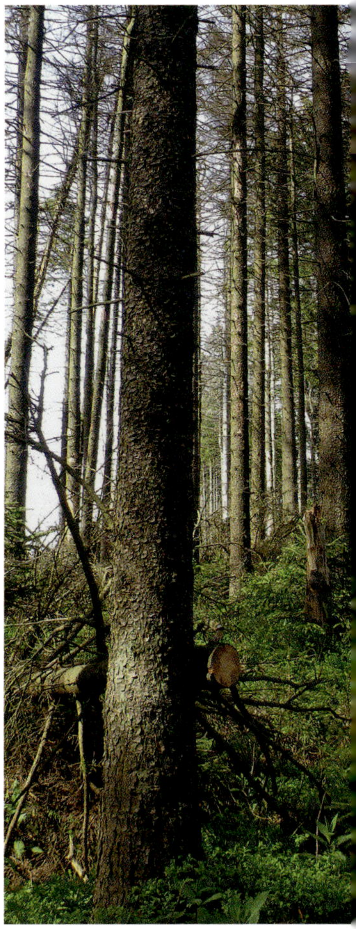

Die Granitklippe mit der schrägen Platte im Sommer 2020

Der Pfad leitet nun neuerdings etwas weiter rechts, nördlich, zuerst in einer Art von grasigen Rinne weiter empor, eventuell improvisiert um neu gefallene Bäume herum, zu einem flachen 5 **Bergsattel** (links die Kapellenklippe, 927 m). Von hier führt nach rechts im toten Wald ein hübscher schmaler Weg hinauf zu den Brockenkindern (932 m) und dann nach links an einer Skihütte vorbei steil hinab zum Bergsattel 6 **Brockenbett** (hierher auch ohne zusätzliche Steigung und banaler vom Sattel geradeaus weiter und dann rechts auf dem breiten Glashüttenweg).

Zum Brockengipfel und zurück Leider ohne zulässige asphaltfreie Alternativen wandern wir von hier auf der Brockenstraße weiter. Sie wurde vom Landkreis erst

kürzlich und teils mit Verwendung ortsfremder Steine als Kontrastprogramm zum Nationalpark klotzig ausgebaut und führt am urigen Wald der Nationalpark-Kernzone vorbei, gelegentlich mit Ausblicken zum Winterberg und Wurmberg, südseitig um die Kuppe der Heinrichshöhe herum.
Kurz vor der Bahnlinie mündet von links her, von Schierke, der Aufstieg durch das Eckerloch und direkt an der Bahnlinie der von Torfhaus heranführende Goetheweg.

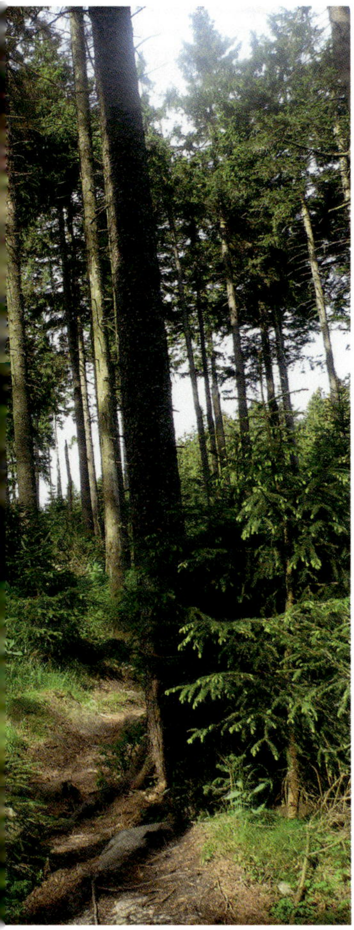

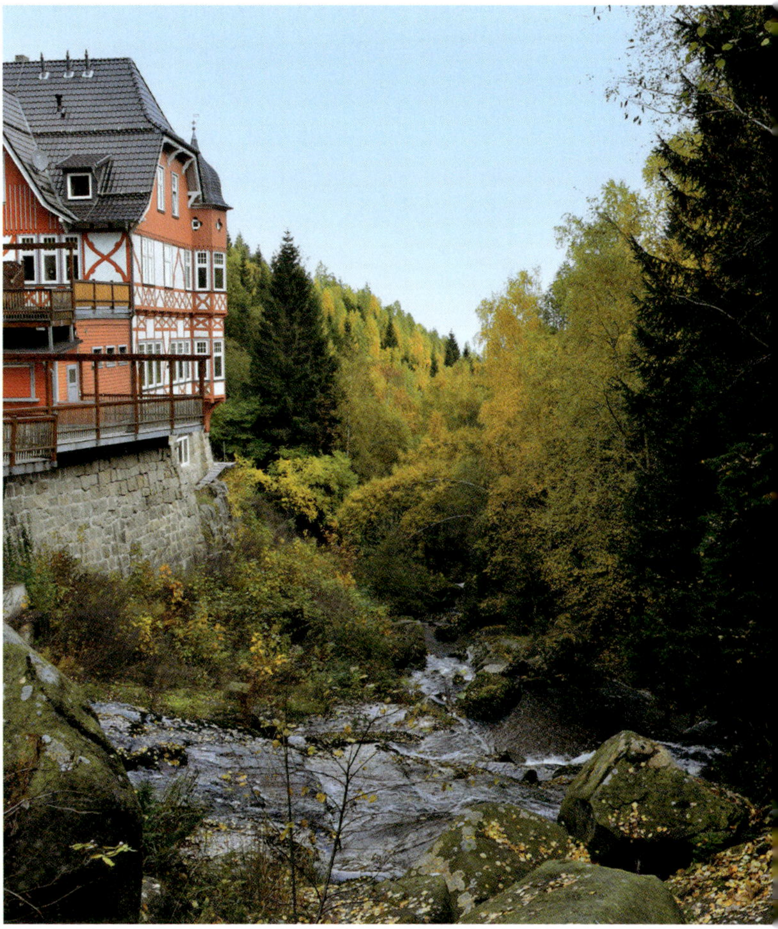

Nach Überquerung der Bahnlinie (mit dem immer wieder beliebten Fotomotiv der altehrwürdigen Züge) leitet die Brockenstraße zur nur mit vereinzelten Krüppelfichten ausgestatteten alpinen Matte der Gipfelkuppe. Nach Passieren des Bahnhofs und der übrigen Gebäude und allerlei Infotafeln und Gedenksteinen wird nach insgesamt lumpigen 3,8 Kilometern ab Brockenbett der 7 **Brockengipfel** (1141,2 m) erreicht.
Der Rückweg erfolgt auf der gleichen Route. Er erlaubt bei Bedarf noch den Besuch der Brockenkinder und der Kapellenklippe. Und weil in der Gegenrichtung die Landschaft doch deutlich anders aussieht und auch der fortgeschrittene Tag und damit die Beleuchtung und die Farben schon wieder anders sind, schenkt auch der Abstieg neue Eindrücke.

Mitte: Im oberen Teil des Wegs ist gelegentlich Findigkeit und Geschick gefordert …

Rechts: Gasthaus Steinerne Renne vom Weg entlang dem Bach

15 Bohlenstege und Wildnissteige bei ödem Urgestein

Von Schierke zu den Hohneklippen

mittel | 13 km | 300 m | 4 Std.

Tourencharakter
Weithin ideale Pfade und naturnahe Wege, mit wilden Wald- und Klippenszenerien. Ein Teil der Strecke ist im Winter als Loipe gespurt.

Ausgangs-/Endpunkt
Bahnhof Schierke

Anfahrt
Auto: Von Norden von Wernigerode auf der L 100, von Süden von Elend über L 99 zum Straßenkreuz Stern vor Schierke und hinauf zum (kostenpflichtigen) Parkplatz am Bahnhof Schierke
Bahn & Bus: Besser mit der HSB direkt zum Ausgangspunkt (www.hsb-wr.de)

Höchster Punkt
Grenzklippe (910 m)

Beste Jahreszeit
Mai bis Oktober

Einkehr
Am Bahnhof Schierke

Karte
Besonders empfehlenswert ist die mit dem Harzklub erstellte Karte »Wandern im Ostharz« (1:50 000) der LGN Niedersachsen (s. auch www.lvermgeo.sachsen-anhalt.de).

Tourismus-Info
www.nationalpark-harz.de; www.sachsen-anhalt-tourismus.de; www.harztourist.de

Rechte Seite

Oben: Dokumente der Naturdynamik bei der Landmannklippe

Unten: Landmannklippe

Die Tour ist ein absolutes Highlight unter den Harzwanderungen, wo der Nationalpark weithin in Reinform Wege mit tatsächlicher Naturbegegnung bietet. Das bedeutet natürlich auch, mal über einen umgefallenen Baum zu steigen oder ihn zu umgehen – jeder von ihnen ein einmaliger Anblick, ebenso wie die oft bizarren Granitfelsen und das Moor.

Über Ahrensklint und Trudenstein zur Loipentrasse Gegenüber vom Bahnhof Schierke gehen wir auf dem deutlich ausgelaufenen Weg in einer Schneise hinauf zum markanten Kletterfelsen ❶ **Kleiner Schierker Feuerstein** und folgen den Schildern weiter zur ❷ **Felsgruppe Ahrensklint**.
Oberhalb davon erreicht man den breiten Glashüttenweg und folgt ihm nach einem Wegekreuz geradeaus am Nordhang des Erdbeerkopfes hinab etwas steinig zum ❸ **Wegekreuz Spinne** in einem Tälchen. Hier geradeaus in Richtung Drei-Annen-Hohne fast auf gleicher Höhe zum

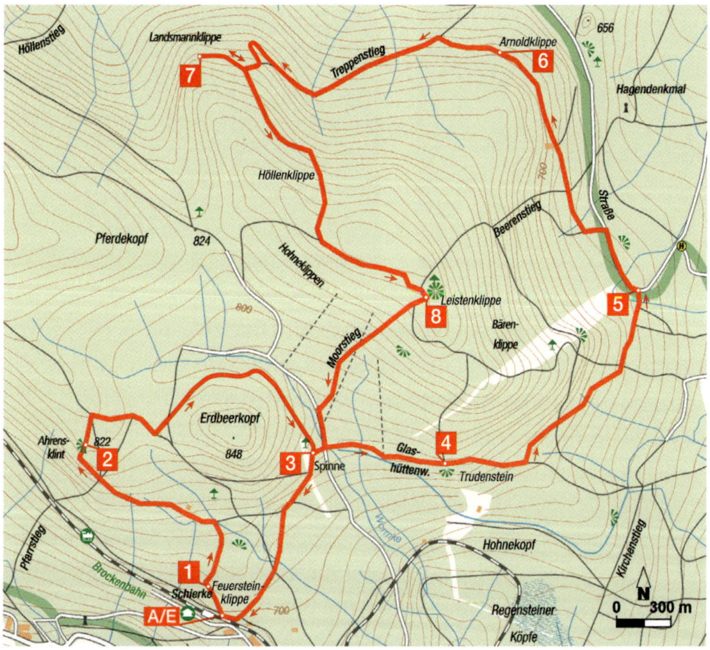

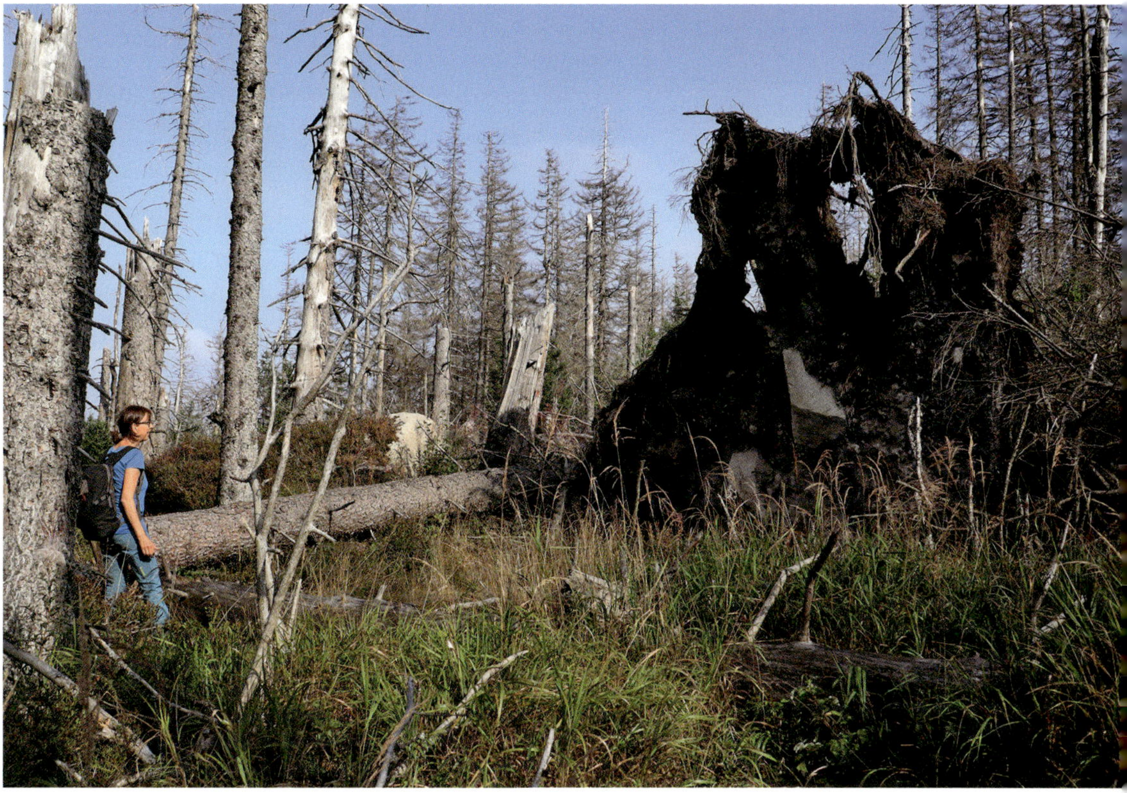

kecken Felsen ❹ **Trudenstein** (Leiter und Geländer). Dann geht es auf dem breiten Weg weiter und später etwas nach links hinab zu einer weiteren Wegabzweigung. Hier halten wir uns geradeaus (im Winter Renneckenbergloipe), gehen abwärts zum Fuß des früher für den Skibetrieb genutzten Wiesenhangs (Hütte) und erreichen gleich danach die breite ❺ **Eschwegestraße**.
Auf dieser geht es 400 Meter dahin und dann links im Wald auf der Trasse der Loipe etwas ansteigend weiter. Man quert den beliebten schmalen Beerenstieg und folgt der Loipentrasse weiter, an einigen kleinen Felsen und zuletzt der aus Granitblöcken aufgebauten Felsburg der ❻ **Arnoldklippe** vorbei, bis zur Einmündung des Wegs in den schräg nach rechts ansteigenden Forstweg Treppenstieg.

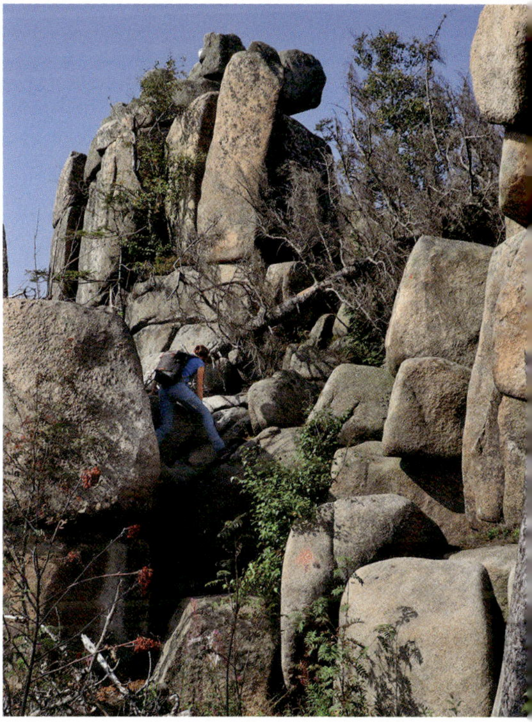

Auf dem Wildnissteig Nun verlässt man die nach rechts hinabführende Loipentrasse und geht auf dem jetzt naturnäheren Treppenstieg ganz hinauf, an einem Haifischblock vorbei, bis zu einer markanten Kurve nach links.

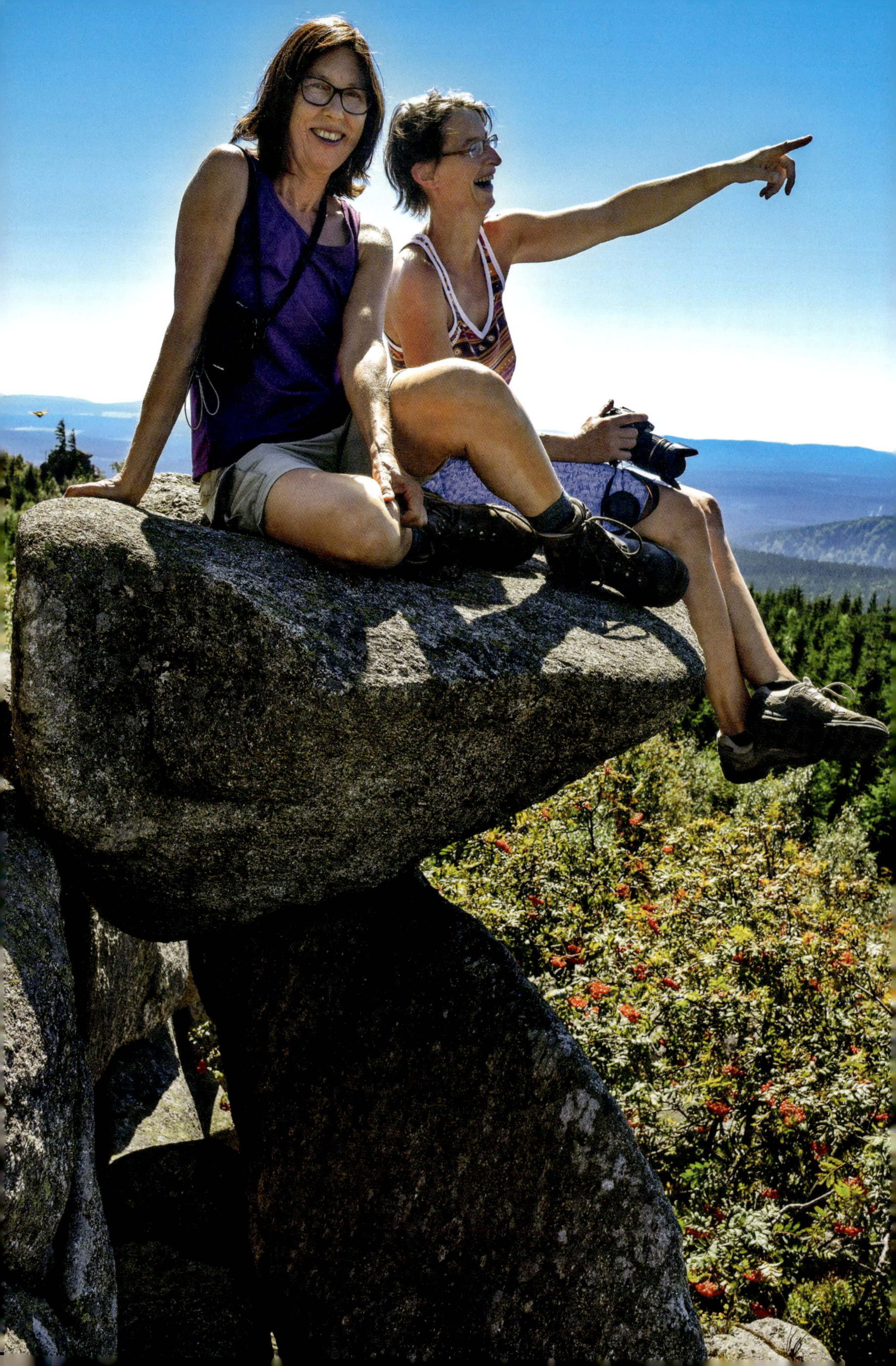

Kurz nach dieser zweigt nun der mit hölzernen Eulen und Farbklecksen markierte Wildnissteig ab. Mit allerlei immer mal wieder von der Natur kurzfristig gestellten Hindernissen oder um diese herum improvisieren wir zu einer Weggabelung hinauf. Hier sollten wir unbedingt einen Abstecher nach rechts zur nur mit einigen Metern leichter Kletterei besteigbaren kecken ❼ **Landmannklippe** (830 m; Gipfelbuch, Brockenblick) machen.

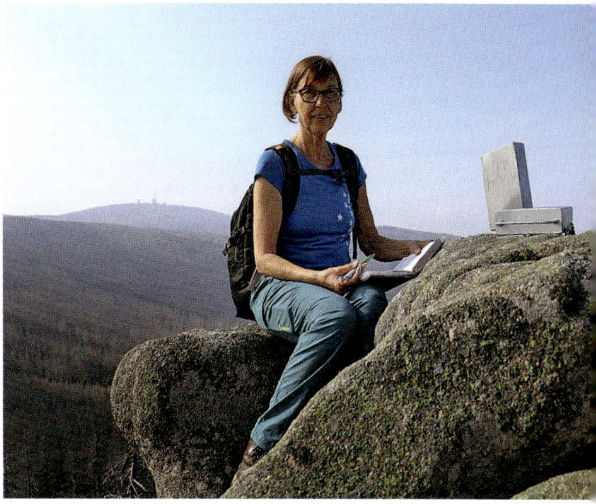

Zurück an der Abzweigung geht es in der vorherigen Richtung auf dem Urwaldpfad südostwärts weiter, später an der rechts etwas versteckt gelegenen klotzigen Höllenklippe vorbei und schließlich zur Einmündung in den deutlicheren Weg zu den höchsten Hohneklippen.

Diesem Weg folgen wir nach links, passieren nach mehreren kleineren Felsköpfen die Grenzklippe (914 m; in den meisten Karten mit 884 m falsch angegeben) und wandern weiter bis zur Einmündung des Beerenstiegs (östlich unterhalb steht eine Wanderer-Schutzhütte) und zum mit einer Leiter ausgebauten Aufstieg auf die ❽ **Leistenklippe** (901 m; Geländer, tolle Rundsicht, sehr windexponiert).

Gipfel Landmann, hinten der Brocken

Linke Seite: Auf der Leistenklippe

Moorstieg und Glashüttenweg Wir folgen dem Weg noch etwas weiter in Richtung auf den Fuß der Bärenklippe zu und steigen dann auf dem Moorstieg, teils auf Holzstegen, nach rechts hinab zum Glashüttenweg. Auf diesem wandern wir im kleinen Tal hinab zum schon bekannten ❸ **Wegekreuz Spinne** (wo links der Weg zum Trudenstein führt). Hier führt rechts hinter der Schutzhütte der Weg direkt hinab zurück zum Bahnhof Schierke.

Abstieg von der Leistenklippe über den Moorstieg

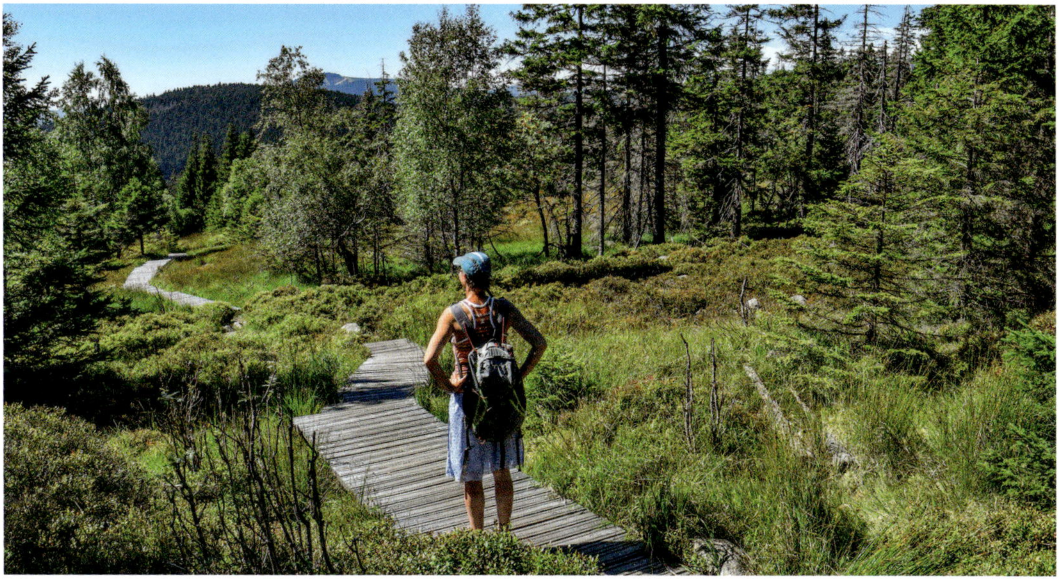

16

Granit, Hornfels und ein vergessenes Bergbaugebiet

Unterwegs am Rehberg

leicht | 15 km | 250 m | 4 Std.

Tourencharakter
Teils alte Grabenwege, teils schmale Naturwege, teils Forststraßen mit zwei wildromantischen Felsbereichen

Ausgangs-/Endpunkt
Wanderparkplatz Dreibrode

Anfahrt
Auto: Über die Harzhochstraße B 242, diese bei Sonnenberg verlassen in Richtung Sankt Andreasberg und zum Parkplatz gleich nach dem Internationalen Haus Sonnenberg, auf der westlichen Straßenseite
Bahn & Bus: Bahn bis Bad Harzburg oder Bad Lauterberg; Busverkehr nur sporadisch (www.reiseauskunft.bahn.de)

Höchster Punkt
830 m

Beste Jahreszeit
April bis Oktober

Einkehr
Rehberger Grabenhaus, in Sankt Andreasberg und in Sonnenberg

Karte
Besonders empfehlenswert ist die mit dem Harzklub erstellte Karte »Wandern im Westharz« (1:50 000) der LGN Niedersachsen (s. auch www.lvermgeo.sachsen-anhalt.de).

Tourismus-Info
www.harzinfo.de;
www.harztourist.de;
www.harzer-roller.de;
www.nationalpark-harz.de

Diese Wanderung führt durch ehemaliges Bergbaugebiet nahe der Bergstadt Sankt Andreasberg. Die Route verläuft teils entlang alter Gräben oder auch alter Hohlwege, dazwischen allerdings auch über Forststraßen. Im Winter werden diese teilweise als Loipen gespurt.

Zum Goetheplatz Nördlich von Sankt Andreasberg starten wir am Wanderparkplatz Dreibrode, gehen über die Autostraße und folgen dem gegenüber beginnenden Sträßchen in Richtung Rehberger Grabenhaus; wir gehen unterhalb vom Internationalen Haus Sonnenberg vorbei und zu einem Wehr. Von hier gelangen wir angenehmer oberhalb der festen Straße auf einem schmalen Fußweg zum ❶ **Rehberger Grabenhaus** (Gaststätte im historischen Gebäude, auf Tafeln erläuterte Relikte).

Auf der Grabenkrone folgen wir noch dem breiten Weg und wandern später um einen Bergsporn herum ins weite Odertal. Dem teils mit Steinen abgedeckten Graben folgen wir weiter bis zum ❷ **Goetheplatz** (oberhalb malerische Granitfelsen, Erläuterungstafel).

Über die Grabenwege Nun biegen wir scharf links auf einen schmalen Steig, der steil ansteigend im Wald empor, und zuletzt unter einigen Felswändchen der Goetheklippen vorbei, in weniger steiles Gelände führt. Hier halten wir uns scharf rechts und wandern oberhalb der Klippenzone auf dem Steig in nördlicher Richtung weiter. Er leitet, gelegentlich mit kurzen Ausblicken ins Odertal und einmal sumpfig, schließlich auf einen höher gelegenen Forstweg. Auf diesem gehen wir um mehrere Biegungen herum meist ansteigend weiter bis zu einer Kreuzung mit einem von rechts heraufführenden schmaleren Weg.

Diesem folgen wir nun ❸ **scharf links**. Er führt als Hohlweg weiter ansteigend zum flachen ❹ **Bergsattel** (früher Rehberger Skikreuz) und danach bald zu einem Querweg. Auf diesem gehen wir nach rechts zur Autostraße Sonnenberg–Andreasberg. Wir überschreiten sie und folgen auf der anderen Seite nach rechts einem schmalen Fußweg in den Wald.

Dort biegen wir bald scharf links ab und gehen den Pfad auf einer Schneise hinab zu einem ❺ **Grabenweg** (Sonnenberger Graben). Dieser bringt uns nach rechts, in westlicher Richtung, und bald auf einem brei-

Sankt Andreasberg

In der verwinkelten, inmitten von Bergwiesen gelegenen Bergstadt Sankt Andreasberg gibt es die Nationalpark-Infostation und das sehenswerte Bergwerksmuseum Grube Samson mit großen Wasserrädern und der Kanarienvogelzucht »Harzer Roller« (die Tiere dienten in den Gruben als Frühwarnsystem). Die Gräben hielten wie auch im Gebiet um Clausthal-Zellerfeld das Wasser für den Betrieb der Gruben bereit.

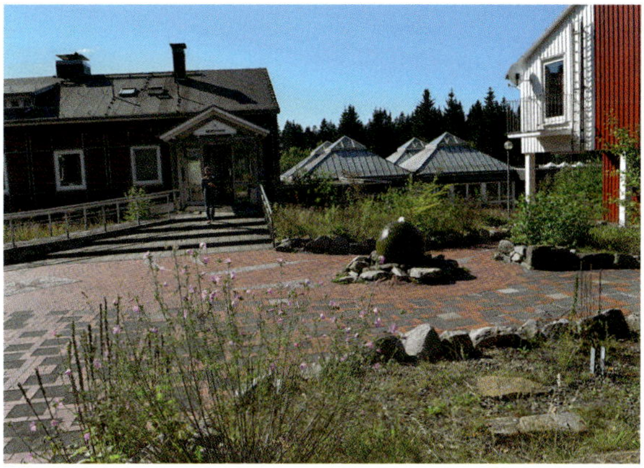

Das Internationale Haus Sonnenberg bringt seit Jahrzehnten Menschen aus aller Welt zusammen und wirkt so für wechselseitiges Verstehen und damit für friedliches Zusammenleben.

ten Forstweg zu einem großen Forstwegekreuz. Hier halten wir uns links auf dem unteren der beiden Wege und passieren eine Wanderer-Schutzhütte. Der Weg führt um mehrere Biegungen zu einem quer verlaufenden Forstweg, dem wir nach links, südwärts, hinab zu einem weiteren ❻ **Forstwegekreuz** folgen.

Zu den Dreibrodesteinen Hier halten wir uns rechts und wandern auf einem hübschen, grasigen Hangweg um den Schlufter Kopf, zuerst an einigen kleinen Felsen vorbei, in einem weiten Bogen herum und zuletzt abwärts auf eine im Talgrund verlaufende Straße.

Dieser folgen wir hinauf zu einem scharf nach rechts abzweigenden schmalen Weg, der steil hinaufführt und bald in eine oberhalb verlaufende Forststraße (Planweg) mündet. Dieser folgen wir südwärts zum ❼ **Bergsattel vor dem Eisensteinberg** (rasch über einen Pfad besteigbar, aber keine Aussicht; die Relikte des früheren Bergbaus finden sich weit unten am Bergfuß im Siebertal).

Hier wenden wir uns nach links und folgen dem deutlichen und angenehmen Naturpfad zu den markanten Granitblöcken Dreibrodesteine und weiter in östlicher Richtung wieder zum Wanderparkplatz Dreibrode zurück.

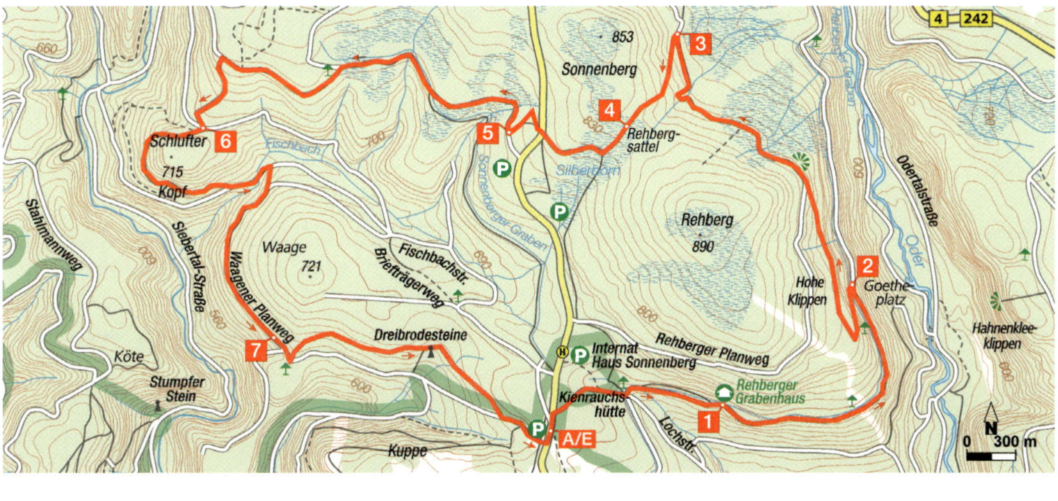

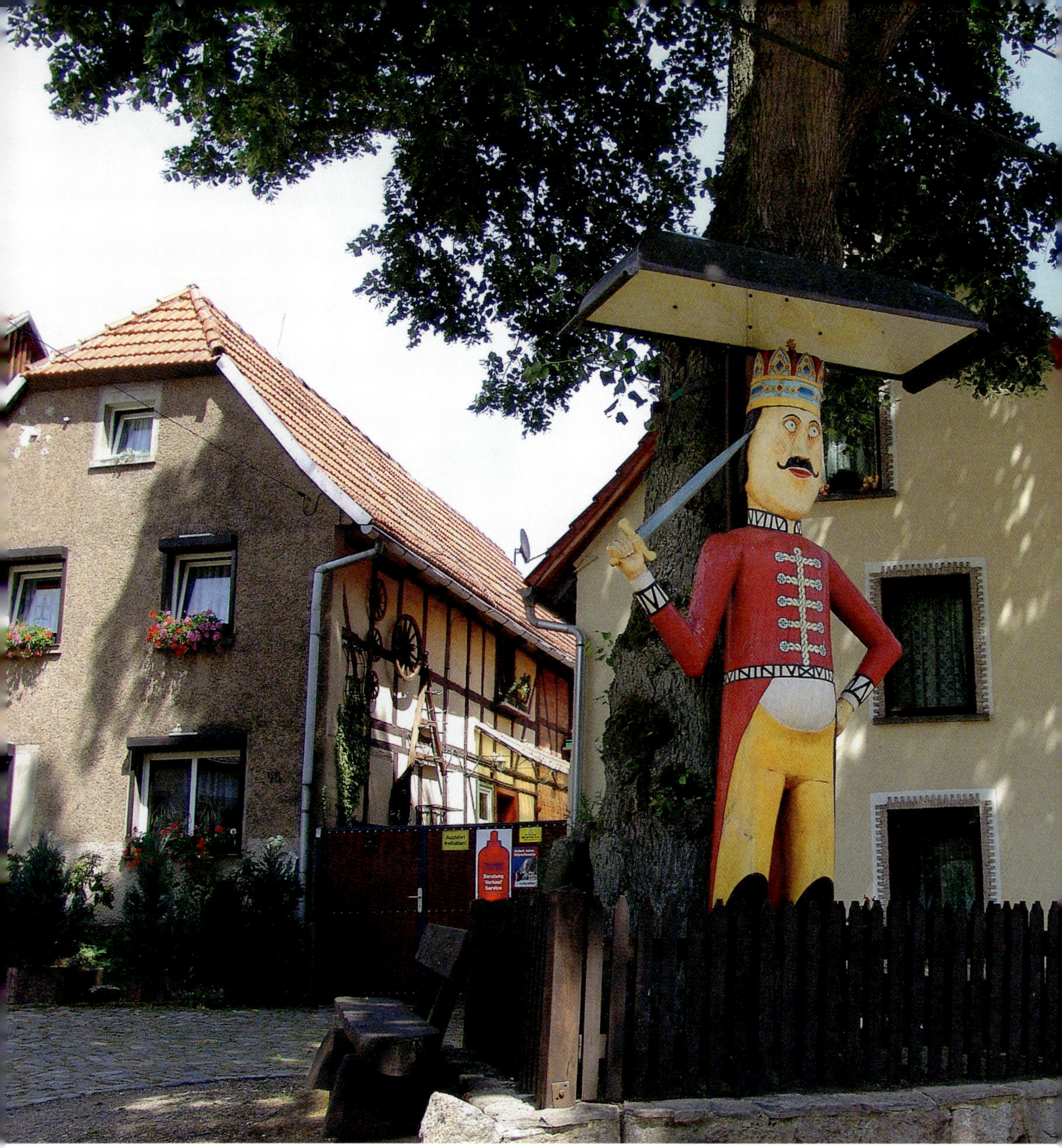
Ausfahrt freihalten!
Beratung
Verkauf
Service

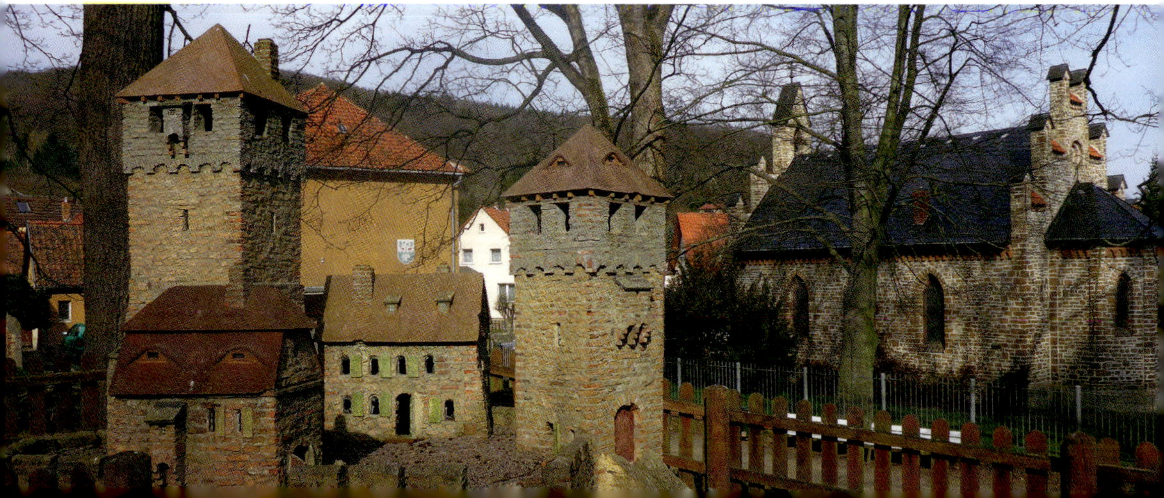

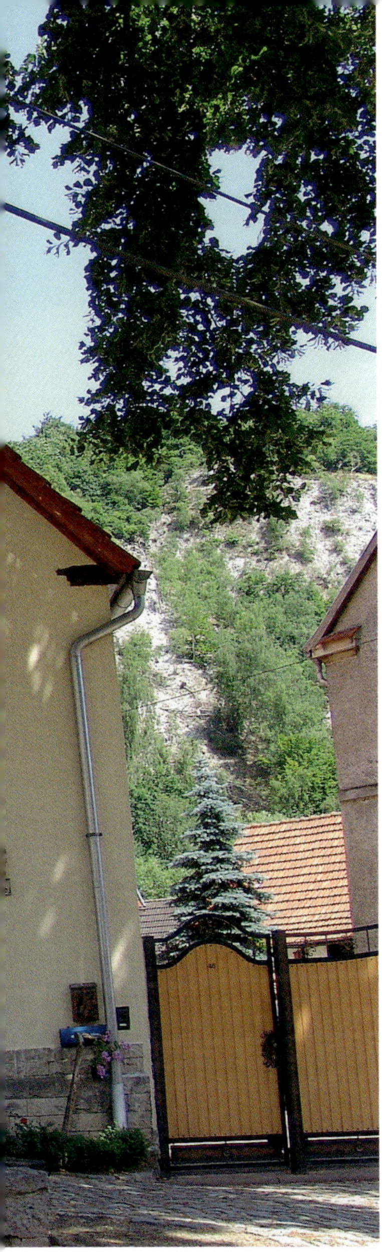

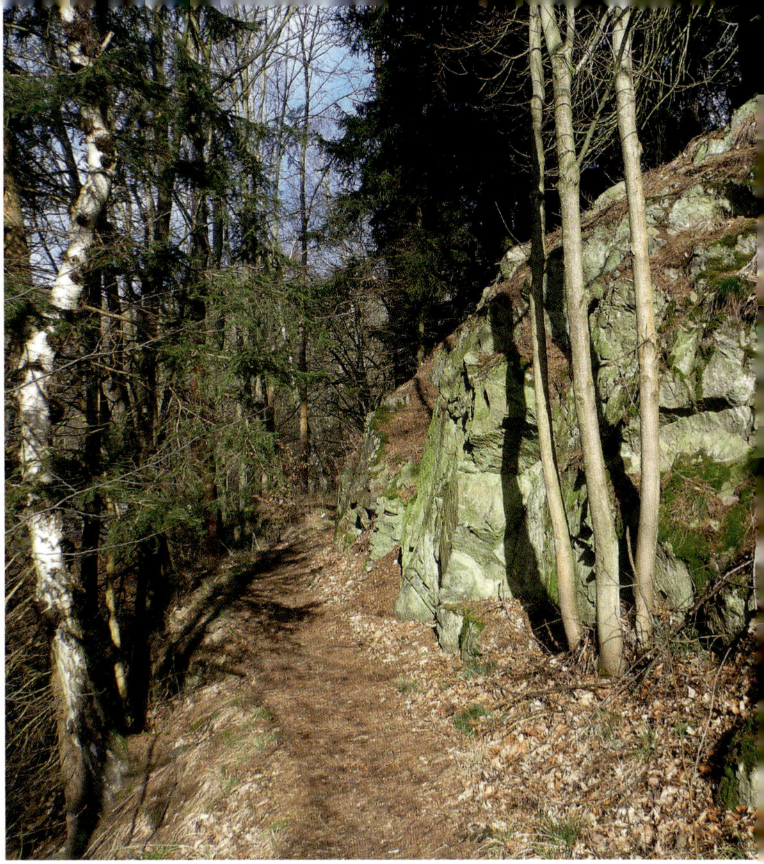

Ostharz

Oben links: Der Roland in Questenberg (Tour 26). Unten links: Das Modell der Lauenburg in Stecklenberg (Tour 19). Oben rechts: Am Wanderweg von Mägdesprung zur Heinrichsburg (Tour 21). Unten rechts: Frühjahrsblüher Leberblümchen

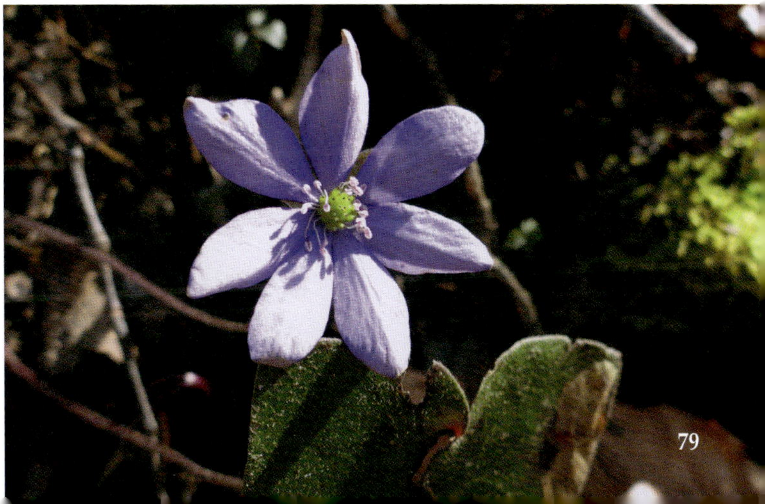

17

Über den Harzrandberg zum fossilen Ausguck

Von Öhrenfeld über den Kantorberg zur Wolfsklippe

mittel 12,6 km 500 m 3.30 Std.

Tourencharakter
Ruhige Wanderung auf teils uralten Naturpfaden und Forstwegen in harztypischem Ambiente mit beachtlichen Höhenunterschieden

Ausgangs-/Endpunkt
Westliches Ende der Lindenallee im Ortsteil Öhrenfeld von Darlingerode

Anfahrt
Auto: Von der B 6neu zur Ausfahrt Wernigerode-Nord, auf der alten B 6 weiter und gleich rechts nach Darlingerode; dort zum westlichen Ortsteil Öhrenfeld und zum Parkplatz im Tänntal
Bahn & Bus: Bahn bis Ilsenburg, dann mit dem Bus bis Öhrenfeld

Höchster Punkt
Wolfsklippe (720 m)

Beste Jahreszeit
Mai bis Oktober

Einkehr
Gasthaus Plessenburg und Waldschenke (Öhrenfeld)

Karten
Besonders empfehlenswert sind die mit dem Harzklub erstellten Karten »Wandern im Westharz« bzw. »Wandern im Ostharz« (beide 1:50 000) der LGN Niedersachsen (s. auch www.lvermgeo.sachsen-anhalt.de).

Tourismus-Info
Tourismusbüro, Karl-Marx-Str. 1, 38871 Ilsenburg (Harz), Tel. 039452/194 33, www.ilsenburg.de

Die Wanderung führt über zwei längere ideale Wanderpfade und über ruhige Forstwege mit hübschem Ambiente von Nadelwald und kleinen Felsen; zuletzt bringt eine Forststraße zurück. Der Gipfel der Wolfsklippen mit seinem nostalgieträchtigen Aussichtsgestell wird in einem der nächsten Stürme wohl noch mehr Aussicht gewinnen.

Zum Kantorberg In Öhrenfeld geht es südlich der Waldschenke vom Fahrverbotsschild an der Mündung der Tänntalstraße mit dem Harzrandweg R1 nach Osten hinauf zum Bergrücken, dann auf dem R1 im Bogen weiter bis zu einem oberhalb des Weges gelegenen ❶ **Wasserbehälter**.

Hier zweigen wir rechts ab und steigen den grasigen Weg hinauf. Bald zweigen wir nochmals ab und wandern auf dem schönen Pfad direkt über den Bergrücken weiter. Er führt über die Kuppe des Spitzenbergs und nach einem kleinen Sattel mit Blick ins Tänntal steiler empor.

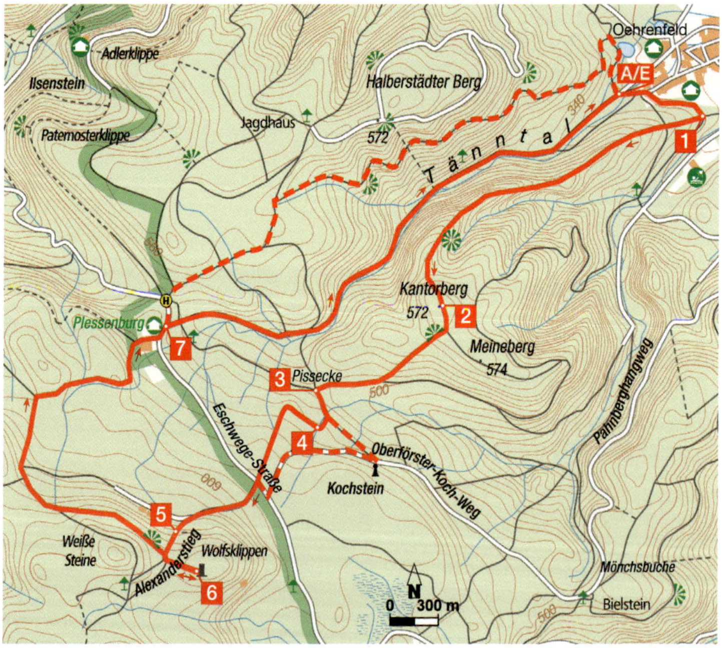

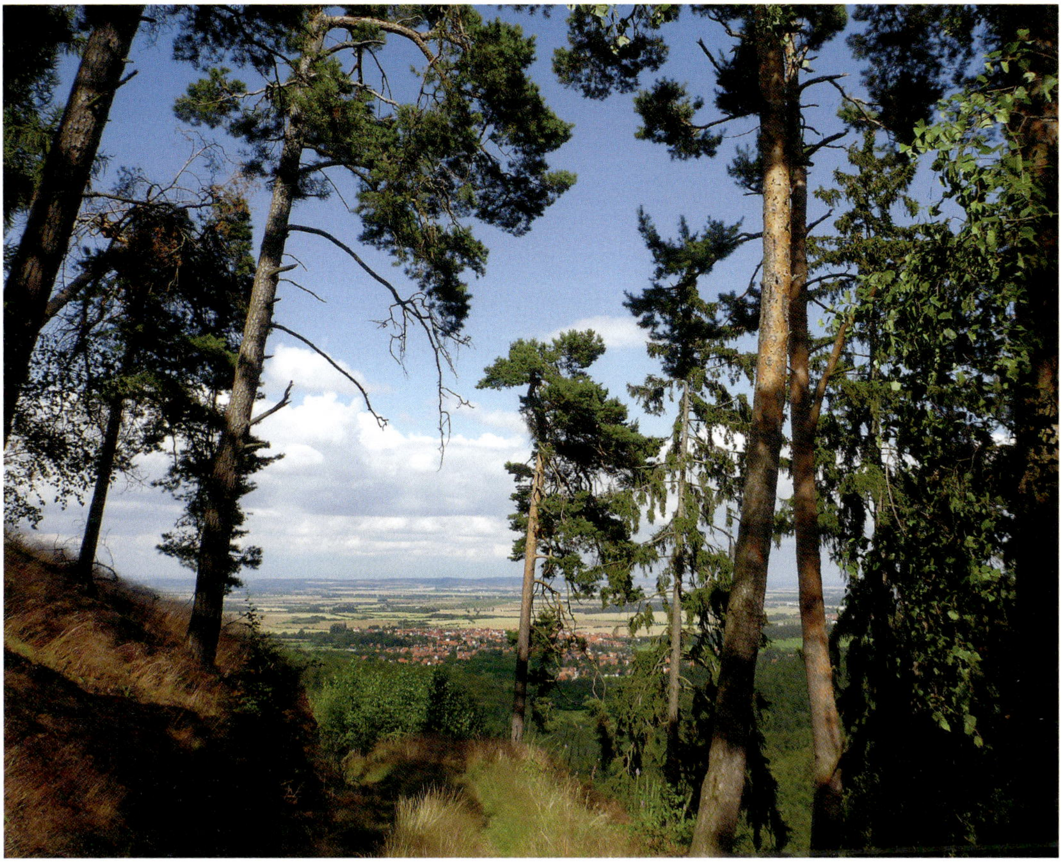

Am Kantorberg

Nach einigen Passagen mit (teils vergehenden) Installationen von Downhill-Radlern werden die kleinen, krümelnden Klippen des Schlotebergs und nach Überschreitung einer neu in den Berghang geklotzten Forststraße und einem weiteren steilen, überwurzelten Aufstieg der flache Gipfel des ❷ **Kantorbergs** (572 m) erreicht.

Zur Wolfsklippe Wir folgen dem Weg weiter bis zu einem Wegedreieck (Hütte), biegen hier nach rechts und wandern quer über einen flachen Rücken. Danach führt der Weg an einigen alten Laubbäumen und einer neuen Straßenabzweigung vorbei hinab zum ❸ **Wegedreieck Pissecke** (das entgegen anders gearteter Vermutungen lediglich nach geschältem Holz benannt ist).

Dieser Wanderer liebt feuchte Luft und nasses Gras.

Der Kantorberg

Der Kantorberg hat auf seiner Nordseite einen großen Teil seines Fichtenbestands bereits vor einigen Jahren verloren und zeigt jetzt schon wieder kräftig aufkommenden jungen Wald.

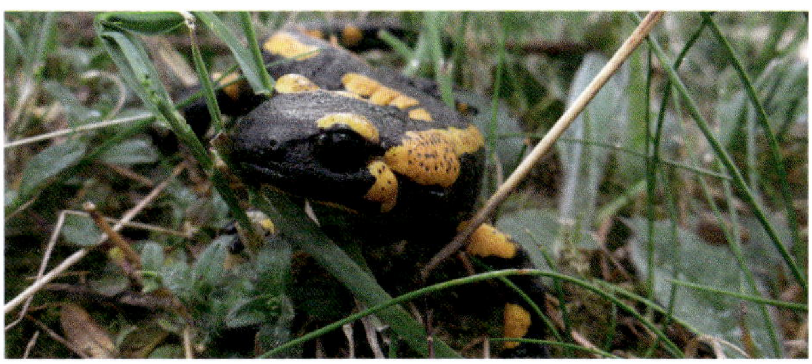

Von dort folgen wir dem breiten Weg nach links. Nach etwa 150 Metern biegen wir rechts in den schmalen Grasweg des ❹ **unteren Alexanderstiegs**, steigen auf diesem zuerst gerade an, dann nach rechts und dann wieder gerade hinauf, zuletzt geradeaus, an einer rechts offen liegenden Granitklippe vorbei, und über eine derzeit grasige Lichtung zur Eschwegestraße. Sie wird genau an der Einmündung eines Forstweges von Südwesten her erreicht (hierher gelangt man auch, indem man vom Wegedreieck

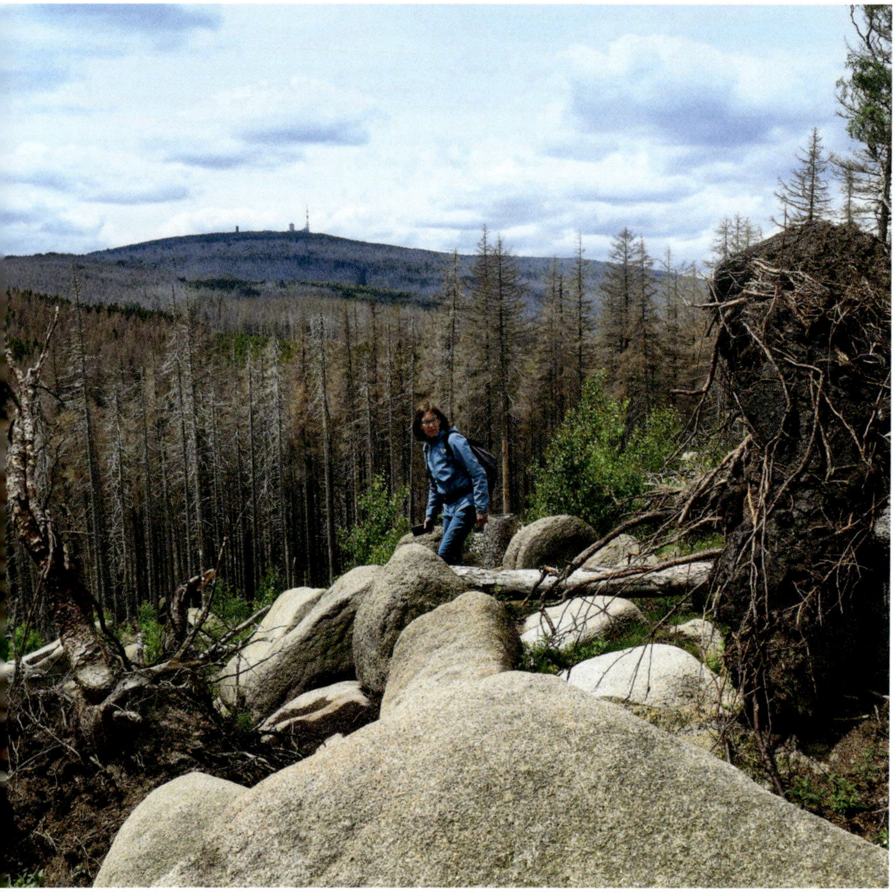

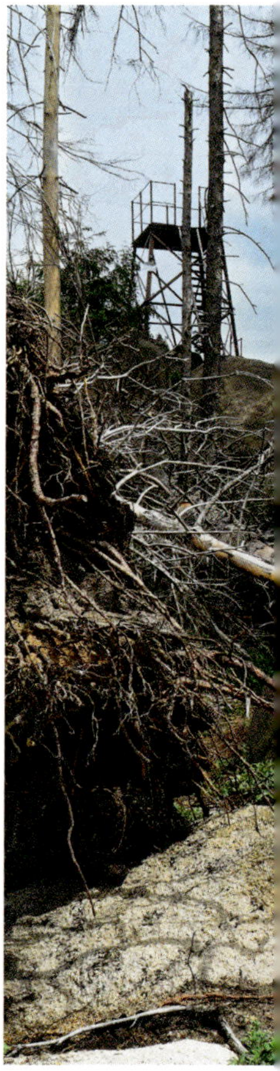

An der Wolfsklippe sieht man jetzt wieder den Brocken.

Pissecke links weitergeht zum Oberförster-Koch-Stein und von dort dem breiten Forstweg nach rechts folgt zur Eschwegestraße und auf dieser nach rechts geht).
Nun folgen wir dem Forstweg südwestwärts in den Wald, an einigen alten Steinbrüchen vorbei und zum Beginn des schmaleren, sichtlich uraltehrwürdigen ❺ **oberen Alexanderstieges**. Über dessen Holpersteine steil ansteigend gelangen wir bald zu einem von rechts heranführenden Forstweg und einer Stempelstelle der Harzer Wandernadel. Von hier führt ein steiler Pfad als Abstecher nach links hinauf zur felsigen Kuppe der ❻ **Wolfsklippe** (720 m, die Aussichtseinrichtung wartet jetzt im zusammenbrechenden toten Restwald mit besseren Ausblicken auf).
Zurück an der Stempelstelle folgen wir dem Forstweg in westlicher Richtung, bald mit weiten Ausblicken bis ins Vorland, bei Gabelung rechts und weiter zu einer

zweiten Gabelung mit dem gleichfalls lohnenden Schindelstieg. Der Weg nach rechts führt im Bogen deutlich hinab zum gastlichen Gasthaus Plessenburg.

Durch das Tänntal zurück Auf der östlich vorbeiführenden Eschwegestraße gelangen wir rasch zu einem großen 7 **Wegekreuz**. Von hier führt die Forststraße durch das tief eingeschnittene Tänntal nordostwärts zügig hinab nach Öhrenfeld zum

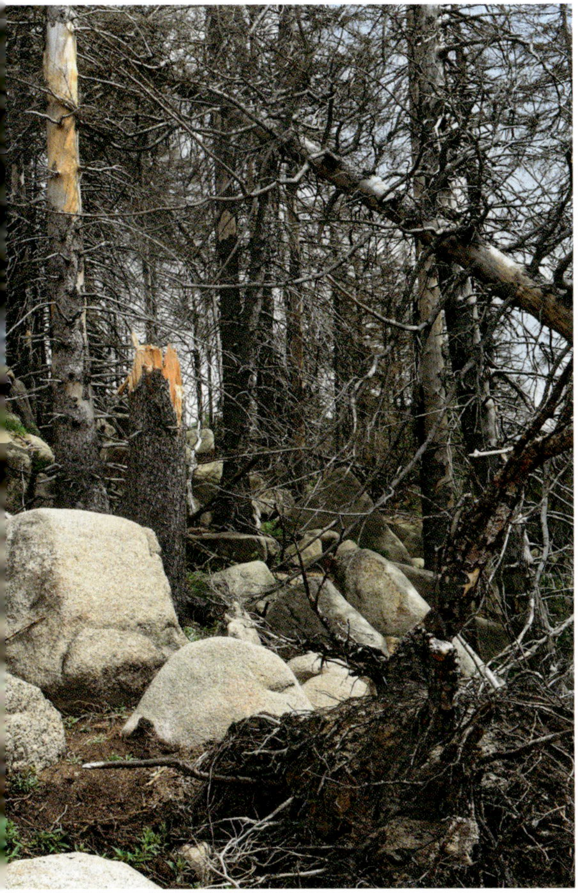

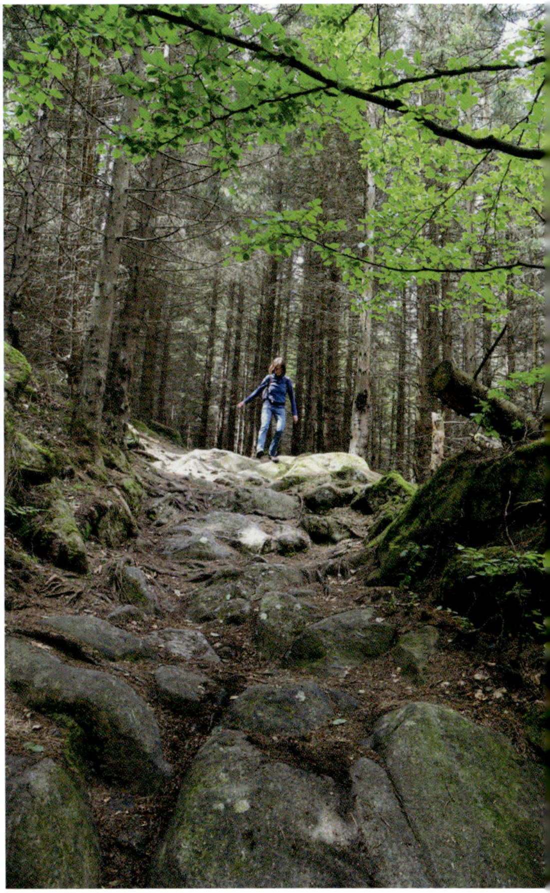

Ausgangspunkt (Die Variante über die westlichen Talhänge ist nicht viel länger und gleichfalls reizvoll, siehe Karte).

Mitte: Das historische Aussichtsgestell hat den Sturm überstanden.

Rechts: Am oberen Teil des Alexanderstiegs

Übrigens Die Klippen am Schloteberg bestehen aus Wetzschiefer, einem Kieselschiefer der Karbonzeit. In den oberen Teilen der Wanderung führt der Alexanderstieg an alten Steinbrüchen vorbei. Hier wurde früher der hier anstehende Granit in großem Stil gebrochen. Die Natur hat inzwischen von diesen Löchern in der Landschaft wieder Besitz ergriffen, und hier und da finden sogar seltene Tiere dort neuen Lebensraum.

Wer besonders gut zu Fuß ist, kann natürlich auch hier noch weitersteigen zum Molkenhausstern oder auch weiter bis zum Brockengipfel …

18 Felsschluchten hinter dem Tourismus-Brennpunkt

Durch Bodetal, Kästental und den Hirschgrund

mittel | 12 km | 300 m | 3 Std.

Tourencharakter
Kurzweilige Wanderwege in wilder Felslandschaft; im Kästental ein herber, aber hochinteressanter vergessener Pfad, der einiges an Geländegängigkeit voraussetzt und für den robustes Schuhwerk sehr nützlich ist

Ausgangs-/Endpunkt
Bahnhof Thale, mit Großparkplatz nebenan

Anfahrt
Auto: Von der B 6neu nach Thale
Bahn & Bus: Mit der Bahn bis Thale

Höchster Punkt
450 m

Beste Jahreszeit
April bis Oktober

Einkehr
Jugendherberge Großer Waldkater, Gaststätte Kleiner Waldkater, Gaststätte Königsruhe, am Hexentanzplatz und in Thale

Karte
Besonders empfehlenswert ist die mit dem Harzklub erstellte Karte »Wandern im Ostharz« (1:50 000) der LGN Niedersachsen (s. auch www.lvermgeo.sachsen-anhalt.de).

Tourismus-Info
Tourist-Info, Bahnhofstr. 1, 06502 Thale, Tel. 03947/25 97, www.thale.de; www.harzer-bergtheater.de; www.harztourist.de

Das Bodetal ist die wildeste Ecke des Harzes. Dort kann es natürlichen Steinschlag geben, und man kann nur auf eigenes Risiko hineingehen. Aber für jeden Menschen mit nur einem Funken Romantik im Herzen lohnt sich das! Immerhin ist seit Menschengedenken dort noch kein Wanderer durch Steinschlag zu Schaden gekommen ...

Königsruhe und Teufelsbrücke In Thale starten wir vom Bahnhof westwärts, an der Einfahrt zum Großparkplatz vorbei, zur Therme. Davor wenden wir uns links (Goetheweg) und gehen an der Seilbahn vorbei und den Schildern folgend ins Bodetal.
Am westlichen Ufer bleibend, wird die **1 Jugendherberge »Großer Waldkater«** passiert. Weiter geht's auf dem Weg oberhalb des munter rauschenden Baches talein – im Sommer unter dichtem Blätterdach, im Winter und Frühjahr mit Durchblicken auf die beachtlichen Felsen. Nach

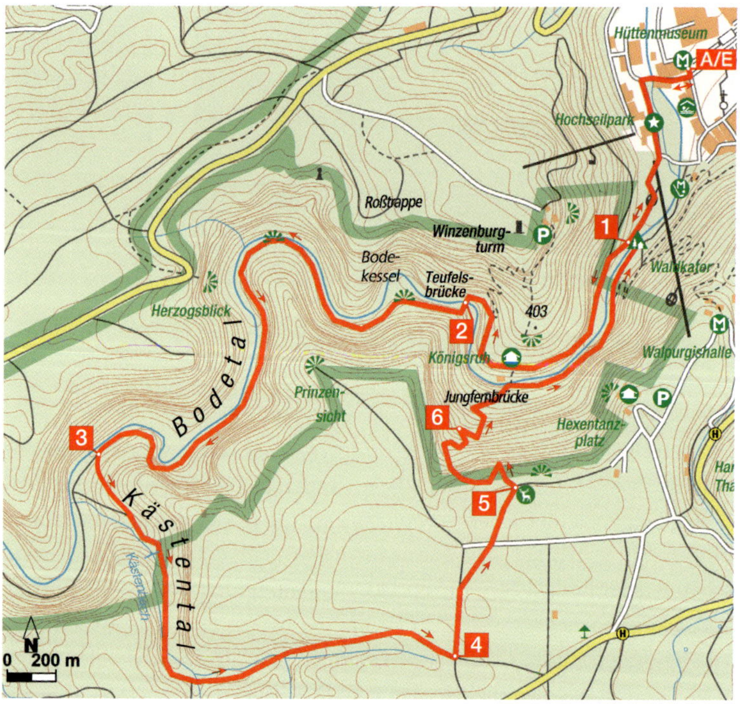

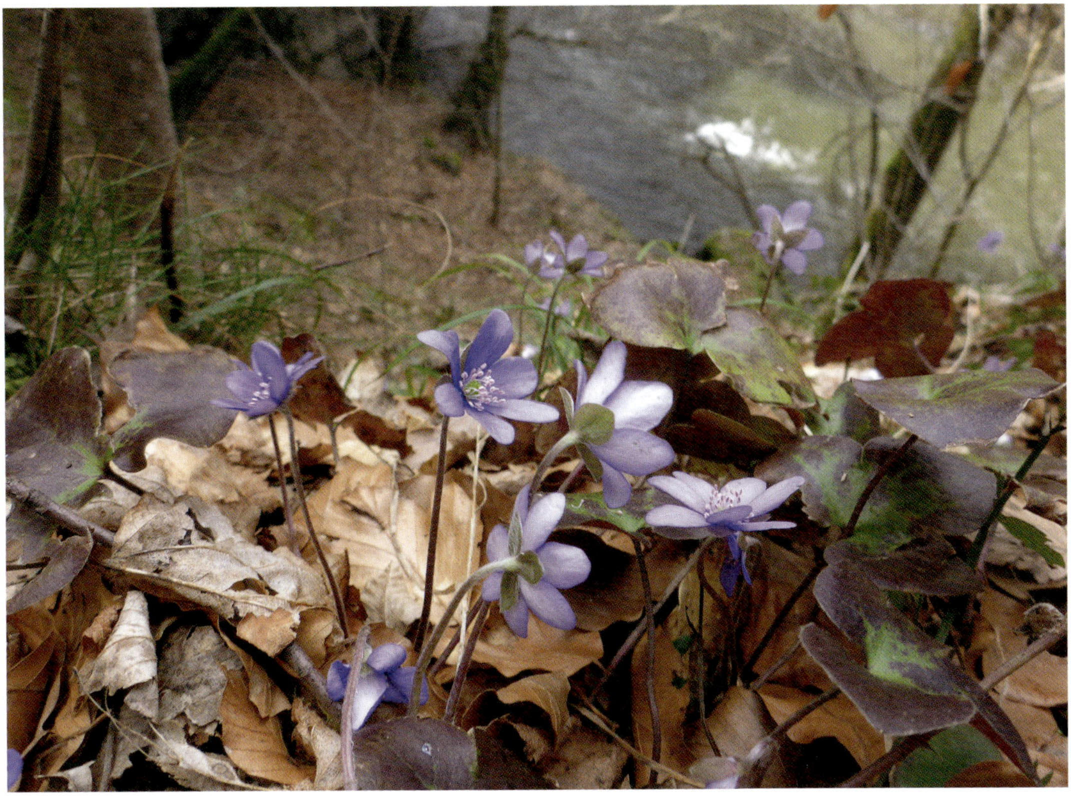

Frühlingsboten im oberen Bodetal

etwa 20 Minuten erreichen wir die Gaststätte Königsruhe (toller Blick hinauf zur 200 Meter hohen Felswand der Rosstrappe).

Wir wandern auf dem Weg taleinwärts weiter, teils auf soliden Stegen direkt über der Bode, unter der großen Trümmerhalde der Schurre vorbei und zur unterhalb des Felsturmes Kirchl gelegenen ❷ **Teufelsbrücke**.

Nun südlich der Bode im steilen Zickzackkurs auf dem teils aus dem Fels gehauenen Steig hinauf (großartiger Rückblick zur Rosstrappe und zum Felsturm Besen). So wird ein schmaler, felsiger Rücken erreicht.

Durchs Kästental Nun biegt das Tal scharf nach links, und in einem weiten Rechtsbogen geht's auf dem Steig am steilen Talhang weiter. Danach leitet der Weg nach links um einen großen Bergsporn herum und führt in südlicher und südwestlicher Richtung weiter.

Nach einem weiteren Kilometer zeigt unten die Bode bei einem gegenüber aufragenden Felssporn eine scharfe Rechtskurve, und weitere 700 Meter nach dieser Stelle liegen unten im Fluss mehrere große Felsblöcke eines Bergsturzes.

Kurz danach beginnt bei einer Informationstafel (aber ohne Hinweise auf die Abzweigung, etwa 60 m vor dem steilen Seitental) ein unauffälliger, schräg rechts ansteigender schmaler ❸ **Pfad**. Er führt unterhalb von einem schönen natürlichen Traubeneichenwald in das von Südosten herabkommende Kästental (das unten nur sehr schlecht passierbar wäre).

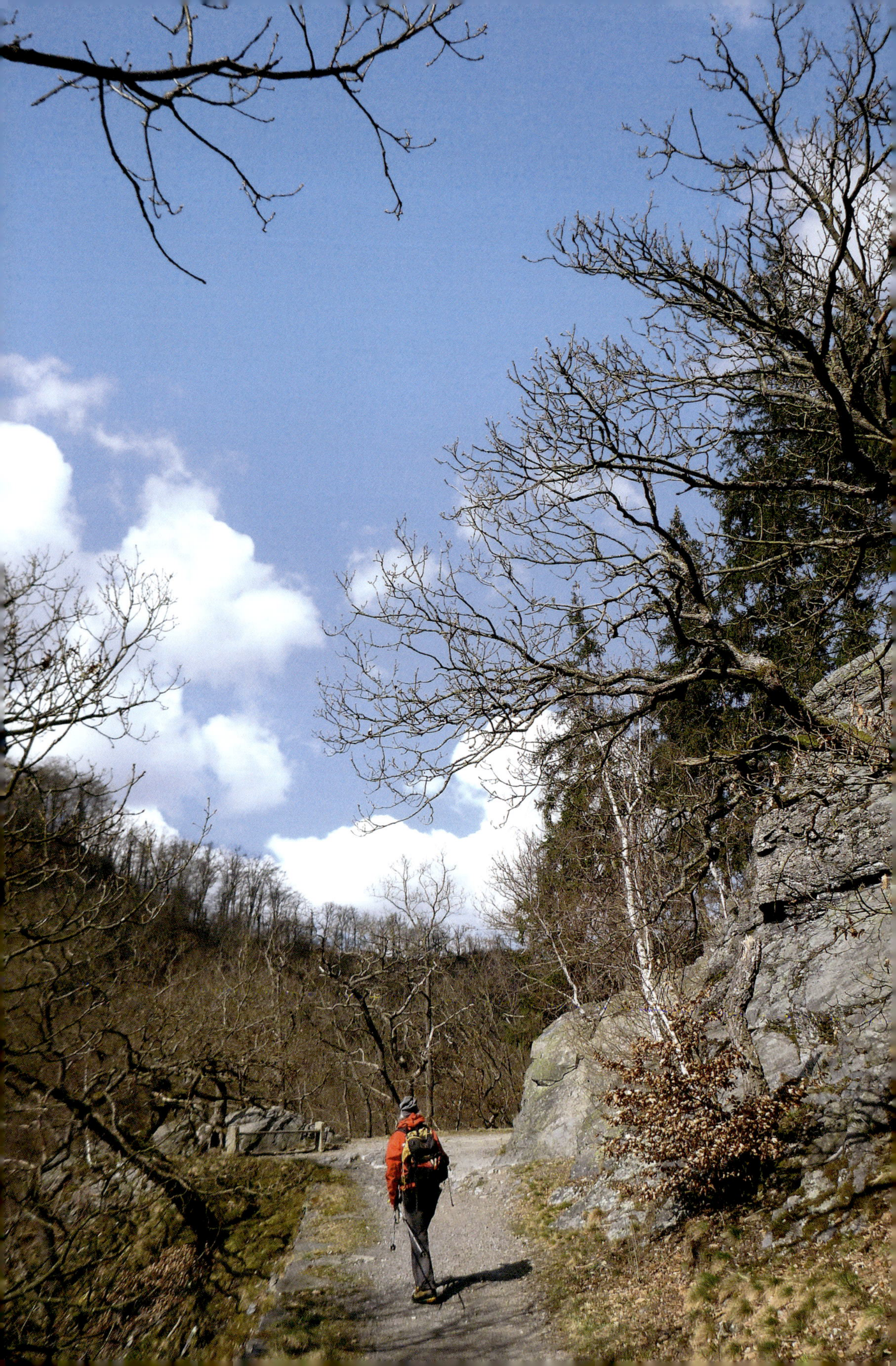

Auf dem linken, nordöstlichen Talhang oberhalb von kleinen Wasserfällen und Engstellen des Baches steigen wir hinauf zu einem kleinen Felsriegel bei einer dicken Eibe (gegenüber Felshöhlen). Der Pfad leitet schuttig und beschwerlich weiter hinauf, an einer Kaverne mit hübsch gefalteten Felsschichten vorbei und danach zu einem kleinen Wasserfall.

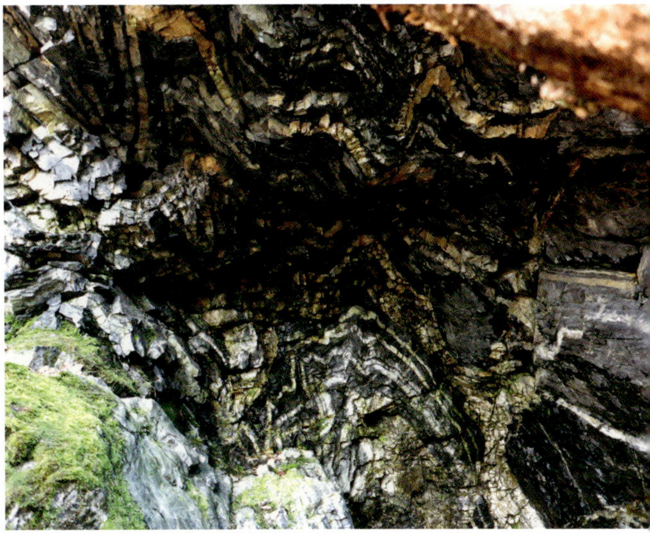

Durch den Hirschgrund Links vom Bach wandern wir mit allerlei Anforderungen an Geländegängigkeit und Matschtoleranz bis zu einer Stelle, wo gegenüber ein alter Forstweg beginnt. Dort überqueren wir den Bach und steigen dann auf dem Weg bergan.
Nach sumpfigen Passagen wird er besser gangbar und leitet nun geradezu aufreizend problemlos, später nach einer Brücke wieder auf der anderen Seite des Baches, hinauf zu einer querenden ❹ **Forststraße**. Auf dieser gehen wir nach links und später in Richtung Hexentanzplatz zum ❺ **Wolfsgehege**.
Nun wenden wir uns wieder nach links und wandern auf dem Zickzackweg durch den ❻ **Hirschgrund** – mit großartigem Blick auf die nahen Zackengrate der Hirschhörner und die gegenüber imposant aufragende Rosstrappe – hinab in den Talgrund bei Königsruhe. Dort geht's am südseitigen Ufer über den Weg hinab zur Gaststätte Kleiner Waldkater und von dort wie am Hinweg an der Jugendherberge über die Brücke und zurück zum Ausgangspunkt in Thale.

Gefältelte Gesteinsschichten in einer Nische des Kästentals

Linke Seite: Auf dem Wanderweg durch den Canyon des Bodetals

Im oberen Kästental ersetzen Gangsteine eine Brücke.

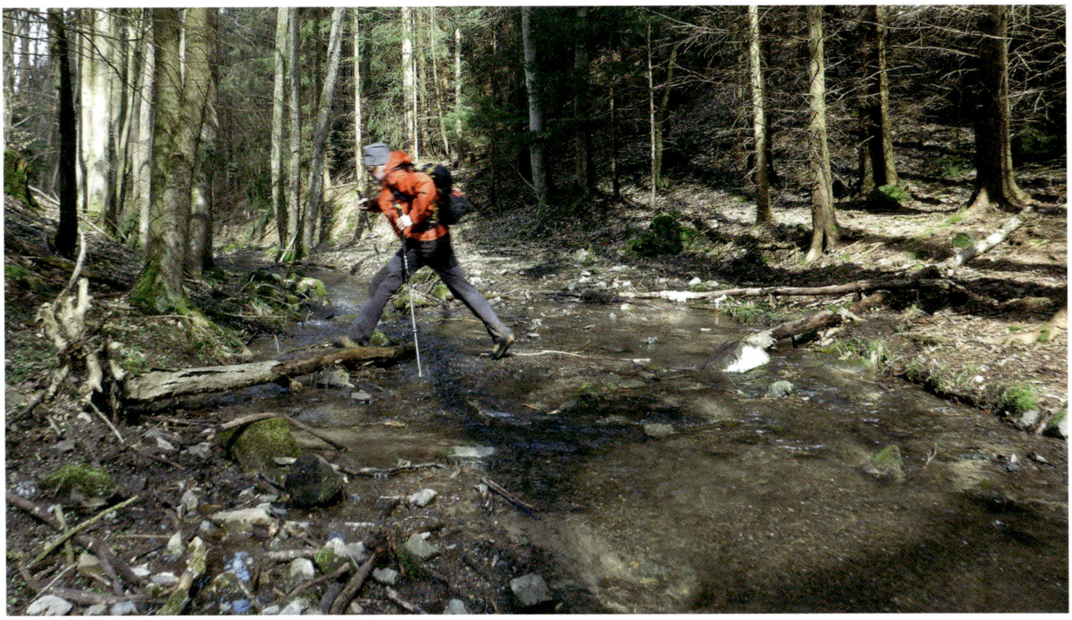

19

Zu Burgruinen und romantischen Felskulissen

Von Stecklenberg ins Wurmbachtal

leicht | 8 km | 300 m | 3 Std.

Tourencharakter
Wenig besuchte, durch Relikte und Landschaft reizvolle Wanderung auf teils schmalen, angenehmen Wegen, nur kurz auf Forststraßen

Ausgangs-/Endpunkt
Kirche und Gemeindeverwaltung Stecklenberg (an der Hauptstraße)

Anfahrt
Auto: Von der B 6neu in Richtung Bad Suderode und von dort nach Stecklenberg
Bahn & Bus: Bahn (selten) bis Neinstedt, öfter bis Quedlinburg, von dort Schmalspurbahn HSB bis Bad Suderode (www.hsb-wr.de)

Höchster Punkt
400 m

Beste Jahreszeit
April bis November

Einkehr
Im nahen Gernrode bei der zu Recht berühmten Stiftskirche das Jugendstilcafé Der Froschkönig

Karte
Besonders empfehlenswert ist die mit dem Harzklub erstellte Karte »Wandern im Ostharz« (1:50 000) der LGN Niedersachsen (s. auch www.lvermgeo.sachsen-anhalt.de).

Tourismus-Info
Servicebüro Harz, Dornbergweg 2, 38855 Wernigerode, Tel. 03943/93 56 08, www.harztourist.de

Die Runde wird sowohl kulturhistorisch durch die Burgruinen als auch landschaftlich durch reizvollen Wald und die romantisch-düsteren Felsen angereichert. Die Wege sind fast überall angenehm und immer ruhig.

Zur alten Lauenburg In Stecklenberg gehen wir vom Platz bei der originellen Backsteinkirche und der gegenüber gelegenen Gemeindeverwaltung zum Kinderspielplatz (links liebevoll gestaltete Modelle der rekonstruierten Burgen) und steigen auf dem Treppen- oder Grasweg neben der blechernen Rutschbahn steil hinauf. Dann geht's in einem Links-rechts-Bogen zu den malerischen Ruinen der ❶ **Stecklenburg** (Infotafeln und Hüttchen).

Auf dem Weg wandern wir an einer Wiese und dann an einem Wall und Graben vorbei und gelangen über einen kurzen ebenen Bergrücken nach 150 Metern zu steilerem Gelände. In Richtung Lauenburg folgen wir einem alten Weg schräg rechts hinauf bis zu einem kleinem Platz kurz vor neueren Gebäuden am Bergrücken. Von hier bringen uns Treppen links

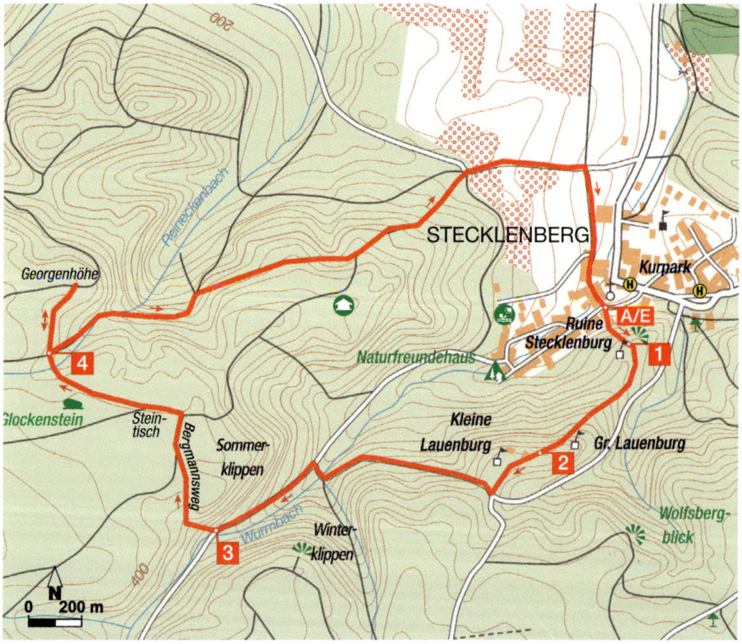

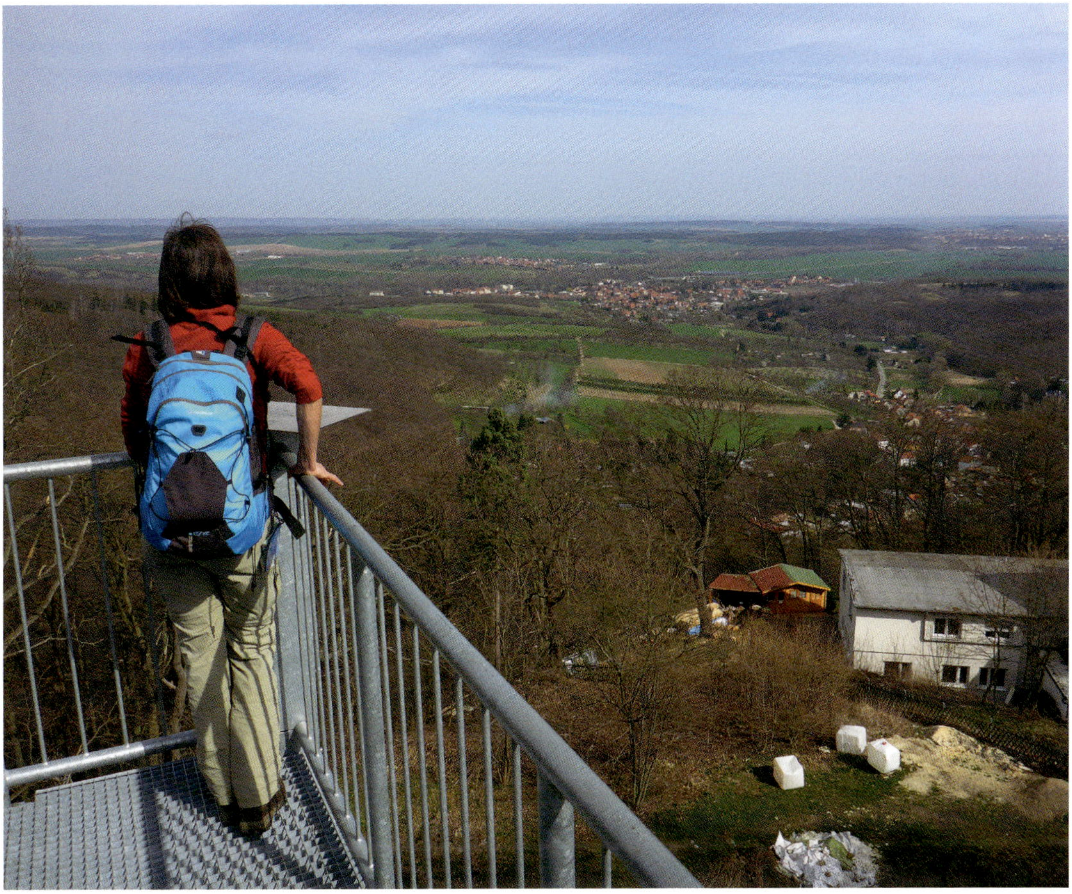

Ausguck des Turms der Vorburg der Lauenburg

durch einen Einschnitt und auf das Gelände der alten ❷ Lauenburg (Weglein, Erläuterungstafeln, reizvolle Mauerreste).

Ins Wurmbachtal Zurück am Platz vor den Gebäuden laufen wir links einige Meter hinab zu einer Erläuterungstafel über die Vorburg. Über Treppen steigen wir steil zu dieser hinauf und gelangen zu einem neuen, schick gestylten Aussichtspunkt direkt neben dem konservierten Rest des Turms.

Anschließend wandern wir die Treppen hinab zum Weg und diesen rasch hinab zum Wegekreuz dicht unterhalb von einem kleinen Bergsattel. Rechts gehen wir über diesen Sattel und auf der Zufahrtsstraße abwärts in den Grund des Wurmbachtales. Dort gleich rechts der Brücke hinauf zur Talstraße.

Wir steigen auf der Talstraße hinauf und an den rechts, westseitig, am Hang gelegenen Sommerklippen (teils angefressen von alten, jetzt aufgelassenen Steinbrüchen) und den höheren Granitfelsen Winterklippen der östlichen Talhänge (NSG) vorbei.

Mein Tipp für nach der Tour

Von der Stecklenberger Suderöder Straße erreicht man ausgeschildert von einem Parkplätzchen in 4 Min. die für Bad Suderode genutzte und imperial in edlem Granit gefasste Calziumquelle. Sie bietet Gelegenheit, nach der Wanderung den Durst mit gratis fließendem Heilwasser aus den Tiefen des Harzes zu stillen.

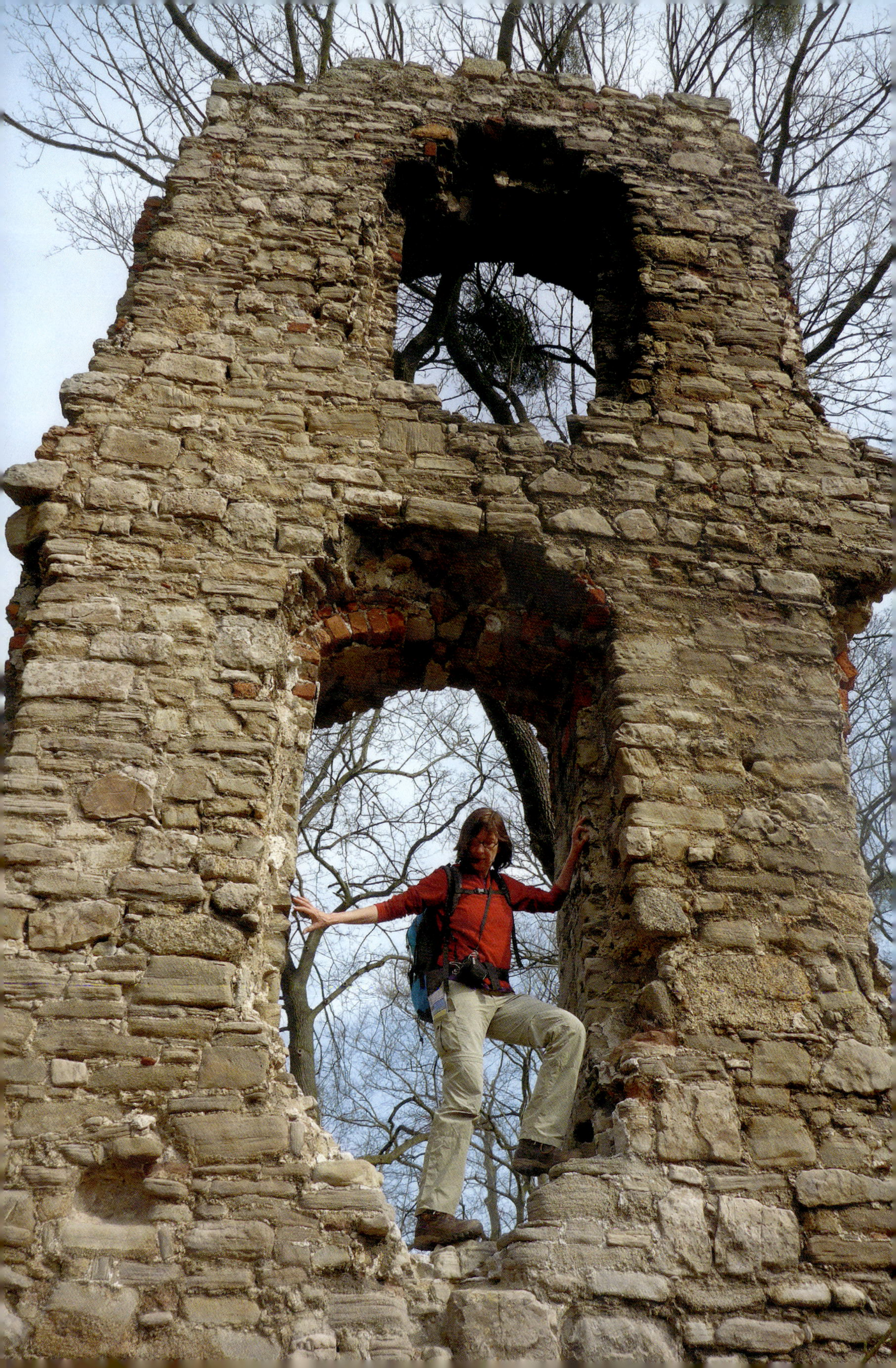

Zum Glockenstein und zur Georgenhöhe Nach etwa 400 Metern zweigt von der Talstraße nach rechts der grob gepflasterte ❸ **Bergmannsweg** ab (markiert mit schwarzem X/E11). Er leitet ansteigend in einem Bogen nach rechts und zuletzt nordwärts zur Wendeschleife einer hier endenden Forststraße. Auf dem angenehmen Fußweg geht es nun in gleicher Richtung weiter zu einem Querweg. Nach links (Richtung Hexentanzplatz) gelangen wir auf dem Weg neben einer abgeräumten Fläche mit weitem Blick zum markanten Granitblock Glockenstein.

Linke Seite: An den malerischen Resten der Stecklenburg

Weiter führt der Weg nach rechts hinab in ein flaches Tälchen und zum ❹ **Wegekreuz Reinikenberg**. Von hier gehen wir auf dem hübschen Grasweg weiter in Richtung Hexentanzplatz. Nach 500 Metern kommen wir zu einem Wegekreuz bei schönen Eichen vor der Georgenhöhe. Die eindrucksvolle Aussicht ins Vorland ist mit der Umgehung des Zaunes der landesunüblich privat okkupierten Bergkuppe gut erreichbar.

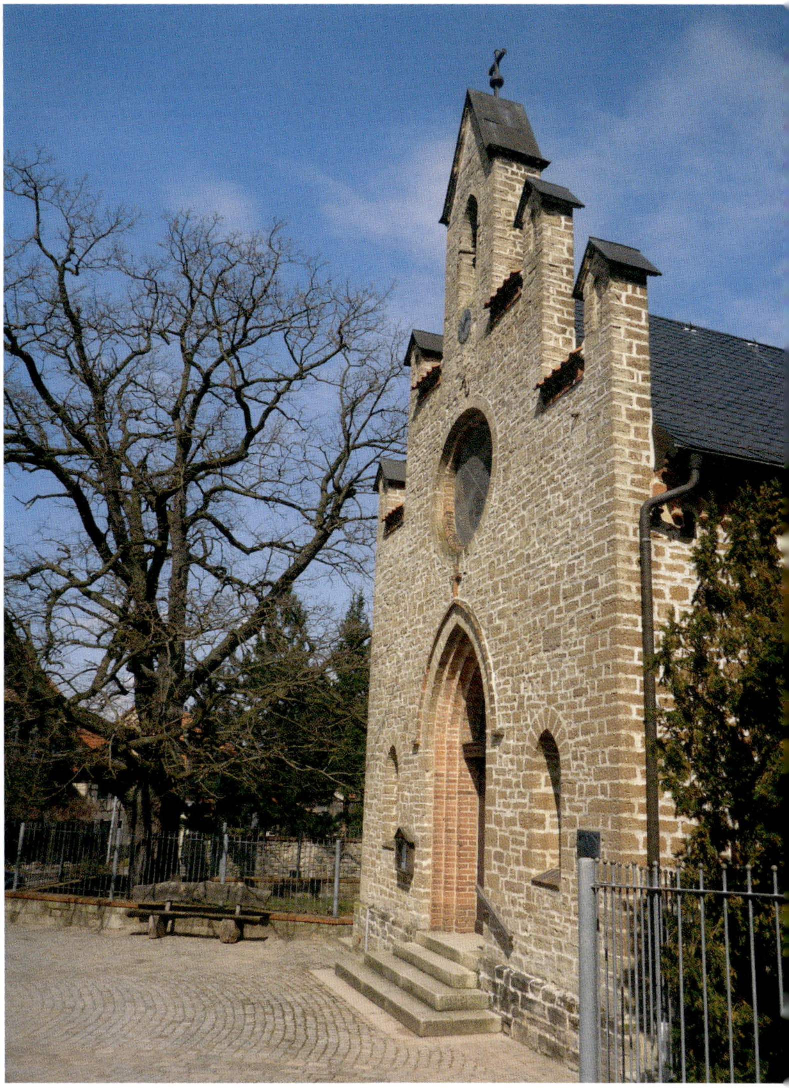

Kirche in Stecklenberg

Auf beschaulichen Hangwegen zurück Zurück am Wegekreuz Reinikenberg wandern wir nun im Laubwald nordwestwärts im Tal auf dem Weg hinab in Richtung Stecklenberg (Markierung gelber Punkt). Er leitet über einige nasse Stellen (Gangsteine) in das bald tiefer eingeschnittene, felsige Tal und biegt nach rechts in die Hänge.

Bei der Gabelung folgen wir dem oberen Weg (gelber Punkt) in Richtung Stecklenberg weiter. Er führt, weithin mit angenehmem Moosplüsch gepolstert, am Hang entlang, quert einige Seitentälchen mit Hohlwegen und führt zuletzt um eine hübsch mit Traubeneichen bestandene Kuppe herum.

Schließlich erreichen wir den Waldrand (Bank). An einer Kirschplantage vorbei gehen wir auf dem Feldweg hinab, dann rechts an Gärten vorbei ins Dorf und durch die Schulgasse zurück zum Ausgangspunkt an der Kirche.

20 Industrierelikte und Wiesentäler am Granitberg

Von Mägdesprung zum Ramberg

leicht | 16 km | 300 m | 4.30 Std.

Tourencharakter
Längere Waldwanderung durch ruhige Wiesentäler

Ausgangs-/Endpunkt
HSB-Bahnhof Mägdesprung

Anfahrt
Auto: Von Norden von der B 6neu über Gernrode auf der L 243 oder über Ballenstedt auf der B 185 nach Mägdesprung und Alexisbad (Ortsteil von Harzgerode)
Bahn & Bus: Bahn bis Quedlinburg, von dort mit der HSB-Schmalspurbahn über Gernrode nach Alexisbad (www.hsb-wr.de)

Höchster Punkt
Ramberg (Viktorshöhe; 590 m)

Beste Jahreszeit
April bis Oktober

Einkehr
Im Sommer die idyllische Gaststätte Drahtzug. Die altehrwürdige Gaststätte Kutscherstube in Mägdesprung wurde leider durch Brandstiftung zerstört.

Karte
Besonders empfehlenswert ist die mit dem Harzklub erstellte Karte »Wandern im Ostharz« (1:50 000) der LGN Niedersachsen (s. auch www.lvermgeo.sachsen-anhalt.de).

Tourismus-Info
Zu Mägdesprung und Alexisbad s. Details auf http//de.Wikipedia.org/wiki/alexisbad

Der Ramberg ist einer der großen Harzberge aus dem Tiefengestein Granit. Die früher an seinem Gipfel unterhaltenen Ferienunterkünfte und auch der einst dort installierte hölzerne Aussichtsturm wurden aufgegeben, aber die Bergkuppe ringsum und die langen autofreien Wiesentäler haben ihren ursprünglichen Reiz behalten und bezaubern nach wie vor.

Zur Kleinen Teufelsmühle In Mägdesprung vom Bahnhof gehen wir nordwärts (in Richtung Gernrode und Ballenstedt) entlang der Straße über die Bahnlinie und 100 Meter danach zur Einmündung eines unbefestigten und teils bewachsenen Forstweges von links. Diesem folgen wir südwestwärts in einem großen Bogen oberhalb von Bahnlinie und Bach und dann rechts hinauf zum Bergrücken. Dort gehen wir links, an einer dicken Eiche vorbei und dann in einem hohlwegartig eingetieften Weg steil hinab. Unten folgen wir einem Querweg nach rechts an einer Felsecke vorbei zum ❶ **Krebsbachteich**. An diesem entlang und danach weiter auf dem Weg rechts der idyllischen Aue des Talgrundes gehen

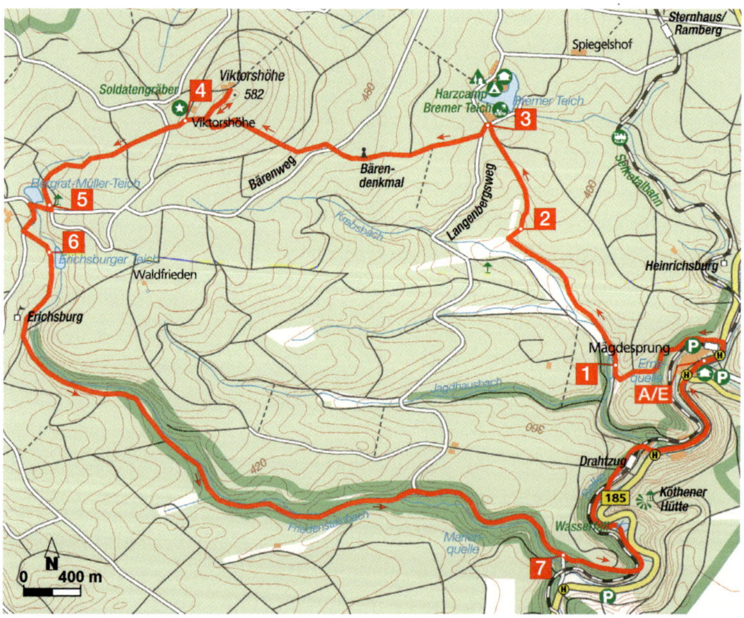

wir sanft ansteigend weiter. Nach etwa zwei Kilometern biegt der Weg nach rechts. Er leitet nun in einem flachen ❷ **Seitental**, rechts der Wiese des Talgrundes, weiter. Bei einer ersten Weggabelung nehmen wir den oberen Weg. Wo er wenig später nach rechts biegt, folgen wir dem links in der vorigen Richtung weiterführenden Weg, oberhalb der Krone einer riesigen vom Wind gebrochenen Buche vorbei. Er führt stetig ansteigend, zuletzt mit einer festen Forststraße, zu einem Forststraßenkreuz vor dem ❸ **Feriengelände Bremer Teich**. Gleich davor am Wegekreuz links auf dem (nicht ausgeschilderten) Bärenweg weiter nach etwa einem Kilometer zum Bärendenkmal. In gleicher Richtung weiter erreichen wir eine quer verlaufende Straße und gehen hier 200 Meter nach links. Nun steigen wir auf einer schnurgeraden Schneise an bis direkt zur Granitklippe ❹ **Kleine Teufelsmühle** (der Gipfel des Rambergs, 582 m mit Viktorshöhe und Sendemast ist derzeit als Baustelle gesperrt, keine Aussicht).

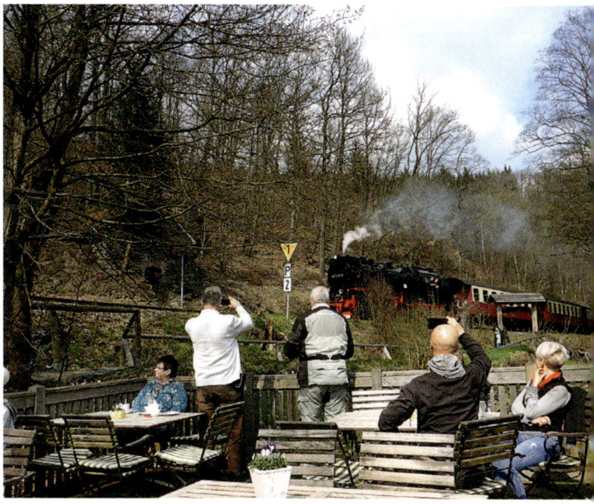

Am »Drahtzug«

Friedenstal und Krebsbachtal Von der Klippe folgen wir nach Südwesten der Forststraße hinab zur Klippe Große Teufelsmühle und nun der grasigen Trasse der Loipentrasse oder auf den Forstwegen den Schildern nach weiter zum ❺ **Bergrat-Müller-Teich** (Schutzhütte, Sitzplatz). Unterhalb vom stauenden Damm gehen wir weiter bis unterhalb vom Feriengelände Merkelbach. Dort biegen wir nach links ab ins Friedenstal. Auf der Forststraße entlang dem idyllischen Talgrund wandern wir talab, am ❻ **Erichsburg-Teich**, einer verlassenen Grube und verlandeten Teichen vorbei. Nach vier Kilometern wechselt die Talstraße bei einem schönen Wiesenboden auf die andere Seite des Baches und bringt, an der Abzweigung zur nahen Marienquelle und zuletzt an Klippen aus Devongestein vorbei, zum steilhängigen Selketal. Noch vor dem Talgrunde und der Bahnlinie zweigt links ein ❼ **Fußweg** ab und führt zunächst ansteigend weiter. Wo er sich nach Felsköpfen gabelt, gehen wir nach rechts hinab, queren die Bahnlinie und folgen danach dem hübschen Weg nahe der Selke talabwärts. Nach einer Talbiegung passieren wir den eindrucksvollen Selkewasserfall. Danach führt der Weg bald wieder oberhalb der Gleise weiter zur originell knuddeligen Gaststätte »Drahtzug« bei einem Haltepunkt der Bahn an der Mündung des Krebsbachtales und nahe der Autostraße. An dieser entlang gehen wir – leider ohne brauchbare Alternativen – 600 Meter zurück nach Mägdesprung.

Historisches Mägdesprung

Mägdesprung war Standort von Eisenindustrie und ist heute weithin Industriebrache. Im talabwärts gelegenen Carlswerk ist die Geschichte im Museum aufbereitet. Die Bachseite des Ortes zeigt schlichtweg verwahrloste Ruinen mit ersten Stadien von Wiedereroberung durch die Vegetation und lädt je nach Gemütslage der Betrachtenden zu eigenen Bewertungen ein – vom üblichen Jammern bis zu romantisch-ästhetischer Faszination. Solche Qualitäten zwischen Müllhalde und werdendem – wenn auch im Vergleich zum Original deutlich schlichterem – »Angkor Wat auf Harz« hatten auch die Gebäude Viktorshöhe auf dem Ramberg, wo sich jetzt jedoch eine Dauerbaustelle entwickelt.

21

Nostalgisch unterwegs im felsigen Mäandertal

Von Alexisbad zur Heinrichsburg und zum Haltepunkt Sternhaus

mittel | 9 km | 200 m | 3 Std.

Tourencharakter
Abwechslungsreiche Wanderung durch das felsige Tal, meist auf angenehmen Pfaden. Die nahe nostalgieträchtige Bahn erlaubt es, die Tour als Streckenwanderung zu unternehmen.

Ausgangspunkt
HBS-Bahnhof Alexisbad

Endpunkt
HBS-Haltepunkt Sternhaus

Anfahrt
Auto: Von Norden von der B 6neu über Gernrode auf der L 243 oder über Ballenstedt auf der B 185 bis Alexisbad (Ortsteil von Harzgerode)
Bahn & Bus: Bahn bis Quedlinburg, von dort mit der HSB-Schmalspurbahn über Gernrode nach Sternhaus, Mägdesprung und Alexisbad (www.hsb-wr.de)

Höchster Punkt
HP Sternhaus (419 m)

Beste Jahreszeit
April bis Oktober

Einkehr
In Alexisbad und Sternhaus

Karte
Besonders empfehlenswert ist die mit dem Harzklub erstellte Karte »Wandern im Ostharz« (1:50 000) der LGN Niedersachsen (s. auch www.lvermgeo.sachsen-anhalt.de).

Tourismus-Info
www.hsb-wr.de;
www.de.wikipedia.org/wiki/maegdesprung

Die klassische Streckenwanderung führt auf hübschen, schmalen Wegen durch ein idyllisches felsiges Tälchen mit allerlei liebevoll installierten, Wanderkomfort bietenden Einrichtungen. Sie verläuft insgesamt parallel zur kuscheligen Schmalspurbahn und ist am besten mit ihrer Nutzung für eine Strecke zu planen.

Pionierweg und Pioniertunnel In Alexisbad gehen wir gegenüber vom Bahnhof auf dem neben der Straße verlaufenden Wanderweg etwa einen Kilometer nordwärts zur markanten Rechtsbiegung des Tales. Gegenüber dem Haus »Talwiese« beginnt der Weg rechts als Pionierweg anzusteigen (nach ca. 100 m ist nach rechts hinauf ein Abstecher zum etwas grotesken kaiserzeitlichen Relikt Luisentempel möglich; Mehraufwand 1 km).

Wir folgen dem Pionierweg, der stetig ansteigend zu einer Verzweigung vor einem kleinen Hohlweg mit alten Fahrspuren (der als Lehrpfad weiterführt) leitet. Hier wandern wir auf dem unteren Weg bald um felsige Ecken herum und immer etwas aufwärts zum originellen, wenn auch durch ein Stück Zickzackweg vermeidbar gewesenen ❶ **Pioniertunnel**, bei dessen Erstellung im Jahr 1900 sich hoffentlich noch niemand so rich-

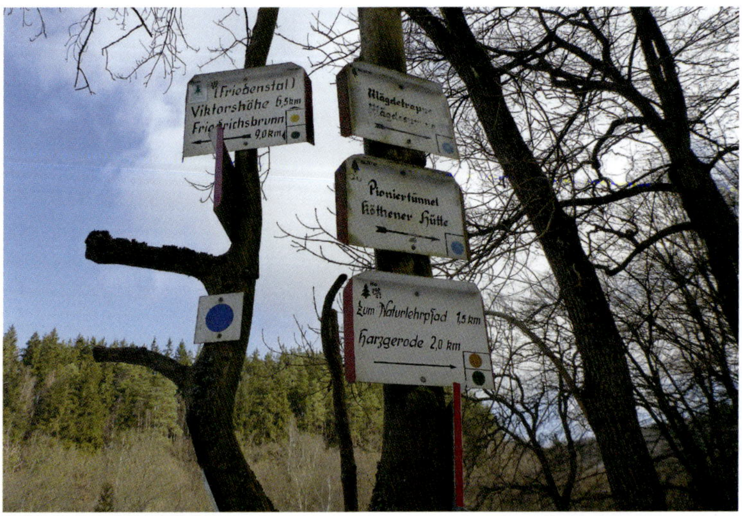

Auch im Selketal helfen Ortsunkundigen die Schilder des Harzklubs weiter.

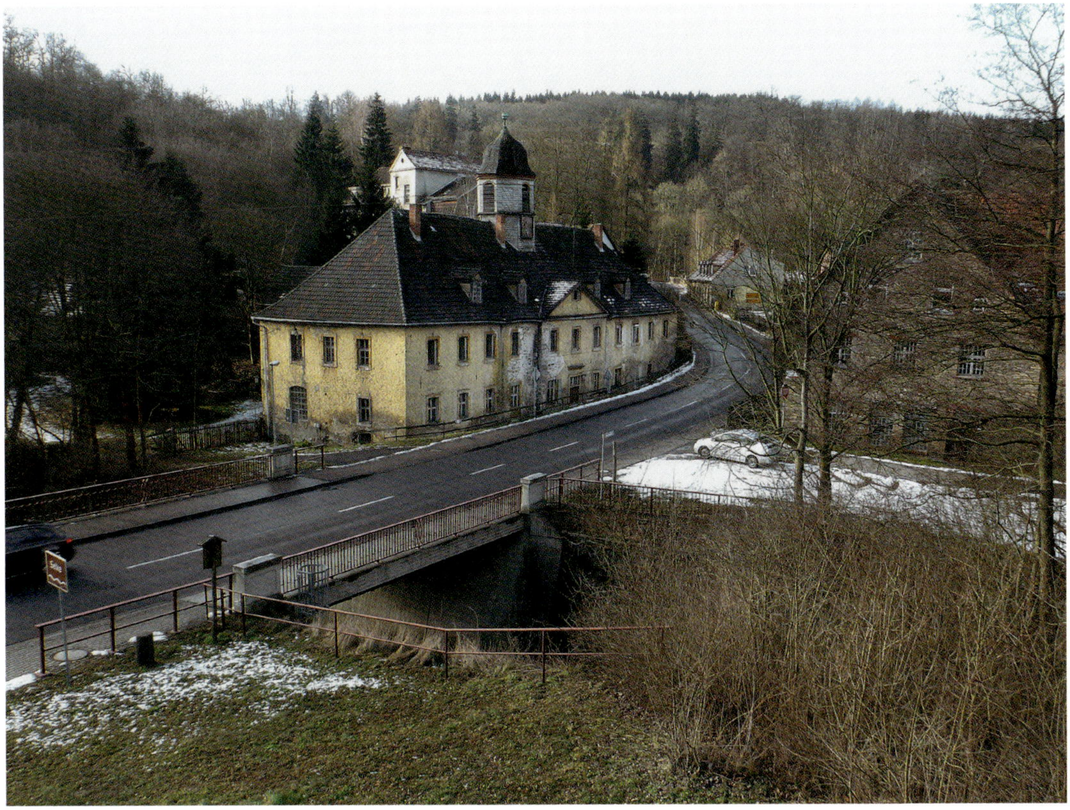

tig ausmalte, wie ausgiebig man sich mit solchen Tätigkeiten in den bald folgenden Weltkriegen beschäftigen würde.

Relikte fossiler Tätigkeit von Eisenindustrie in Mägdesprung

Nach Mädgesprung Der Weg führt weiter um Felslein, auch um eine Aussichtskanzel und eine Teufelsklippe und schließlich zur an der Oberkante schmuck gelb und weiß über dem Tal leuchtenden ❷ **Köthener Hütte**.
Von hier wandern wir auf dem Weg weiter zum eisernen Kreuz bei der ❸ **Mägdetrappe** und danach steil hinab und zuletzt an der Straße zum frühindustriell geprägten und als Ergebnis von Treuhandversagen und Spekulation verfallenden Mägdesprung.
Der Weg durch den Ort führt an Zeugnissen kaiserzeitlicher Eisengießerkunst in Form von malerisch verendenden oder gar schröcklich brüllenden Hirschen bzw. auch »Bambi live« vorbei. Wenig unterhalb steht dazu das sehenswerte Industriemuseum Carlswerk. Unterhalb vom Bahnhof erinnert ein gewaltiger Obelisk immer noch an einen einstmals wie auch immer das Vaterland beglückenden Friedrich Albert.

Heinrichsburg und Sternhaus Der Weiterweg beginnt an der Straße hinab ins untere Selketal nach dem ersten Haus links

Wegvarianten

Mit dem Auto anreisende Menschen lassen dieses am besten am Sternhaus stehen und fahren von dort mit der Bahn nach Alexisbad, um dann ohne Zeitstress zu wandern. Bahnmuffel gehen am besten schon von der Heinrichsburg aus zurück.
Im Übrigen lassen sich ab Mägdesprung statt der oben beschriebenen Talhangwege auch die talnahen (allerdings verkehrsnäheren) Fußwege benutzen. Sie führen zudem am hübschen Selke-Wasserfall vorbei.

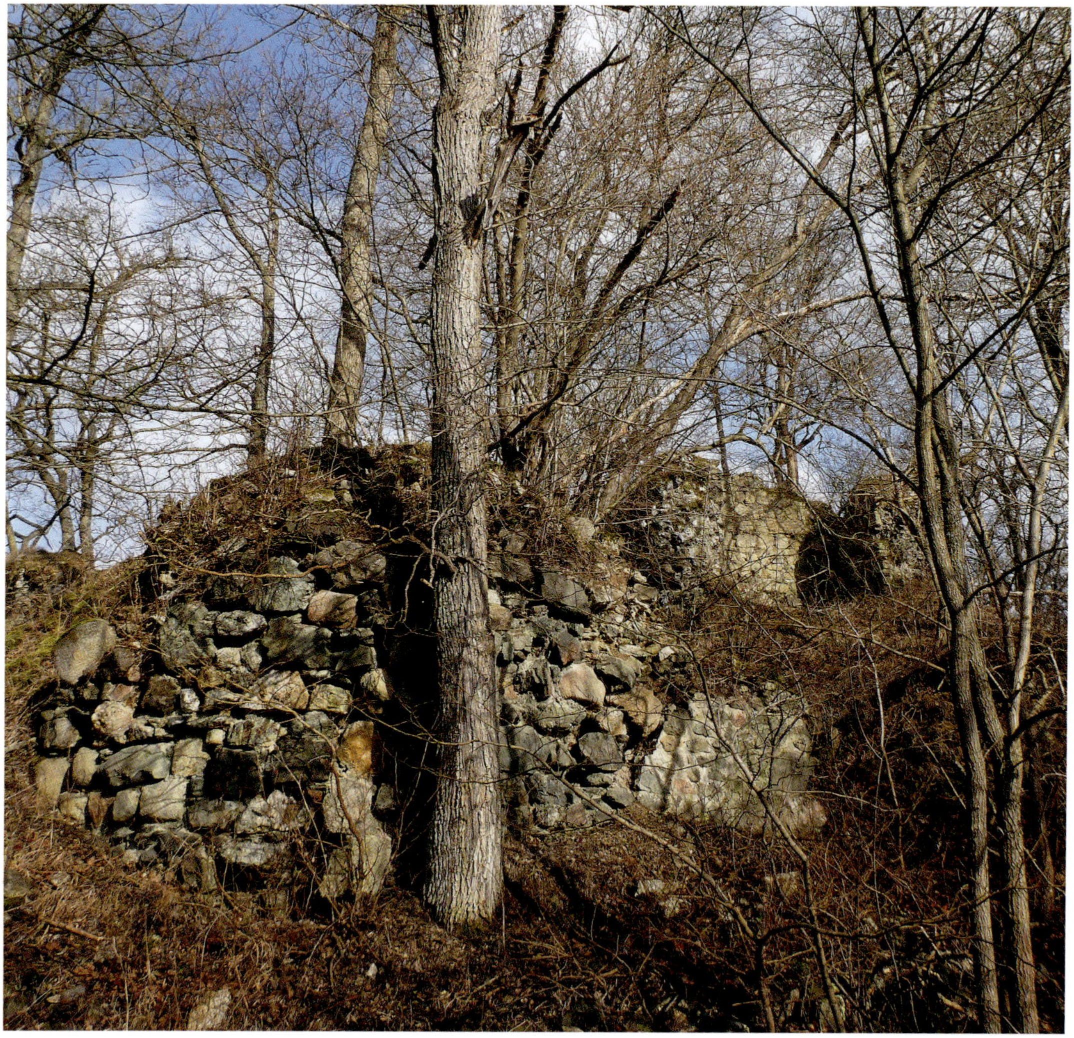

Ruine Heinrichsburg

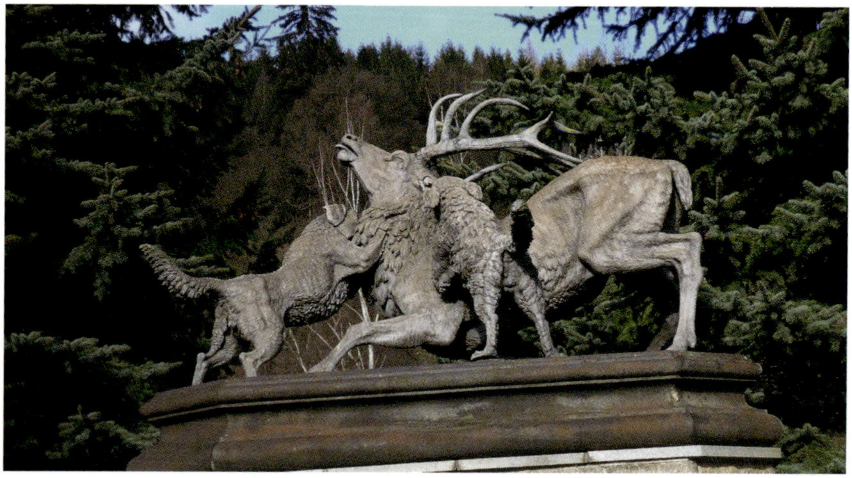

In Eisen gegossene Jagdszenen im Harz

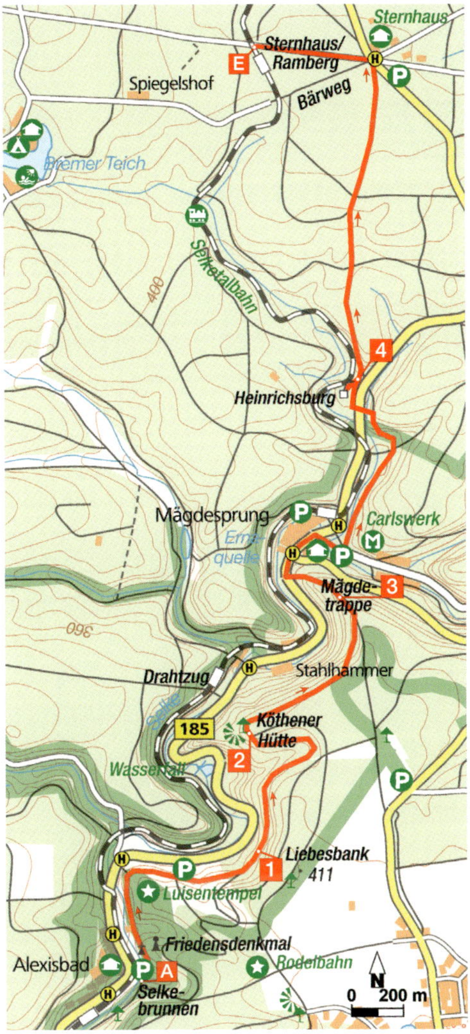

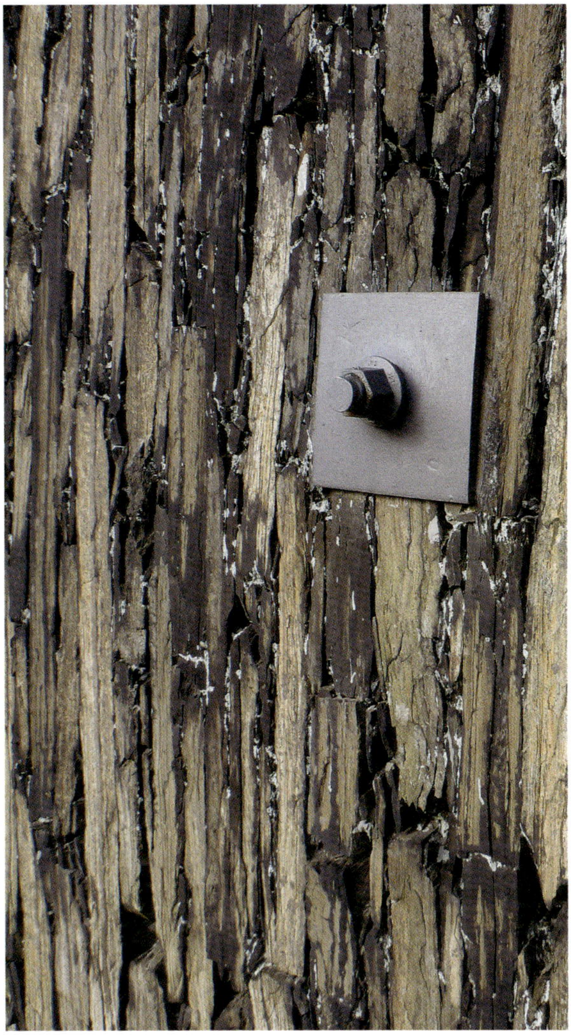

Kieselschiefer am Sockel des Obelisken in Mägdesprung

etwas versteckt hinter einem Transformatorhäuschen. Nach rechts ansteigend wandern wir über einen eindrucksvoll zerfahrenen Weg. Etwas weiter oberhalb führt dann der nun angenehme Naturpfad nach links und östlich vom Bach sowie mit dezentem Abstand von der Autostraße nordwärts weiter.

Nach etwa einem Kilometer und dem Passieren einiger Felslein führt ein etwas fragiles Brückchen über den (auch ohne dieses überschreitbaren) Bach. Auf der anderen Seite der Straße leitet dann ein schmaler ❹ Weg weiter hinauf. Bald zweigt hier links ein Pfad ab zu den romantisch verfallenden Resten der Heinrichsburg. Jenseits bietet sich vom zur Hälfte noch erhaltenen Bergfried auch ein Tiefblick auf die unterhalb vorbeiführende Bahnlinie.

Zurück am Weg wandern wir nun nordwärts auf zunehmend breiteren und festeren Forststraßen weiter zum Sternhaus (Gaststätte) und nach links, westwärts, zum HSB-Haltepunkt Sternhaus, von wo wir mit der Bahn zurück nach Alexisbad fahren können.

22

Stätte des Ostharzer Silberbergbaus

Von Neudorf zum Birnbaumteich

leicht | 8,5 km | 70 m | 2 Std.

Tourencharakter
Beschauliche Wanderung auf guten Wegen zwischen Wald und Wiesen durch einstiges Bergbaugelände

Ausgangs-/Endpunkt
Kirche in Neudorf

Anfahrt
Auto: Über die B 242 nach Harzgerode, nach Süden zur L 235 und nach Neudorf
Bahn & Bus: HSB bis Alexisbad und z. T. bis Harzgerode, dann mit dem Bus nach Neuendorf

Höchster Punkt
420 m

Beste Jahreszeit
April bis Oktober

Einkehr
Am Birnbaumteich

Karte
Besonders empfehlenswert ist die mit dem Harzklub erstellte Karte »Wandern im Ostharz« (1:50 000) der LGN Niedersachsen (s. auch www.lvermgeo.sachsen-anhalt.de).

Tourismus-Info
www.harzinfo.de;
www.sachsen-anhalt.de;
www.harztourist.de;
www.grube-glasebach.de

Die Wanderung führt trotz der schnellen Landesstraße durch eine ruhige und fast idyllische Gegend, wo sich Hektik rasch vergessen lässt. Auch die angenehmen Wege helfen zu beschaulichem Gehen in einer wenig bevölkerten Landschaft mit Wald und Flur.

Zum Birnbaumteich In Neudorf gehen wir von der Kirche aus durch die Hinterstraße und an einem alten Transformator vorbei, dann auf einem Feldweg ostwärts. Nach etwa 200 Metern biegen wir rechts ab und gelangen so zum östlich des Dorfes gelegenen ❶ **Kunstteich** (früher auch Gondelteich oder Neuer Teich genannt).
Um diesen geht es nach links herum, dann über den Damm. Anschließend führt ein Feldsträßchen südwärts. Bald halten wir uns rechts und gehen westwärts auf Feldwegen zum südlichen Ortsrand. Durch die Straße An den Eichen und in etwa gleicher Richtung gelangen wir auf der geraden alleeartigen Hauptstraße zur L 235.

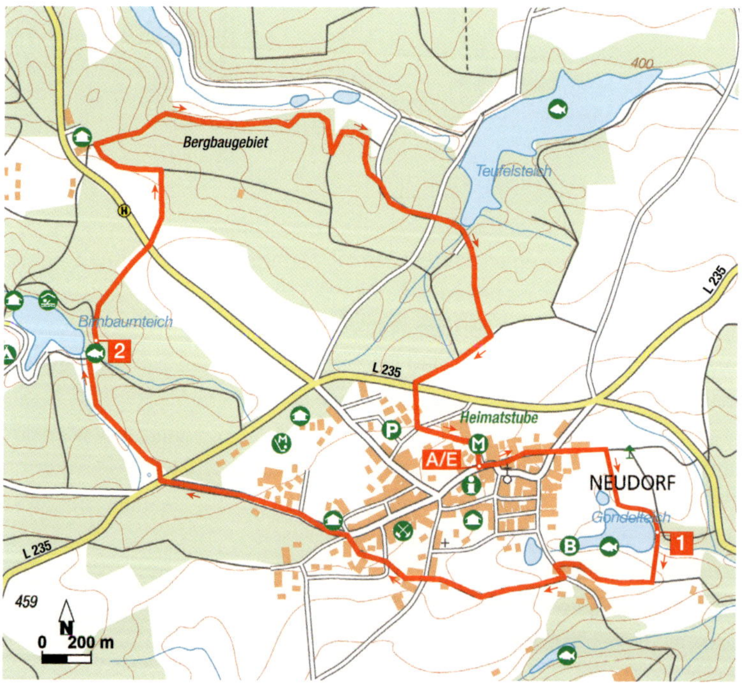

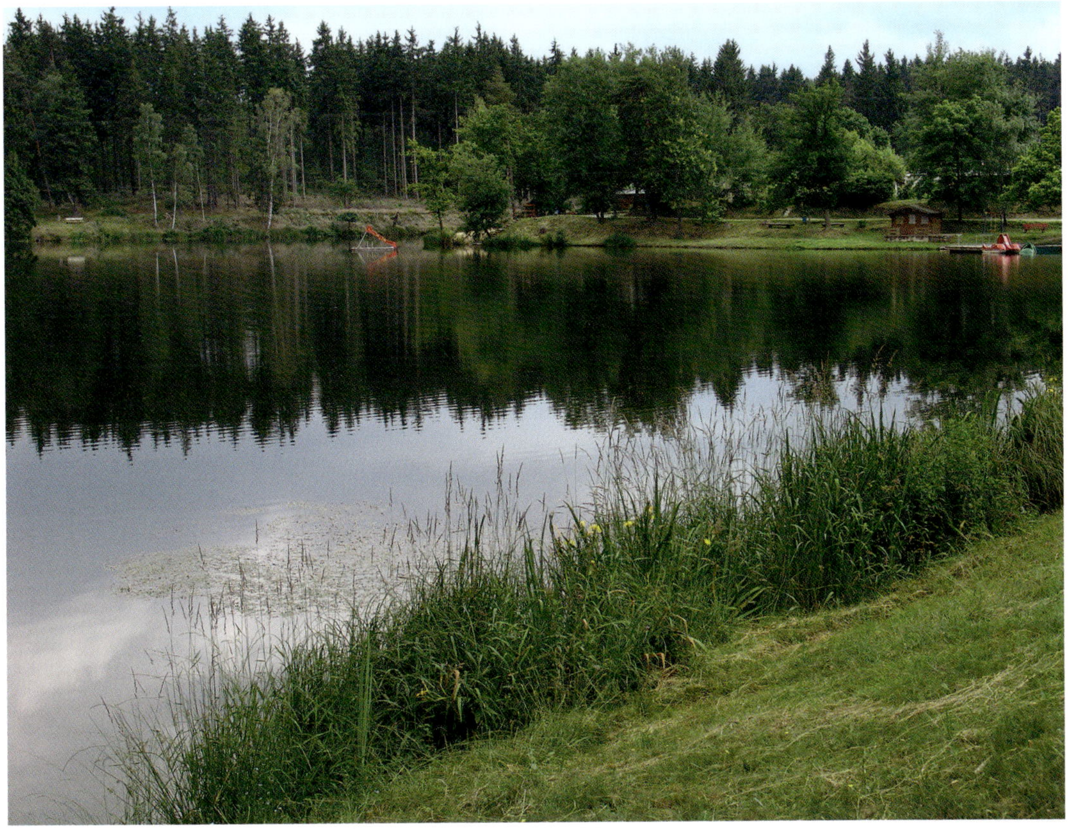

Der Birnbaumteich

Diese überqueren wir und wandern gegenüber entlang einer Wiese zum ❷ **Birnbaumteich** (benannt nach dem Namen einer Silbergrube, heute Feriengelände).

Zum Teufelsteich Von diesem führt rechts ein Weg am Waldrand entlang in nordöstlicher Richtung zur K 2364. Nach ihrer Querung gehen wir zuerst geradeaus weiter, dann biegen wir links auf die ehemalige Bahntrasse und gehen im Bogen bis kurz vor die Häuser.

Nun wenden wir uns nach rechts und gehen auf dem Bergbaupfad weiter, an großen Pingen und der dekorativ ausgebauten Mündung des Fürst-Viktor-Stollens vorbei. Danach wandern wir im Bogen nach rechts (Osten) auf dem Bergbaupfad nahe am Waldrand entlang und erreichen schließlich den Teufelsteich.

Den stauenden Damm überschreiten wir und folgen etwas rechts dem Weg weiter über eine Lichtung und bald zum Waldrand. An diesem entlang gelangen wir nach rechts zur L 235, die wir einige Meter weiter rechts vorsichtig überqueren. Gegenüber bringt uns der Dessauer Weg rasch zurück ins Dorf und zur Kirche Neudorf.

Mein Tipp für nach der Tour

Wer mehr über den Bergbau erfahren will, dem empfehle ich auch den Besuch der nahen Schaugrube Glasebach bei Straßberg. Auch gibt es hier (ebenso wie in anderen Gegenden des Harzes) im Gelände liebevoll unterhaltene Erläuterungstafeln, die dem Erlebnis der Landschaft mit den Hinweisen auf Besonderheiten des Naturinventars oder auf frühere menschliche Nutzungen zusätzliche Dimensionen verschaffen.

23

Verträumte Wege zur Talauenidylle

Von Dankerode ins Obere Wippertal

leicht | 9 km | 140 m | 3 Std

Tourencharakter
Idyllische Wanderung auf naturnahen Wald- und Wiesenwegen durch eine abgelegene Landschaft

Ausgangs-/Endpunkt
Sportplatz beim Campingplatz am südlichen Ortsrand von Dankerode

Anfahrt
Auto: Über die Harzhochstraße B 242, dann südlich von Harzgerode auf der L 235 nach Neuendorf und über die K 2351 nach Dankerode
Bahn & Bus: Bus von Wippra nach Dankerode

Höchster Punkt
420 m

Beste Jahreszeit
April bis November

Einkehr
In Dankerode Gasthaus Zur Linde

Karte
Besonders empfehlenswert ist die mit dem Harzklub erstellte Karte »Wandern im Ostharz« (1:50 000) der LGN Niedersachsen (s. auch www.lvermgeo.sachsen-anhalt.de).

Tourismus-Info
www.harztourist.de; www.camping-ludwig.de

Weitläufige Feldmark und Auewiesen prägen die verträumt einsame Gegend, und diese Wanderung passt besonders gut in die Kategorie »Vergessene Pfade«. Der liebevoll eingerichtete und betreute Campingplatz bietet einen idealen Stützpunkt dafür, wenn man nicht noch etwas bequemer im Dorf ein Zimmer nehmen will.

Zur Wiesenaue der Wipper Westlich vom Campingplatz Dankerode wandern wir über die Wiese hinab zum Waldrand und dort in ein Tälchen. Zuerst geht's rechts von seinem Grund, dann links davon auf naturnahen Wegen hinab zur Wiesenaue der Wipper.

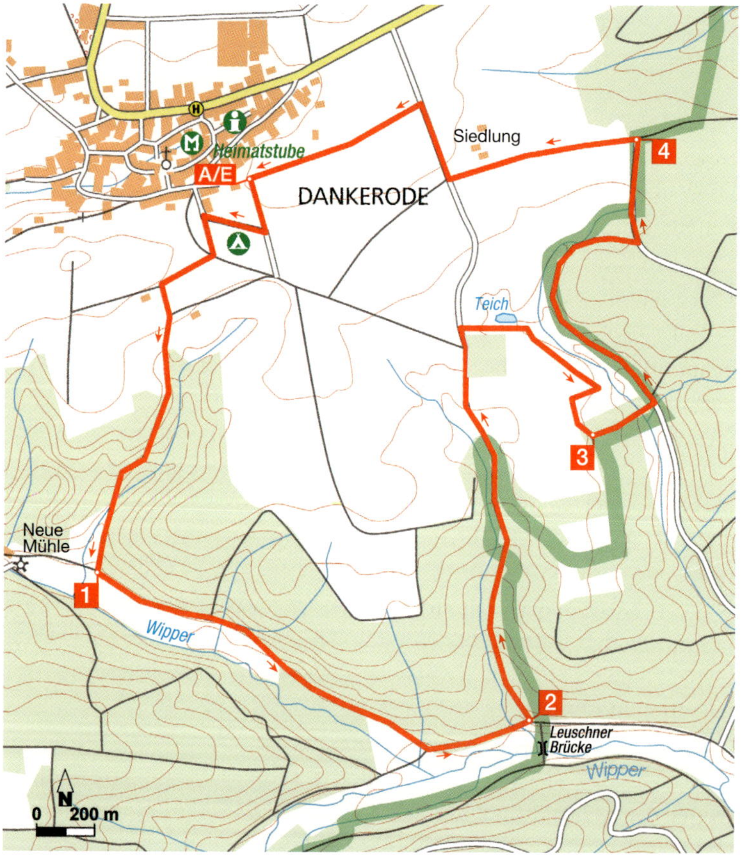

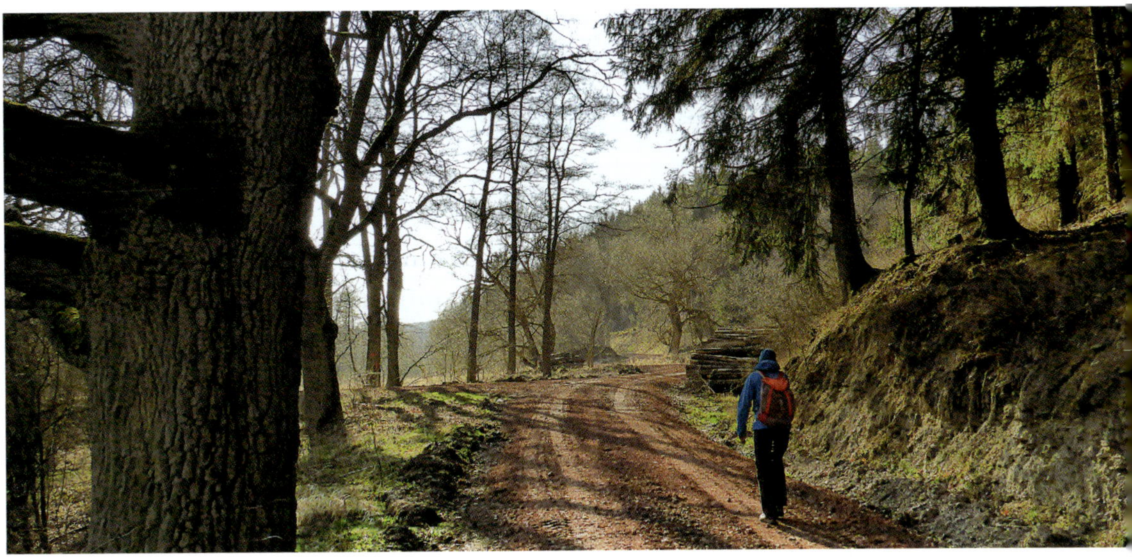

Im Wippertal

Am Waldrand entlang wandernd, erreichen wir ostwärts nach etwa 1,6 Kilometern, kurz vor der über die Aue der Wipper führenden Leuschner Brücke, ein ❷ **Seitental**. Darin gehen wir den Weg hinauf zur Hochfläche, zuletzt an einem einzelnen Haus vorbei zu einem Fichtenwäldchen mit einer Bank (schräg nach links führt ein Feldweg direkt nach Dankerode).

Durch Forst und Feld nach Dankerode Nach dem Wäldchen wenden wir uns nach rechts (Osten) und folgen einem Grasweg. Er führt an einem eingezäunten Teich vorbei zum nächsten Tal und vor diesem südwärts bis zu einem Monumentalbau von Hochsitz. Nun gehen wir nach rechts über die Wiese um ein Seitentälchen herum zur vorspringenden Waldecke.

Hier beginnt im Wald ein anfangs ❸ **undeutlicher Weg**. Er führt als Grasweg weiter und bald tief ausgefahren hinab und über eine Brücke zum Forstweg auf der anderen Talseite (kürzer und eher weniger mühsam gelangt man hierher, wenn man nach dem hohen Hochsitz direkt in die kleine Wiesenmulde absteigt und rechts weglos im hohen Fichtenwald auf Nadelstreu abwärts zum tief ausgefahrenen Weg quert).

Nun folgen wir dem Weg auf der anderen Talseite nach links aufwärts. Er führt in einem großen Bogen im Tal hinauf zu einem Querweg. Diesen gehen wir parallel zum Waldrand weiter und erreichen die rechts zu Forsthaus Schiefergraben führende ❹ **Forststraße**. Wir wenden uns hier links, passieren eine Datschensiedlung und erreichen eine quer verlaufende Feldstraße. Dieser folgen wir nach rechts, nordwärts und nehmen nach 400 Metern die nach links führende Feldstraße zurück nach Dankerode.

Meine Tour-Variante

Die Wanderung lässt sich noch beliebig nach Süden erweitern, bzw. Osten und man kann nach Osten im Wippertal auf dem Weg nördlich der Wiesenaue in 3 km talabwärts zum idyllisch gewundenen Stausee gelangen (abgelegene Bademöglichkeiten). Südlich des Stausees ist von der Staumauer her ein Naturistenwanderweg ausgeschildert (»Willst du keine Nackten sehn, darfst du hier nicht weitergehen ...«).

24

Das Land des uralten Kupferbergbaus

Von Sangerhausen zur Schachthalde und zum Moltketurm

leicht | 8 km | 250 m | 3 Std.

Tourencharakter
Streckenweise eine Rundwanderung zum Entwickeln von Industrienostalgie; im wesentlichen Teil einfach eingelaufene Pfade, zu Beginn und gegen Ende hin auch weniger luxuriöse Straße

Ausgangs-/Endpunkt
Für per Bahn anreisende Wanderer der Bahnhof Sangerhausen. Autofahrer können bis zur Eschenstraße fahren und haben dann insgesamt 3 km weniger Gehstrecke zu absolvieren.

Anfahrt
Auto: Von der BAB 38 zur Stadt und durch die Bahnunterführung zur Karl-Bosse-Straße oder zur Eschenstraße
Bahn & Bus: Mit der Bahn direkt zum Ausgangspunkt

Höchster Punkt
350 m

Beste Jahreszeit
April bis Oktober

Einkehr
An Wochenenden im Sommer eventuell Kiosk am Moltketurm

Karte
Besonders empfehlenswert ist die mit dem Harzklub erstellte Karte »Wandern im Ostharz« (1:50 000) der LGN Niedersachsen (s. auch www.lvermgeo.sachsen-anhalt.de).

Tourismus-Info
www.sachsen-anhalt-tourismus.de; www.harztourist.de; www.tourismus-ndh.de; www.roehrigschacht.de

Dies ist eine profanhistorisch aufgeladene Wanderung durch eine seit der Bronzezeit nach Kupfer durchwühlte Landschaft. Das hat durchaus seine Reize und ist den Versuch allemal wert. Die übersichtliche Tourenlänge lässt noch Zeit für die anderen lohnenden Angebote von Sangerhausen.

Zur Schachthalde Aus dem Bahnhof Sangerhausen kommend, gehen wir rechts die Lengfelder Straße einige Hundert Meter westwärts und dann rechts, nordwärts, durch eine enge Unterführung und in die Karl-Bosse-Straße. In der flachen Talmulde folgen wir dem Eschenweg weiter auf die große Schachthalde zu. Vor dieser, beim ❶ **Schützenhaus**, führen Treppenstufen und ein Pfad nach rechts zwischen Bäumen durch zum Fuß der großen Rampe. (Über diese können normal rüstige Wanderer steil, aber ohne Fährnisse und auch ohne Pflanzen oder Tiere oder sonst irgendwas kaputtzumachen bis zum tolle Rundumsicht bie-

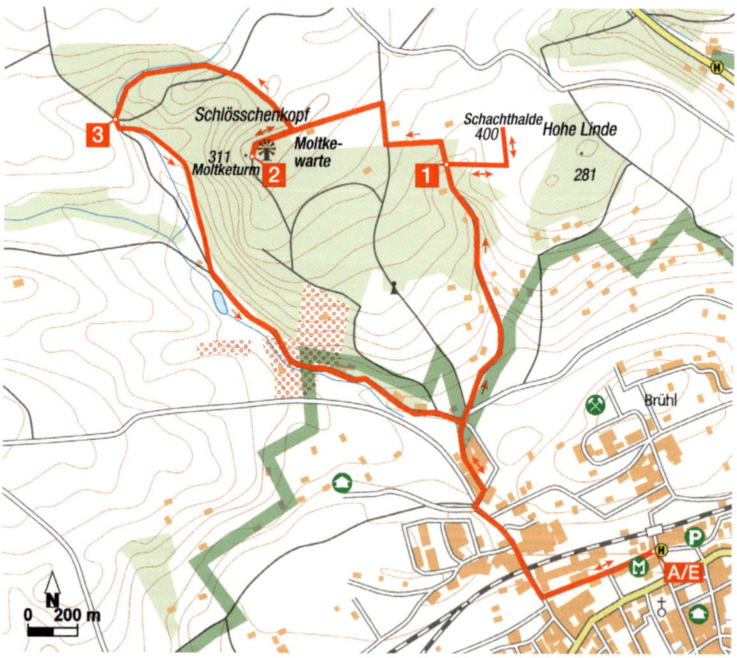

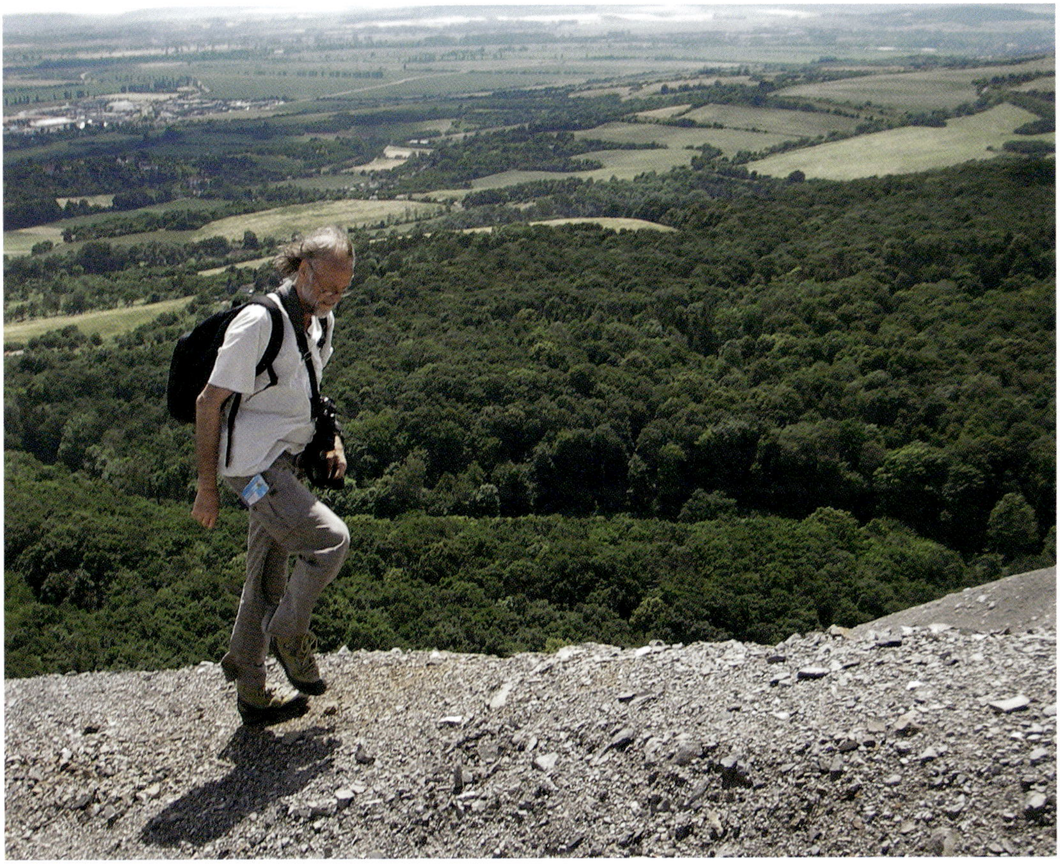

tenden, 390 m hohen »Gipfel« aufsteigen, was aber hiermit ausdrücklich nicht vorgeschlagen wird!)

Von der großen Schachthalde bietet sich ein Rundblick wie aus einem Ballon.

Zur Moltkewarte Vom Weg beim Schützenhaus beginnt, nur 20 Meter von den Treppenstufen gen Halde entfernt, bei zwei dicken Ahornbäumen ein steiler Weg. Auf diesem steigen wir links haltend hinauf zu einem befestigten Sträßchen, das uns nach rechts hinaufleitet.

Nach der Bebauung gehen wir links auf dem geraden, festen Weg zum Wald (eindrucksvoller Rückblick auf die Schachthalde) und im Wald weiter bis zum ❷ **Aussichtsturm Moltkewarte**.

Anschließend wandern wir zurück zum Waldrand, biegen dort nach links, nordwärts und folgen im Eichenwald einem schmalen Weg hinab bis vor einen Bach. Nun links den Weg hinab in ein Tal und bis zum ❸ **Waldrand**. Im Wald geht es dann neben dem Kerbtälchen, an einem alten Gehöft vorbei, und auf der Talstraße zurück zum Karl-Bosse-Weg und zum Ausgangspunkt.

Sangerhausen

In der Stadt ist neben historischen Bauten wie Rathaus und Jacobikirche besonders im Sommer das Rosarium mit seinen über 70 000 Rosenarten einen Besuch wert. Auch das Spengler-Museum mit seinen urzeitlichen Tierskeletten und seinen Präsentationen zur Bergbaugeschichte macht was her. Im Nachbarort Wettelrode lockt obendrein das Besucherbergwerk Röhrigschacht die Besucher bis aufregend weit unter Tage.

25

Gipskarst, Burgruinen und uralte Schachthalden

Von Großleinungen zur Mooskammer und nach Morungen

leicht | 9,5 km | 200 m | 3 Std.

Tourencharakter
Abwechslungsreiche Wanderung auf meist naturnahen Wegen durch Wald und über Wiesenhänge

Ausgangs-/Endpunkt
Nördlicher Ortsausgang von Großleinungen, am Parkplatz »Vor der Mooskammer«

Anfahrt
Auto: Von der BAB 38, Ausfahrt Roßla, nordwärts nach Dittichenrode und über Wickenrode, Kleinleinungen und Drebsdorf nach Großleinungen
Bahn & Bus: Bahn bis Sangerhausen, dann Bus bis Großleininngen und Morungen

Höchster Punkt
350 m

Beste Jahreszeit
April bis Oktober

Einkehr
In Sangerhausen

Karte
Besonders empfehlenswert ist die mit dem Harzklub erstellte Karte »Wandern im Ostharz« (1:50 000) der LGN Niedersachsen (s. auch www.lvermgeo.sachsen-anhalt.de).

Tourismus-Info
www.bioreskarstsuedharz.de; www.sachsen-anhalt-tourismus.de

Diese Wanderung verläuft an der Nahtstelle zwischen dem eigentlichen Harz und dem am Harzrand vorkommenden Gips der Zechsteinzeit. Die Runde durch das Gipskarst-Juwel Mooskammer zur ansehnlichen Burgruine Neu-Morungen und an uralten Kupferschieferhalden vorbei verknüpft auf engem Raum natürliche und kulturhistorische Raritäten.

Am Karstwanderweg Von Großleinungen folgen wir der Straße in Richtung Morungen und gehen nach etwa 100 Metern in der Lücke zwischen zwei großen landwirtschaftlichen Gebäuden rechts hinauf zum Karstwanderweg (ausgeschildert mit rotem Querstrich und K).
Am Waldrand und nahe daran folgen wir in nordwestlicher Richtung dem die Tälchen und Riedel querenden Weg. Bald sind die ersten Erdfälle zu sichten, die durch das Verstürzen von durch Gipsauflösung entstandenen Hohlräumen entstanden sind und auch immer noch weiter entstehen.

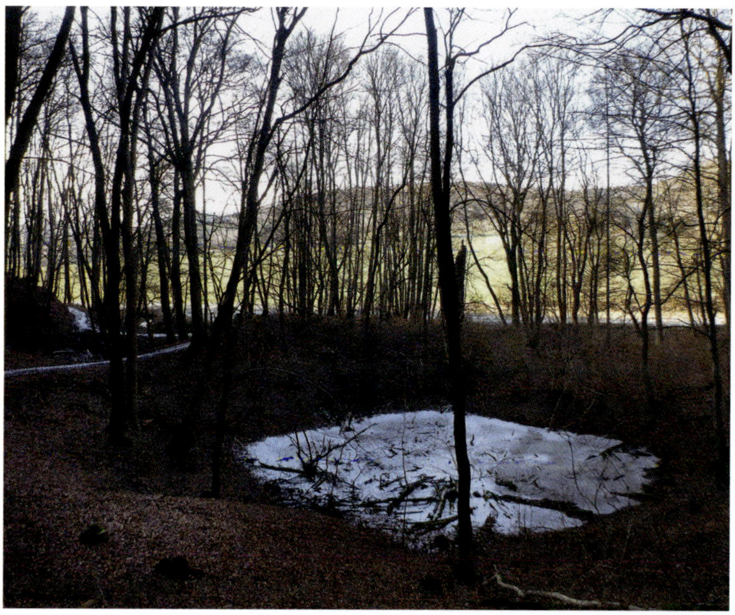

Erdfall am Karstwanderweg durch die Mooskammer

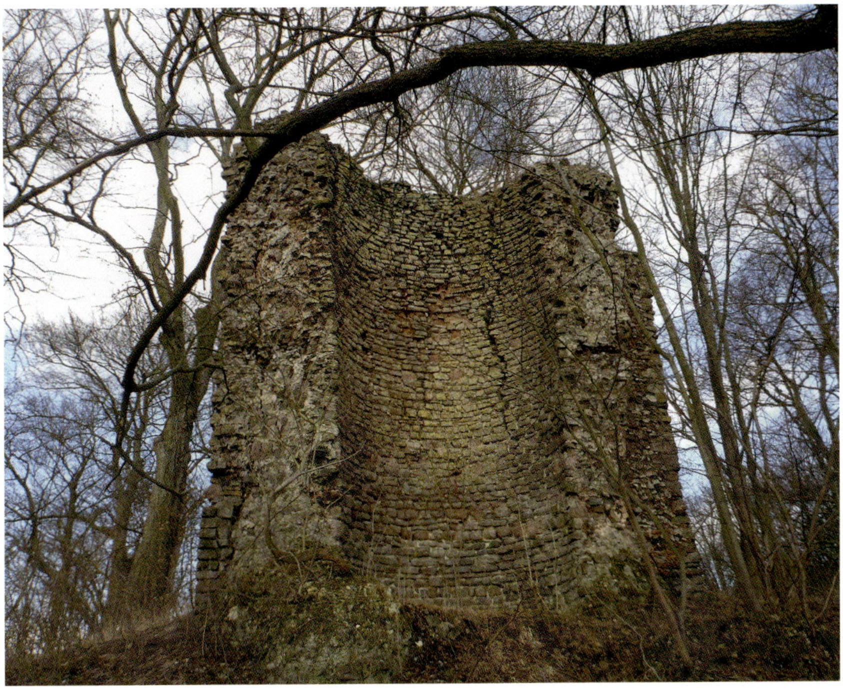

Der Bergfried der Burg Neu-Morungen

Nach mehreren Kilometern wird ein bachnah gelegener Angelteich passiert, und wenig später erreicht man nach einem Erdfallteich die allmählich eindrucksvoll absitzenden und verstürzenden Gipsschollen und Erdfälle der ❶ **Pferdeställe**.

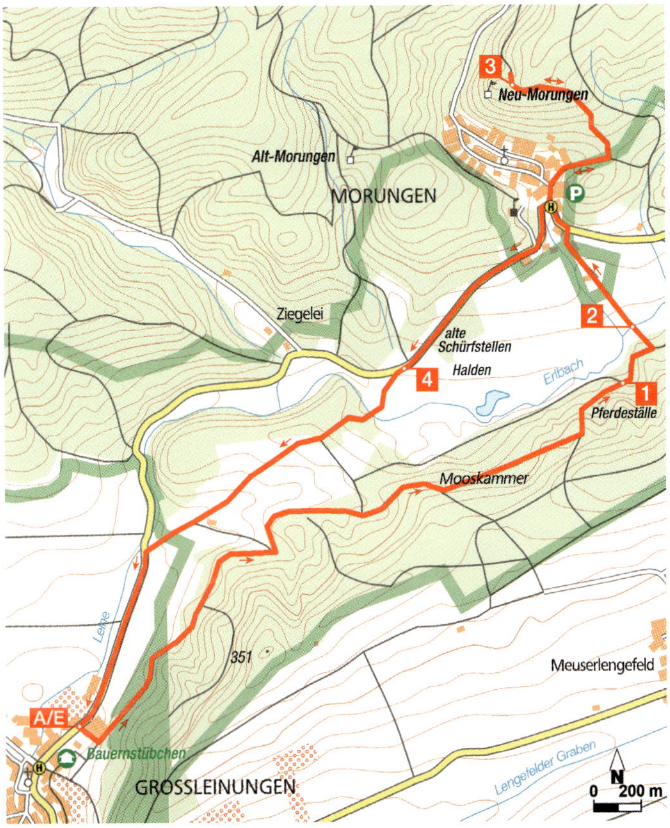

Zur Burg Neu-Morungen Kurz danach führt der Weg nach rechts um die Ecke zu einer Abzweigung. Hier folgen wir einem Pfad nach links hinab zum Erlenbach und überschreiten diesen auf einem ❷ **Steg**.

Jenseits wandern wir auf dem hübschen Wiesenweg an einer Hecke entlang und später auf einem Feldweg hinauf zum Ort Morungen. Von einer großen Infotafel steigen wir noch ein wenig an und dann rechts in einer Gasse hinauf zum Wald. Den Schildern in Rich-

Gipskarst

Die Gipsvorkommen sind Reste der ursprünglich sehr mächtigen Salzablagerungen des Zechsteinmeers. In Oberflächennähe wurden die Kochsalz- und Kalischichten als erste vom versickernden Niederschlagswasser aufgelöst und über Bäche und Flüsse abtransportiert. Die weniger gut löslichen Gipse blieben zurück, lösen sich aber weit schneller als andere Gesteine auf und bewirken die Bildung von unterirdischen Hohlräumen. Durch Verstürzen der Decke wandern sie allmählich nach oben und brechen irgendwann als Erdfälle ein, wie es an diesem Teil des Karstwanderwegs vielerorts zu beobachten ist.
Übrigens: Den Karstwanderweg komplett zu gehen, ist ein großes Ding. Immerhin führt der Weg inzwischen von Förste bei Osterode im Westharz bis Pölsfeld nahe Sangerhausen über 143 km von einer geologischen Rarität zur nächsten und weist sogar noch Varianten auf …

tung Burg(ruine) Neu-Morungen folgend, wandern wir auf dem meist als Hohlweg eingeschnittenen Weg zuerst noch etwas nach rechts und steigen dann in einem weiten Bogen nach links hinauf zu den malerisch verfallenden Mauerresten der einstigen ❸ **Burg Neu-Morungen** (ca. 380 m; Pavillon, Infotafel).

Durchs Kupferbergbaugebiet Anschließend wandern wir zurück zum Ort und halten uns nun in Richtung Großleinungen. Zuerst gehen wir am düster abgeschotteten, in historisierender Bauweise errichteten Schloss (19. Jh.) vorbei, dann passieren wir entlang der Straße erste baumbestandene Hügel, die überdimensionierten Maulwurfshügeln ähneln und als Halden von sehr frühem Kupferbergbau entstanden sind.

Bald leitet von einer Rechtsbiegung der Straße geradeaus ein alter ❹ **Grasweg** weiter hinab. An noch mehr baumbestandenen Halden vorbei leitet der Weg schließlich wieder auf die Landesstraße, über die wir rasch zurück nach Großleinungen gelangen.

Einer der jahrtausendealten Haldenhügel des frühen Kupferbergbaus

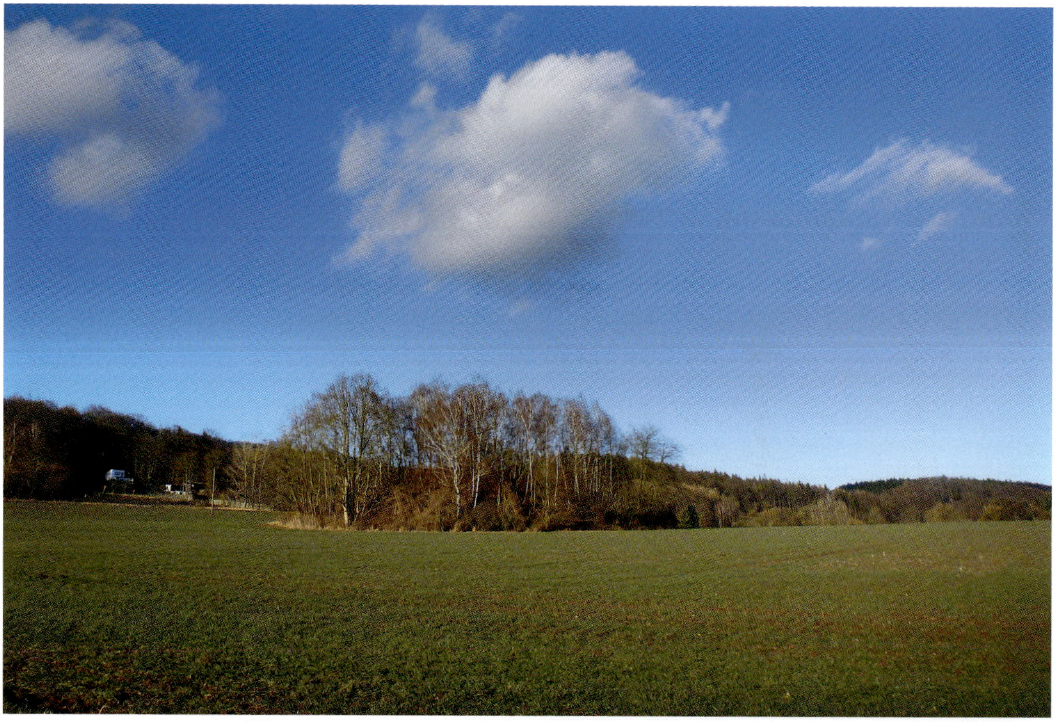

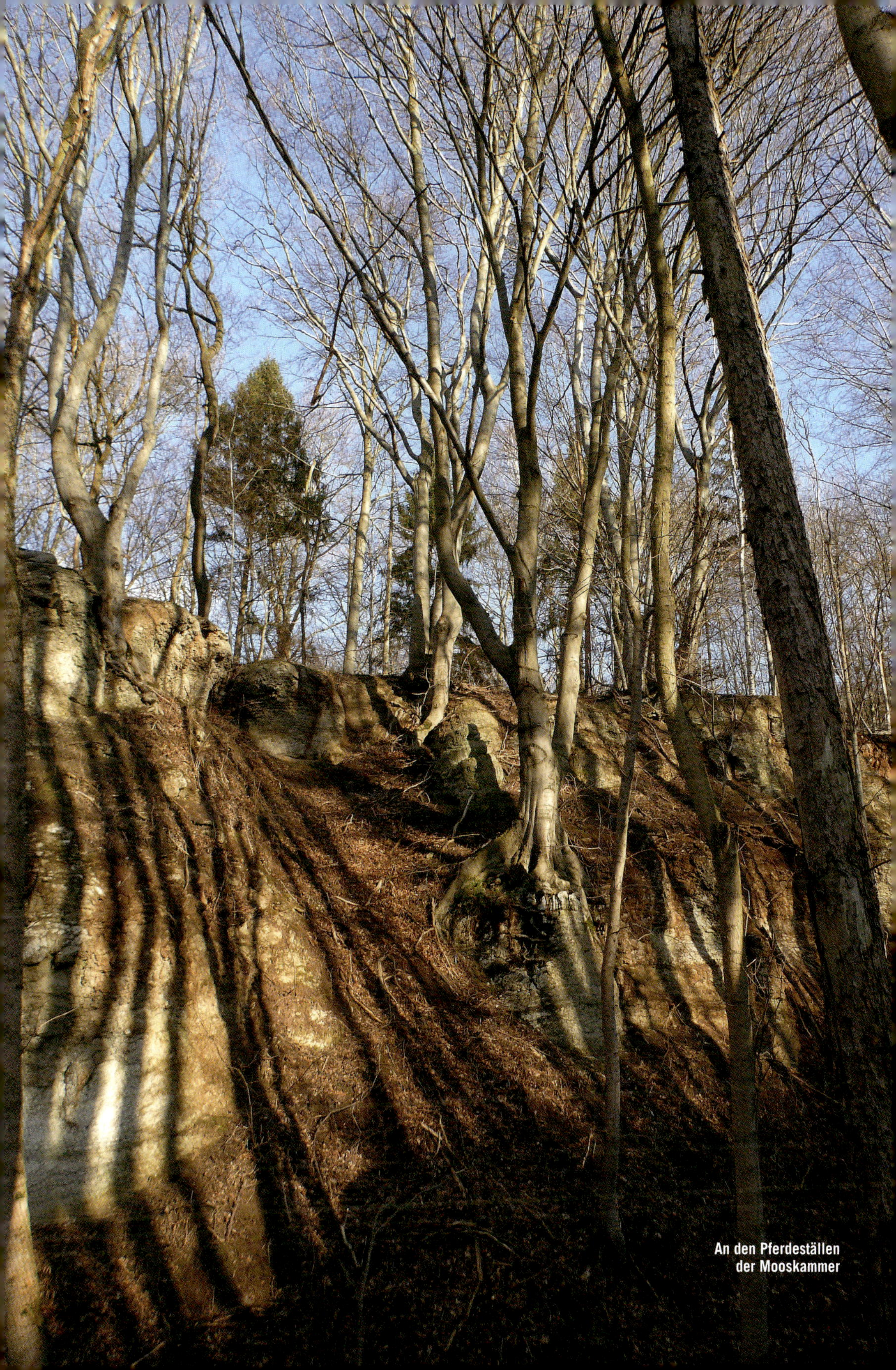

An den Pferdeställen
der Mooskammer

26

Zu einem nur gelegentlich erscheinenden See

Von Dittichenrode zum Bauerngraben und zur Queste

leicht | 10 km | 250 m | 3 Std.

Tourencharakter
Wald- und Wiesenwanderung auf meist angenehmen Wegen durch rasch wechselnde Szenerien und an zwei Highlights des Karstwanderwegs vorbei

Ausgangs-/Endpunkt
Dittichenrode

Anfahrt
Auto: Von der B 38 über die Ausfahrt Roßla, dann nordwärts nach Dittichenrode
Bahn & Bus: Bahn bis Roßla, dann manchmal Bus bis Dittichenrode oder Taxi

Höchster Punkt
Queste (270 m)

Beste Jahreszeit
April bis Oktober

Einkehr
In Questenberg Gasthaus Zur Queste

Karte
Besonders empfehlenswert ist die mit dem Harzklub erstellte Karte »Wandern im Ostharz« (1:50 000) der LGN Niedersachsen (s. auch www.lvermgeo.sachsen-anhalt.de).

Tourismus-Info
www.bioreskarstsuedharz.de; www.sachsen-anhalt-tourismus.de

Die Wanderung führt zu mehreren der besonders spektakulären Schaustücke des Südharzer Gipskarsts und bietet gerade im Kammbereich reizvolle Waldpfade und Wiesenwege mit weiten Ausblicken.

Zum Bauerngraben In Dittichenrode gehen wir zum nördlichen Ortsausgang und bald links (Nordwesten) auf einem hübschen Feldweg hinauf zur L 234. Diese wird überquert. In gleicher Richtung führt ein Wirtschaftsweg weiter in den Wald und später dann von diesem ein schmaler Pfad geradeaus zum Bergkamm.
Hier sichtet man den Bauerngraben – entweder als eine unterhalb von steilen Gipsabbrüchen gelegene Wiesenmulde oder als den dort immer wieder aufgestauten ❶ **periodischen See**.
Wir wandern auf dem schmalen Naturweg (und mit gebührender Vorsicht!) nahe der Abbruchkante in östlicher Richtung weiter und später auf einem Waldweg hinab zu einem ❷ **Bergsattel**, über den die L 234

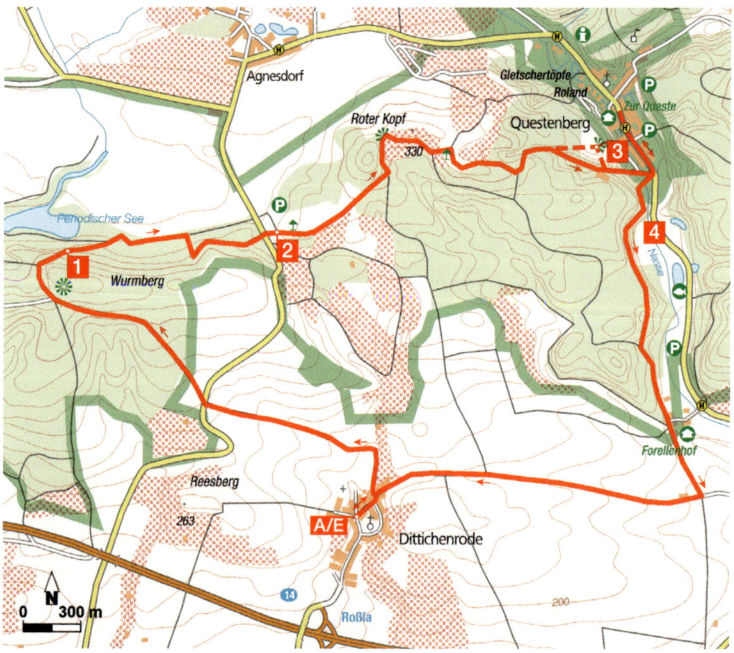

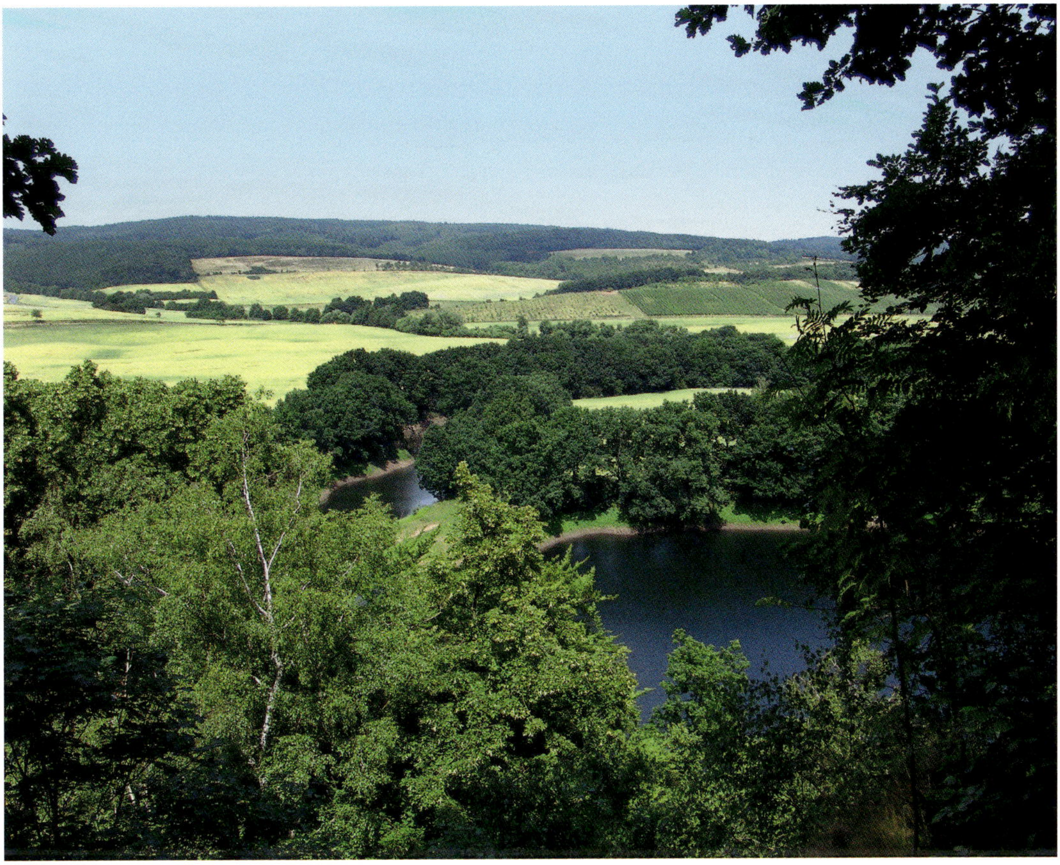

nach Agnesdorf führt (Parkplatz, von dem aus sich der Bauerngraben auch als Stippvisite erreichen lässt).

Der periodische See des Bauerngrabens ist gerade einmal wieder gefüllt.

Auf die Queste In östlicher Richtung folgen wir nun den Schildern und Markierungen des Karstwanderwegs und wandern in Windungen und kleinräumigem Auf und Ab teils auf Wiesenwegen, teils an Waldrändern zur Kuppe der ❸ Queste (270 m). Hier stehen als eine der Auslaugungsformen des Karsts offene, wenn auch bemooste Gipskarren an.

Von der benachbarten Gipskuppe bietet sich ein eindrucksvoller Tiefblick auf das Dorf Questenberg und auf die von schroffen, krümelnden Gipsfelsen durchsetzten Steilhänge des Nassetales. Hier ist auch ein Baumstamm installiert, an dem seit alten Zeiten ein nach weitergeführter heidnischer Tradition erstellter Kranz angebracht ist und jährlich erneuert wird.

Bauerngraben und Questenberg

Der Bauerngraben ist eine durch Gipsauflösung entstandene weite Mulde (Polje) mit Spalten zu unterirdischen Hohlräumen. Je nach Wasseranfall und Verstopfung oder Wiederfreilegung der Schlucklöcher bildet sich oder verschwindet der See (s. auch Kasten zum Gipskarst bei Tour 25).

In Questenberg sind auch die Häuser teilweise unter Verwendung von Anhydrit gebaut, der durch Wasseraufnahme die Tendenz hat, in Gips zu zerkrümeln. Ebenso wie in Nordhausen am Rathaus steht auch in Questenberg ein alter Roland. Er ist aus Holz geschnitzt und kann schon mal krankheitshalber längere Zeit zur Erholung abwesend sein.

Am Feldweg vom Forellenhof zurück nach Dittichenrode

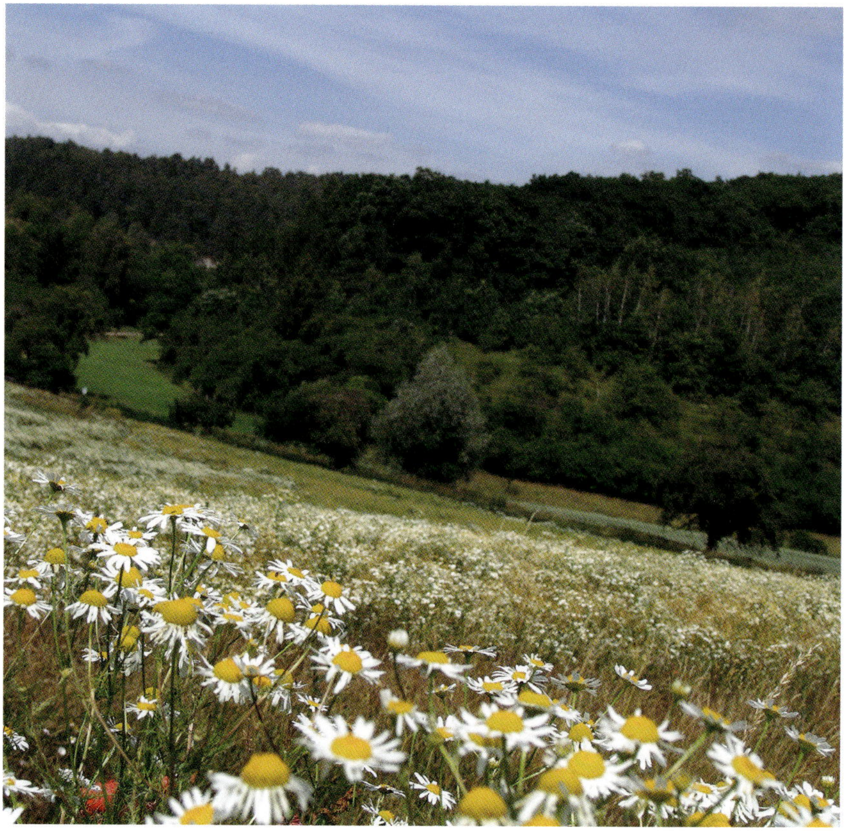

Rechte Seite: Auf der Burg Questenberg

Das atavistische Kranzgestell auf der Queste

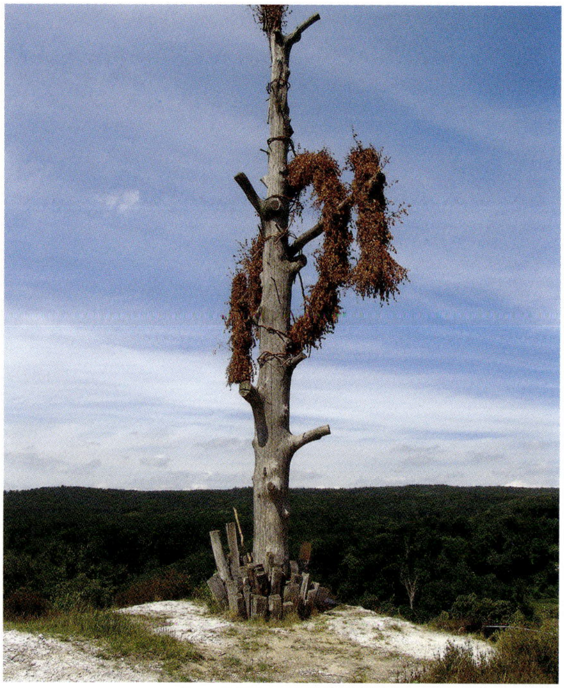

Zurück nach Dittichenrode Nach rechts, südwärts, führt ein schmaler Weg hinab zum südlichen Ausgang des Dorfes (im Ort Gaststätte sowie ein hölzerner Roland, siehe Einleitung Ostharz; nordöstlich, nicht ganz leicht zugänglich, findet man die Reste der alten Burg Questenburg, weiter östlich an der Fortsetzung des Karstwanderwegs die Dinsterbachschwinde).

Südlich vom Dorfende ragt über einem kleinen Sumpf und einer ❹ **Bachschwinde** eine über 20 Meter hohe, immer wieder neu verstürzende Felswand aus Gips auf (»You have been warned!«). Gegenüber davon wandern wir auf der anderen Seite der Straße auf einem Wanderweglein nahe am Waldrand südwärts zum Forellenhof und weiter zu einem Feldsträßchen. Dieses bringt uns westwärts ländlich-sittlich beschaulich zurück zum Ausgangspunkt in Dittichenrode.

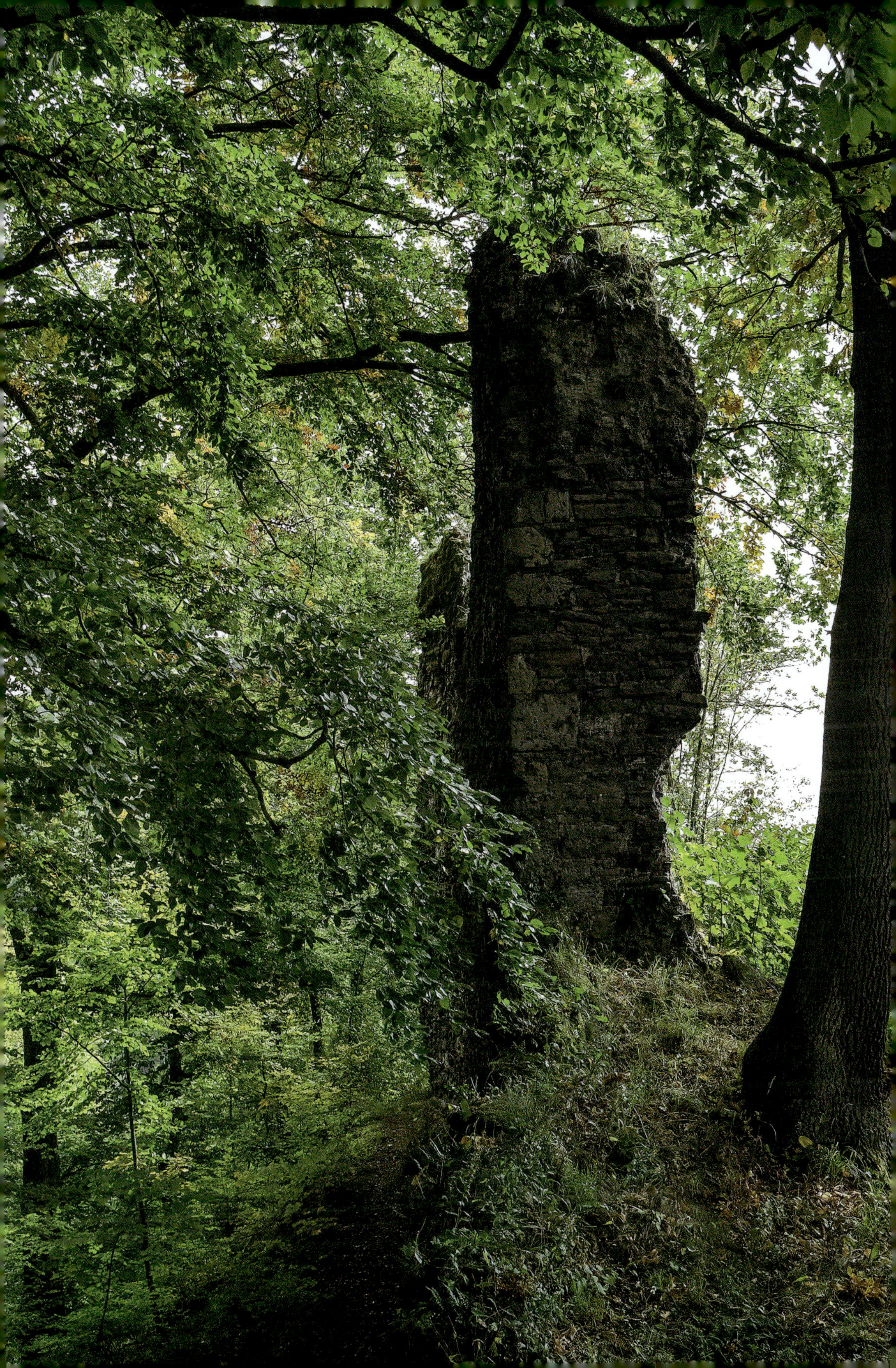

27

Zum Ausguck über der Mitte des Ostharzes

Von Trautenstein zum Carlshausturm

leicht | 8,5 km | 200 m | 2–3 Std.

Tourencharakter
Waldwanderung zu einem der markantesten Aussichtspunkte des Ostharzes, durch flache Täler und auf der sanft gewellten Harzhochfläche, zuerst auf überwiegend kleinen Naturwegen, beim Abstieg überwiegend auf Forststraßen

Ausgangs-/Endpunkt
Südlicher Ortsausgang von Trautenstein

Anfahrt
Auto: Über die östliche Harzhochstraße B 242 nach Trautenstein
Bahn & Bus: Mit der Harzquerbahn bis Benneckenstein oder Hasselfelde, dann weiter mit dem Bus nach Trautenstein

Höchster Punkt
626 m

Beste Jahreszeit
April bis Oktober

Einkehr
In Trautenstein

Karte
Besonders empfehlenswert ist die mit dem Harzklub erstellte Karte »Wandern im Ostharz« (1:50 000) der LGN Niedersachsen (s. auch www.lvermgeo.sachsen-anhalt.de).

Tourismus-Info
www.harztourist.de

Die Wanderung führt über die Harzhochfläche, die mit von Westen nach Osten abnehmender Meereshöhe das größte Landschaftselement des Harzes bildet. Der Hinweg der Tour ist wesentlicher Teil einer der seltener begangenen Überquerungen des Harzes. Die Höhen, wo heute das Carlshaus steht, waren im Kalten Krieg Teil eines militärischen Komplexes.

Zum Carlshausturm Nahe dem südlichen Ende des Dorfes Trautenstein folgen wir dem Weg am Ostufer des Dammbachs in südlicher Richtung (alte Markierung gelbes Dreieck und blaues X). Bei der Gabelung biegen wir nach rechts und gehen an der Kuppe der Bauersköpfe vorbei.
Wo der Weg deutlich nach links hinaufführt, wandern wir rechts auf dem schmalen ❶ **Weg** (Schild »Sophienhof«) weiter. Zwei Seitentälchen mit östlichen Zuflüssen des Dammbachs werden je nach aktuellem Zustand des Weges und der Stege mehr oder weniger unterhaltsam gequert, dann geht's links von einem Steinbruch neben einem Hohlweg hinauf zur ❷ **Forststraße**.

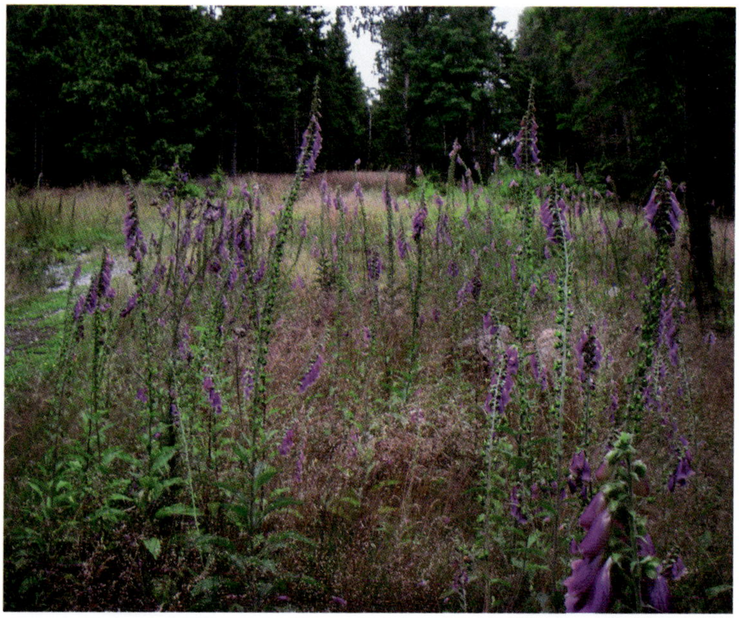

Am Weg zum Carlshausturm

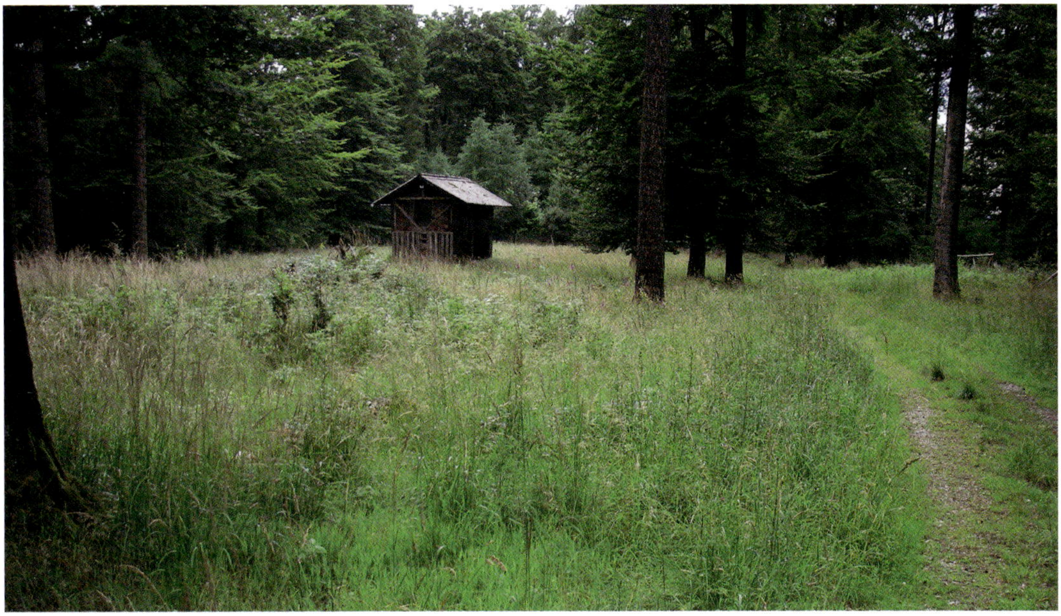

Beim Carlshaus

Auf dieser halten wir uns links und steigen am Rand eines weiten Tals hinauf zu einer Querstraße. Dieser folgt man kurz nach links, dann geht man rechts hinauf zu einem großen Wegekreuz auf dem Bergsattel der Lichtenhöhe. Hier wandern wir links, ostwärts, auf der Straße über den Bergrücken bis zum ❸ **Carlshausturm** (626 m), einem 30 Meter hohen Turm mit weiter Rundsicht über den gesamten Ostharz und zum zentralen Bergland mit dem Brocken.

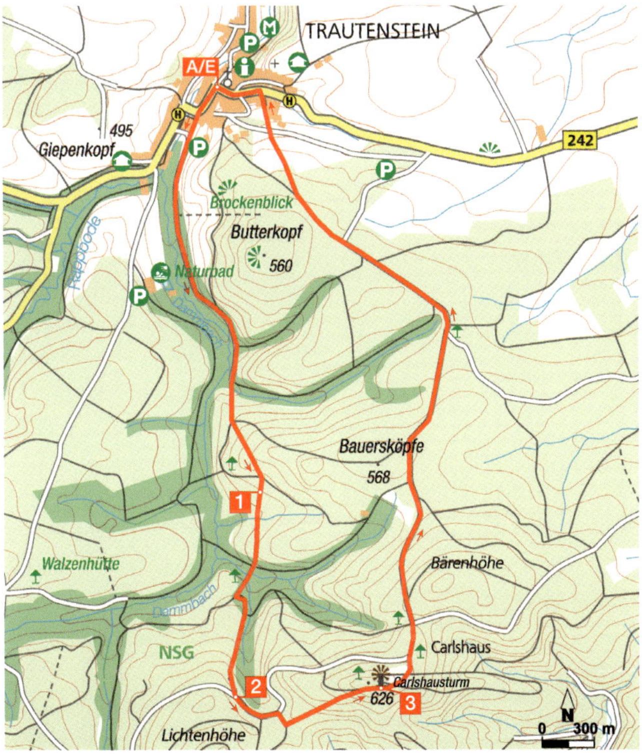

Zurück nach Trautenstein Nun steigen wir zuerst nach Osten hinab zum Carlshaus und gehen dann die Forststraße in nördlicher Richtung hinab. Wir kommen an der Bärenhöhe vorbei und wandern um die Talanfänge der beim Hinweg gequerten Tälchen herum.

Später biegen wir nach links und folgen jetzt in nordwestlicher Richtung einer deutlichen Rechtskurve der Forststraße, westlich vom Butterkopf. Hier halten wir uns geradeaus und wandern nun auf kleineren Wegen (Markierung grünes Dreieck) direkt zurück nach Trautenstein.

28

Im alten Vulkangebiet am südlichen Harzrand

Von Appenrode zu Giersberg und Braunsteinhaus

leicht | 19 km | 400 m | 5 Std.

Tourencharakter
Romantisch abgelegene Rundwanderung durch das stark zergliederte Ilfelder Porphyrland mit steilen Tobeln und einer Fülle einsamer Kuppen, fast durchgehend auf angenehmen, teils auch auf ganz kleinen Wegen. Da im ersten Teil gar keine und im zweiten Teil nur sparsame Markierungen vorhanden sind, empfiehlt es sich, der Beschreibung genau zu folgen.

Ausgangs-/Endpunkt
Ortsmitte von Appenrode, bei der (mittlerweile leider geschlossenen) Gaststätte Am Ellern

Anfahrt
Auto: Von Westen von der südlichen Harzrand-Schnellstraße östlich von Bad Sachsa über Walkenried und Ellrich. Von Ilfeld her Auto auch bis Braunsteinhaus zulässig. Bahn & Bus: Bahn bis Nordhausen, dann HSB-Schmalspurbahn bis Ilfeld und weiter mit dem Bus (selten) oder dem Taxi

Höchster Punkt
Giersberg (567 m)

Beste Jahreszeit
April bis Oktober

Einkehr
Im Braunsteinhaus

Karte
Besonders empfehlenswert ist die mit dem Harzklub erstellte Karte »Wandern im Ostharz« (1:50 000) der LGN Niedersachsen (s. auch www.lvermgeo.sachsen-anhalt.de).

Tourismus-Info
www.bioreskarstsuedharz.de; www.sachsen-anhalt-tourismus.de

Diese Wanderung ist ein echter Geheimtipp. Sie verlangt zwar eine etwas ungewöhnliche Anfahrt und ist nicht wirklich ÖV-freundlich gelegen, aber sie führt durch sehr ruhiges Gebiet mit herrlichem, teils recht wildem Naturinventar und einer Reihe von interessanten Bergbaurelikten.

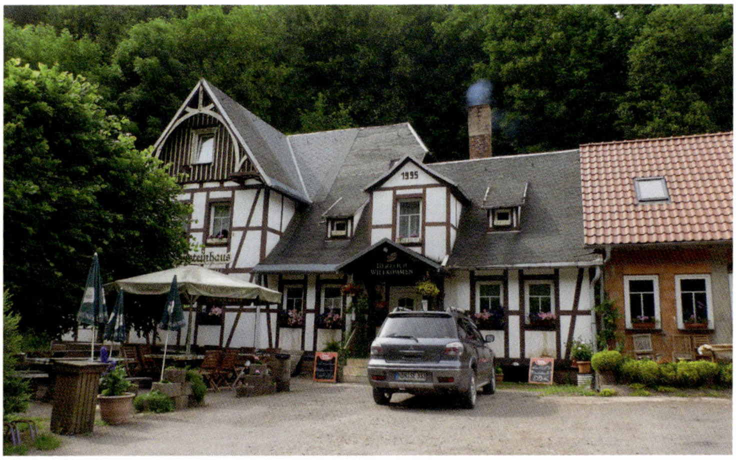

Das Braunsteinhaus, ein ehemaliges Bergwerksgebäude, ist heute eine Gaststätte.

Ellerbachtal und Krippentalsköpfe In Appenrode gehen wir auf der Sportplatzstraße rasch zum ❶ **Sportplatz** und gleich dort nach rechts über den Ellerbach zum Weg am östlichen Ufer. Wir wandern am idyllischen Bach entlang in nordwestlicher Richtung bis zu einigen Datschen. Nach der letzten von ihnen führt der Weg scharf nach rechts und bringt uns auf dem mittleren Hohlweg im Bogen nach links hinauf in flacheres Gelände. Vor dem nächsten Tälchen halten wir uns nach rechts und steigen in oder neben einem Hohlweg hinauf zu einem Forstweg und einer Wiese am Waldrand.

Der breite Forstweg leitet im Wald zuerst nach links stetig hinauf und vor einer steilen Kuppe im Bogen nach rechts zurück, danach ostseitig als Hangweg an dieser vorbei. Wenig später zweigt links ein alter, schmalerer und teils hohlwegartig eingeschnittener Weg ab. Auf diesem steigen wir nun sehr hübsch weiter an und kommen so dicht an der kecken Kuppe des Forstkopfs vorbei.

Der Weg führt immer auf dem Bergrücken bleibend (also bei einer Gabelung rechts) an der höchsten Kuppe der ❷ **Krippentalsköpfe** vorbei

(Aussicht, Porphyrsteine; in der Harzklubkarte sind diese Köpfe als »Scharfenberg« eingetragen).

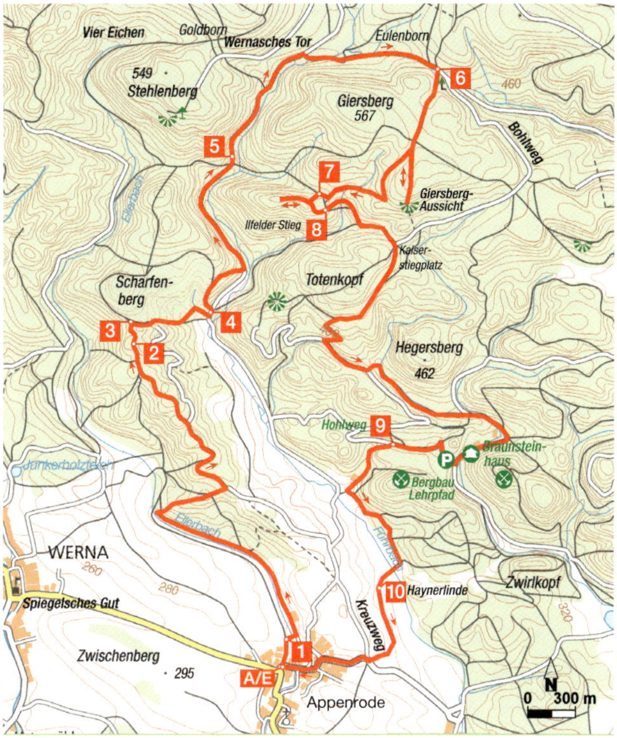

Laubwald und Porphyrklippen Danach führt der Weg deutlich abwärts zu einem ❸ **Bergsattel** vor einer recht steilen und hohen Kuppe (in großmaßstäbigen Karten als »Scharfenberg« bezeichnet, in der Harzklubkarte 1:50 000 als »Stehlenberg«). Hier biegen wir nach rechts und gehen ostwärts einige Meter hinab. Nun leitet eine neue Forststraße als horizontaler Hangweg im Bogen nach links, nordwärts, weiter. Wir folgen aber nicht dieser, sondern einem unbefestigten Weg schräg steil hinab in den Grund eines Seitentales und zum Fuß einer großen Wiese. Von dieser führt im Talgrund ein undeutlicher alter Weg im hohen Laubwald weiter bergab. In Sicht der Talwiesen und vor Quellen und Bächen halten wir uns auf einem neuen breiten Weg nach links, überschreiten einen kleinen Sattel neben einer niedrigen, hübsch bemoosten Porphyrklippe (derzeit darauf Hochsitz) und erreichen ein weiteres steiles Seitentälchen. Es wird gequert. Danach bringt uns der Weg rasch zur Straße im Tal des ❹ **Fuhrbaches** (überdachter Rastplatz).

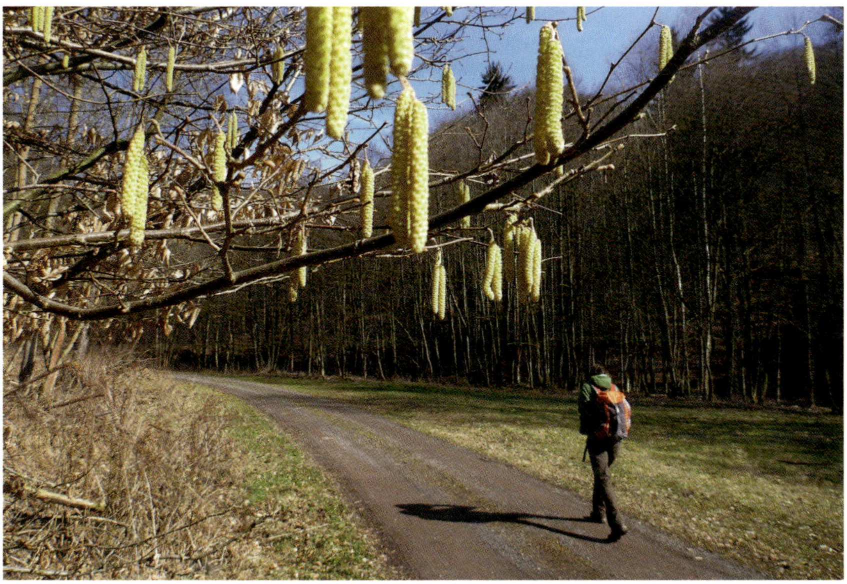

Im Wiesental des Fuhrbachs

Braunsteinhaus

Das Braunsteinhaus gehörte zu den Gebäuden des Bergwerks, in dem u. a. ein Mangan enthaltendes Gangerz (Braunstein) abgebaut wurde. Infotafeln und ein westlich des Hauses verlaufender Lehrpfad bieten dazu Informationen.

Zum Giersberg Nun wandern wir auf der Straße im Talgrund hinauf. Das Tal wird bald enger. Nach einem weiten Rechtsbogen wird eine Gabelung des Tales und der Straße erreicht. Kurz nach dieser Gabelung sind in dem links, in Richtung Sülzhayn ausgeschilderten Tal rasch der Goldborn und die hübschen Felsen zu erreichen, an deren Fuß früher die Steinmühle stand.

Nun gehen wir weiter hinauf, unter eindrucksvoll schroffen, aus sprödem Porphyr bestehenden ❺ **Felspfeilern** und -graten und an zwei Wegabzweigungen vorbei weiter das Tal hinauf. Nach etwa 600 Metern gelangen wir so zu einer Weggabelung vor einer Wiese. Hier folgen wir der Forststraße nach rechts, ostwärts durch den Eulengrund hinauf zum in einem Bergsattel gelegenen ❻ **Grünen Platz** (Wegespinne mit schönen alten Ahornbäumen und Wildfütterung).

Nach rechts, südwärts, steigen wir nun geradeaus an. Die Forststraße führt über zwei Wegekreuze und leitet dann vor der Südkuppe des Giersberges nach rechts hinab. Hier gehen wir geradeaus auf dem unbefestigten Weg weiter und gelangen in wenigen Minuten zur urigen Giersberg-Aussicht (Bänke, Felsblöcke und alte Buchen und Eichen, Ausblicke nach Süden).

Porphyr-Felsen im Steinmühle-Tal

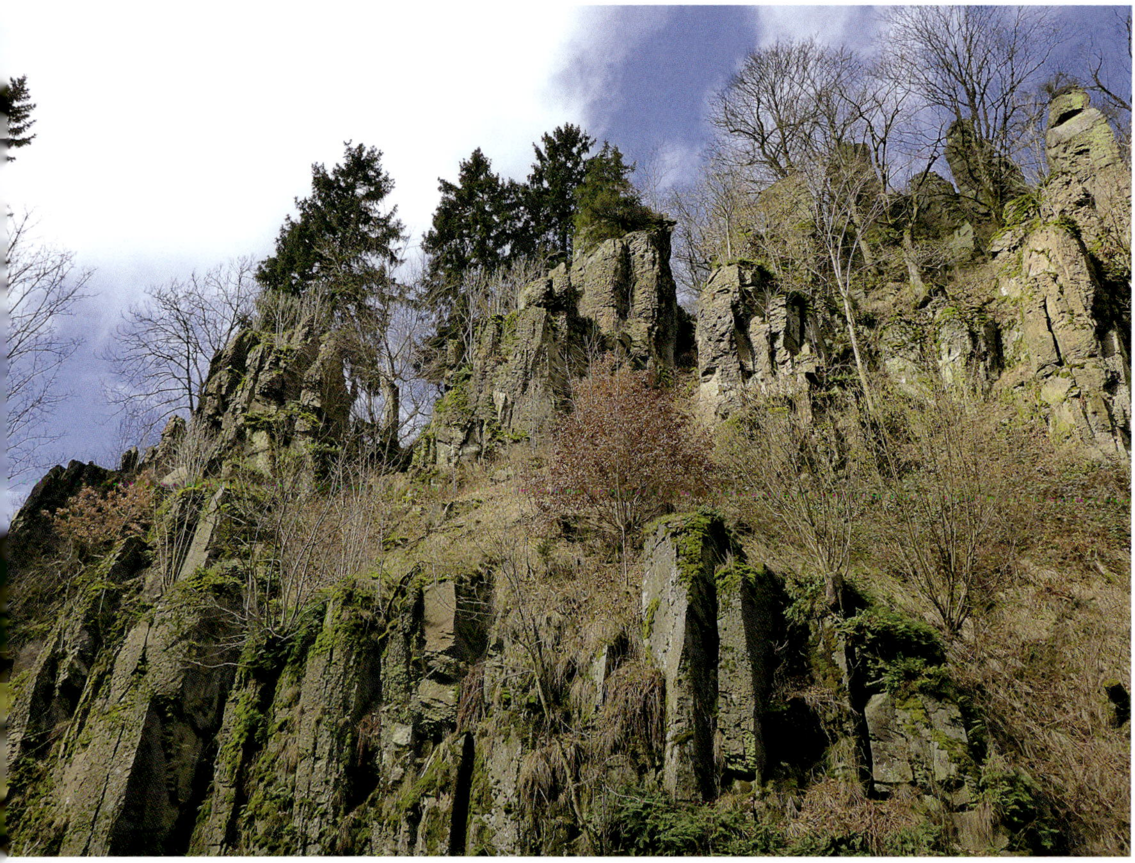

Zum Kaiserstiegplatz Der Weiterweg erfolgt zuerst zurück zur Stelle, wo die Forststraße nach rechts führte. Diese leitet uns nun nach Südwesten hinab, quert weiter unten ein Tälchen und bringt gleich danach zur felsigen Kuppe der 7 **Wilddiebsklippe**. Gegenüber leitet von der Forststraße ein unbefestigter Weg südwärts rasch zu einem Bergsporn (Abstecher zu Aussichtspunkt möglich). Dann gehen wir von einem in einem Holzkäfig gehaltenen jungen Ahorn aus auf dem schönen schmalen Fußpfad 8 **Ilfelder Stieg** (rotes Dreieck) nach links. Er führt zuerst im Bogen nach links, ostwärts hinab. Tiefer unten quert er bei munter bewässerten Porphyrblöcken das oberhalb bereits auf der Forststraße gequerte Tälchen und führt kurzweilig abwärts weiter zum markanten Wegekreuz Kaiserstiegplatz (Schutzhütte).

Hier halten wir uns rechts und folgen einem breiten, ebenen Weg (Schild »Braunsteinhaus«) in südwestlicher Richtung weiter bis zu einem grasigen Bergsporn links. Etwa 50 Meter danach biegen wir links in einen eingeschnittenen Weg. Er leitet anfangs steil hinab und weiter unten nach rechts zu einer Wiese, vor einen anderen breiten Weg. Wem der Abstieg über den steilen Weg zu rau ist, der kann auch den oberen Weg weitergehen und nach ca. 2 km Umweg in einer weiten Rechts-links-Schleife diese Wiese erreichen.

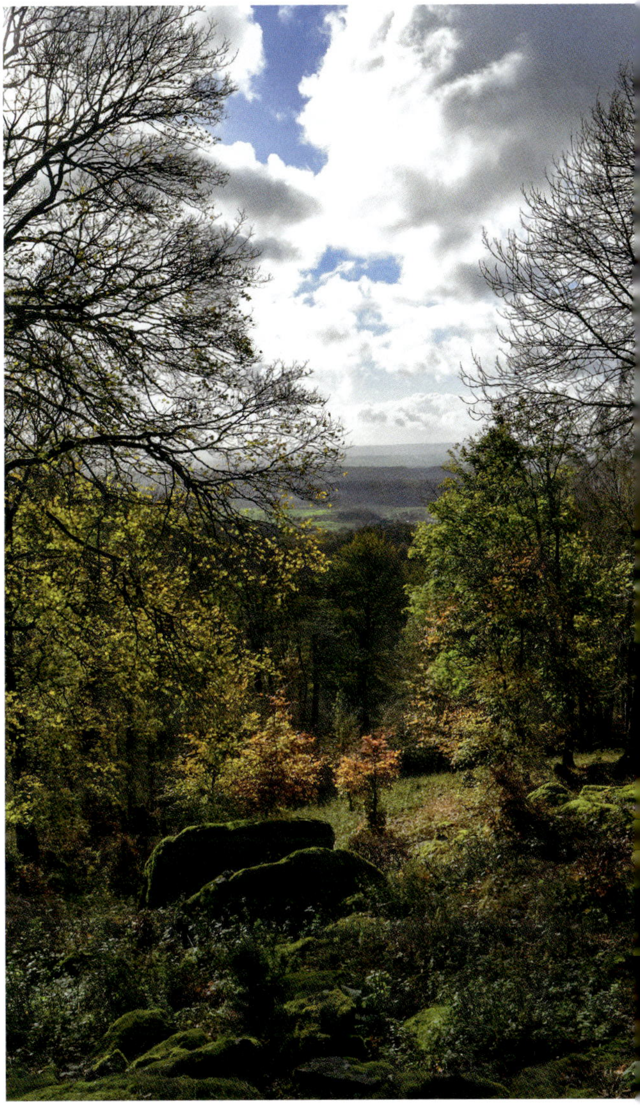

An der Giersberg-Aussicht

Braunsteinhaus und Haynerlinde Nun bringt uns der schmalere Weg im Talgrund weiter hinab bis zu einer breiten Forststraße und diese nach einer Kurve bei einer Wiese zum Braunsteinhaus (gemütliche Gaststätte, in einem historischen Bergwerksgebäude, ganzjährig geöffnet, Di Ruhetag).

Vom Haus gehen wir 100 Meter talabwärts, dann rechts das Sträßchen in Richtung Appenrode hinauf zu einem Sattel und wenig später links durch einen schönen 9 **Hohlweg** hinab zum Waldrand und überschreiten auf einer Holzbrücke den Bach.

Dann halten wir uns links, südwärts, und gehen nahe am Waldrand weiter. Später bringt uns eine Brücke über den Bach und zur mächtigen 10 **Haynerlinde** (hübscher Rastplatz). Der sich nun über dem Wiesental gefällig dahinschlängelnde Feldweg führt hinauf zur Autostraße und diese hinab nach Appenrode.

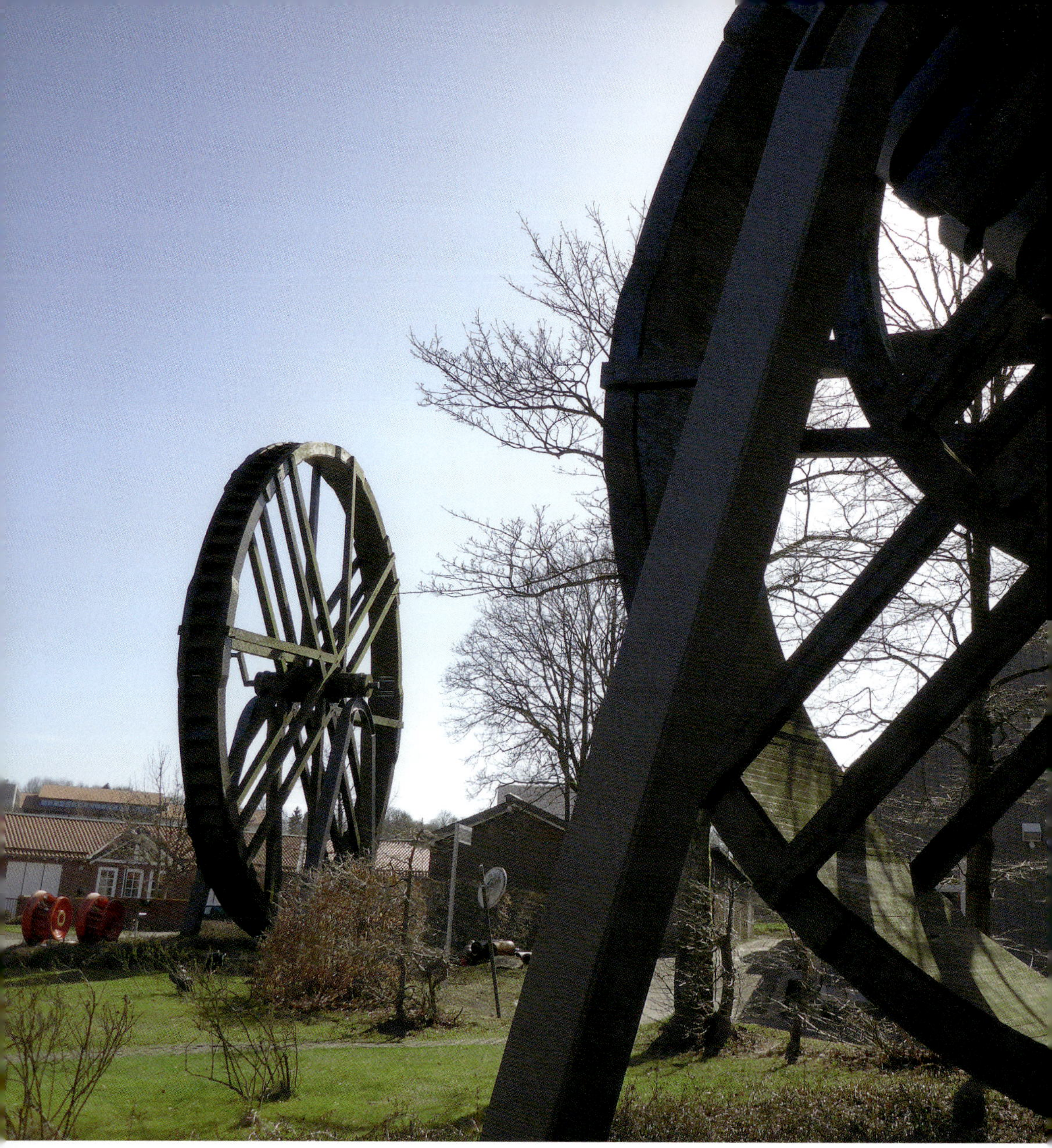

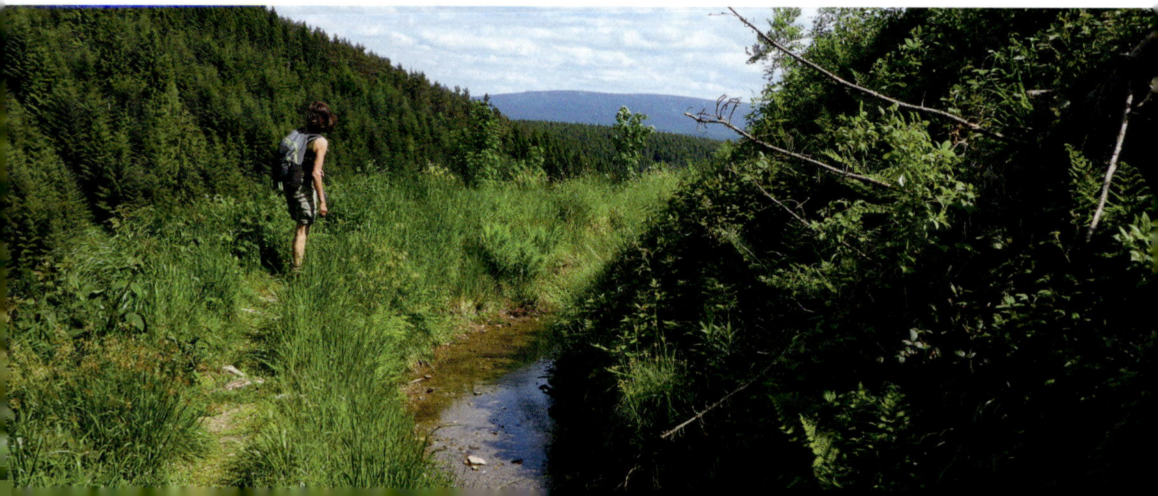

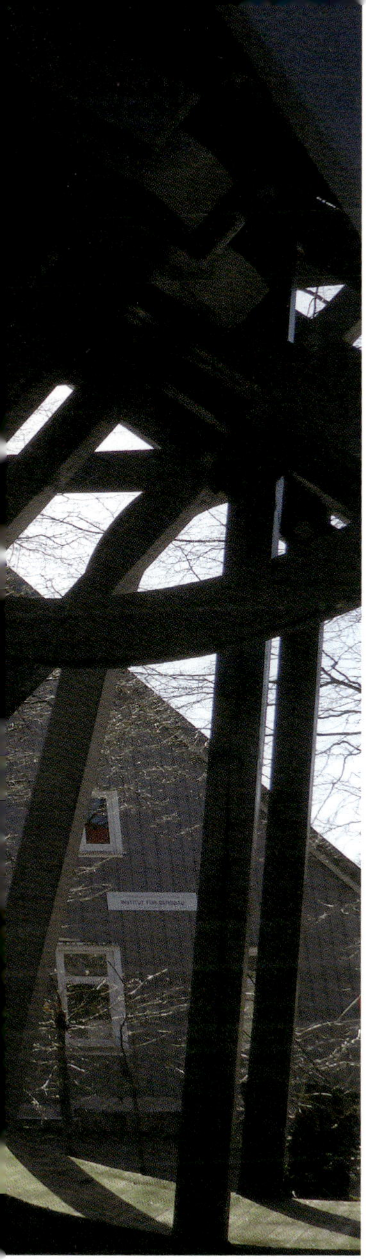

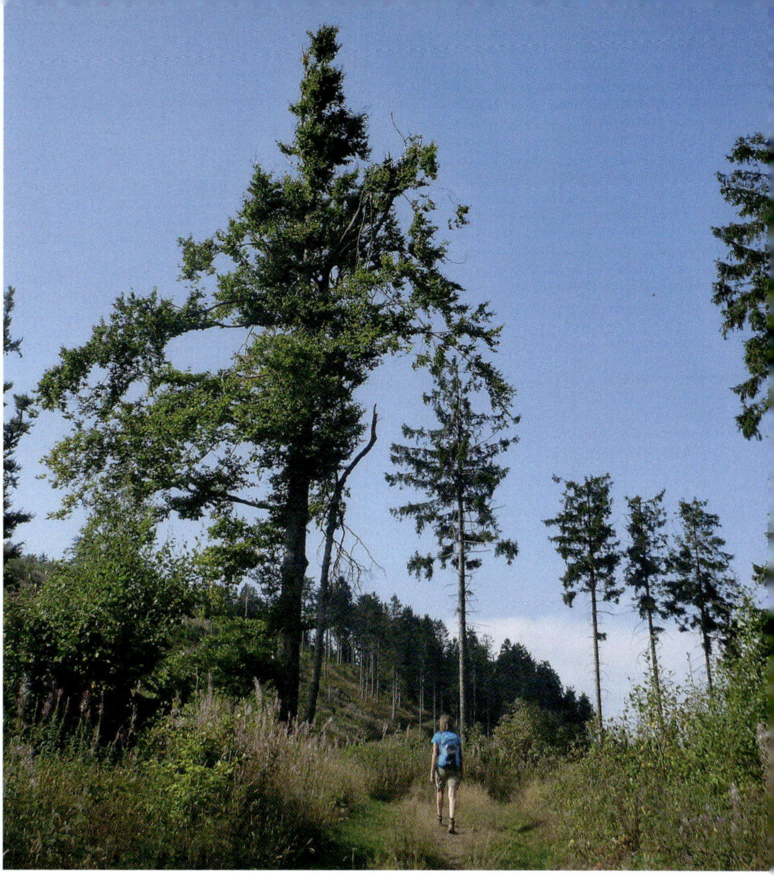

Westharz

Oben links: Wasserräder an der Erzstraße: Schaustücke der Clausthaler Universität (Tour 34). Unten links: Auch der Obere Schalker Graben (Tour 5) führte Wasser zu Bergwerken. Oben rechts: Aufstieg zur aktuellen Paradeaussicht der Lageswarte (Tour 38). Unten rechts: Das Ringer Zechenhaus in Zellerfeld (Tour 35)

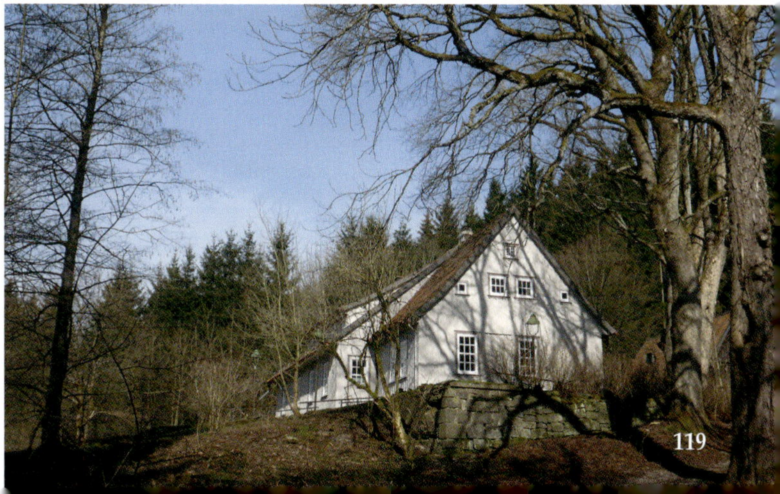

29

Zur Wasserscheide zwischen großen Tälern

Von Kupferhütte über Großen Knollen und Aschentalshalbe

mittel 17 km 480 m 5 Std.

Tourencharakter
Großzügige Wanderung über die beiden markantesten Gipfel der Umrahmung des Luttertales, teils auf Pfaden, teils auf festen Forstwegen des Bergkammes, zuletzt lang durch naturnahes Tal

Ausgangs-/Endpunkt
Großparkplatz Luttertal (kostenfrei) 400 m südlch vom Wald-Café Kupferhütte im unteren Teil des westlich von Bad Lauterberg gelegenen Luttertales

Anfahrt
Auto: Über die Südharz-Schnellstraße und zuletzt B 27 nach Bad Lauterberg
Bahn & Bus: Bahn bis Bad Lauterberg, öfter bis Barbis und dann Bus, siehe www.reiseauskunft.bahn.de

Höchster Punkt
Aschentalshalbe (685 m)

Beste Jahreszeit
April bis Oktober

Einkehr
Café Kupferhütte, und auf dem Großen Knollen eines der besonders zünftigen Gasthäuser des Baudenstieges

Karte
Besonders empfehlenswert ist die mit dem Harzklub erstellte Karte »Wandern im Westharz« (1:50 000) der LGN Niedersachsen (s. auch www.geolife.de).

Tourismus-Info
Touristinformation Haus des Gastes, Ritscherstraße 4, 37431 Bad Lauterberg, www.badlauterberg.de, www.harztourist.de

Dies ist eine großzügige Wanderung über die Bergrücken, die die beiden westlichen Luttertäler oben begrenzen. Eindrucksvolle Laubwaldstrecken werden im Kammbereich überwiegend von Fichtenwald abgelöst. Der Rückweg erfolgt durch das früher bergbaulich ausgebeutete Tal der Krummen Lutter.

Zum Großen Knollen: Vom Parkplatz Luttertal gelangen wir über 400 Meter Talstraße zum ❶ **Wald-Café Kupferhütte**. Gegenüber vom nahen Forsthaus queren wir westwärts den Talgrund und folgen dem mit blauem Querstrich markierten Weg in Richtung Großer Knollen im Wald steil hinauf zu einem Hangweg. Auf diesem wird der Kamm der Heibeeksköpfe nordseitig umgangen und dann nach rechts hinauf die ❷ **Wegspinne Knollenkreuz** (Henschel-Köte) erreicht.
Nun steigen wir über den Kamm der Scheffelstalköpfe auf unbefestigten Wegen hinauf und dann ostseitig querend unter den Großentalsköpfen vorbei. Danach trifft der Weg auf den stärker begangenen Aufstieg von

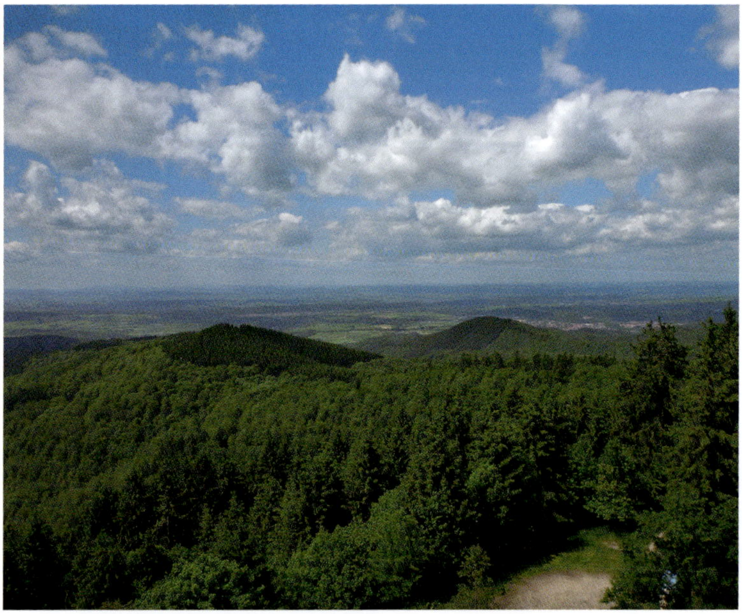

Ausblick vom Knollenturm nach Südwesten

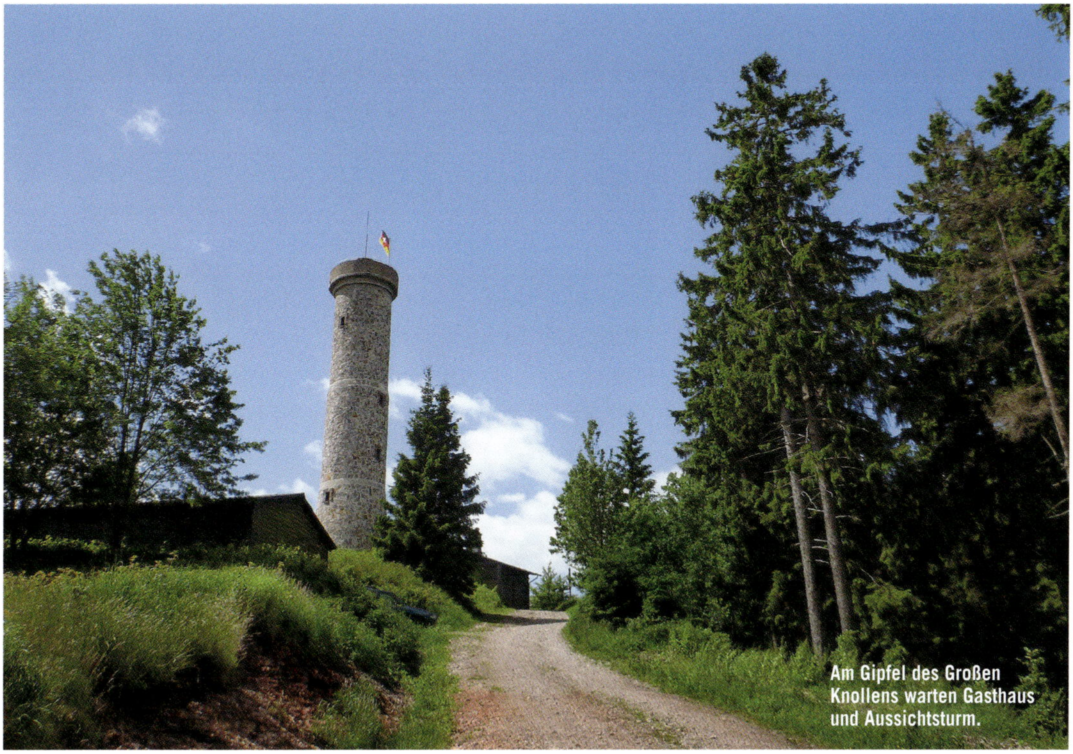

Am Gipfel des Großen Knollens warten Gasthaus und Aussichtsturm.

Scharzfeld. Nun folgen wir am besten nicht diesem Weg nach links, sondern steigen stattdessen (weit schöner) rechts in der Schneise direkt auf dem Bergkamm weiter und über die oben mit Wiesen und Einzelbäumen idyllischen ❸ **Hübichentalsköpfe** (reizvoller Blick zum Kleinen und Großen Knollen und ins Vorland). Dann geht es hinab zum Sattel vor dem Großen Knollen. Dort trifft man wieder auf den üblichen Aufstieg. Mit diesem erreicht man rasch und steil den Gipfel ❹ **Großer Knollen** (660 m, gemütliche Baude mit Aussichtsturm, grandioser Rundblick).

Über die Aschentalshalbe: Wir steigen über den hübschen Westrücken steil hinab zu einem festen breiten Hangweg. Diesem folgen wir nach rechts zu einem großen Wegedreieck und danach kammnah der Straße weiter zu einem Bergsat-

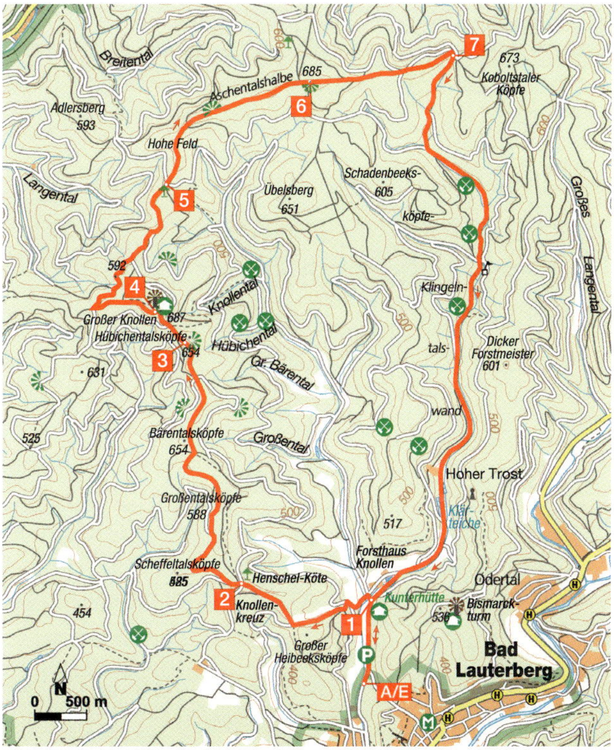

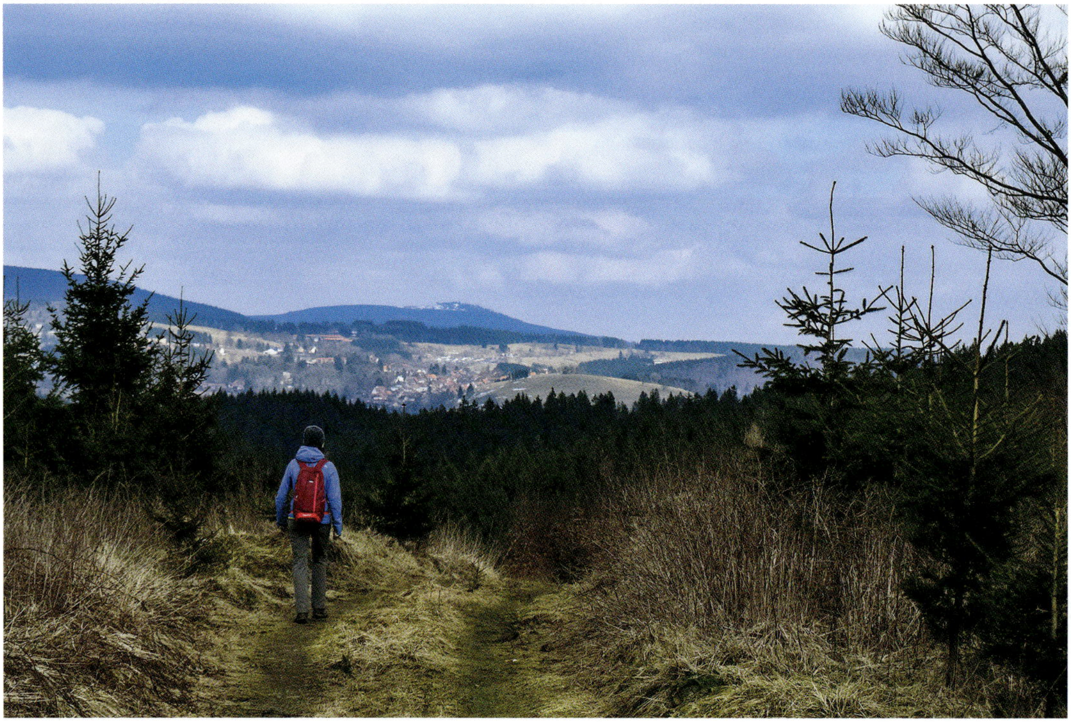

Sankt Andreasberg mit Rehberg und Wurmberg vom Ackerkamm vor dem Göddeckenplatz

Rechte Seite: Gipfel des Großen Knollen vom Hübichentalskop

tel mit einem weiteren großen Wegedreieck und einer ❺ Köte (links führt die Straße weiter nach Sieber, rechts nach Bad Lauterberg).

Nun steigen wir geradeaus über den aktuell etwas zerfahrenen Weg steil hinauf zum Bergrücken. Hier bieten hübsche grasige Strecken Ausblicke zum Kamm des Ackers. Immer auf dem Kamm weiter kommen wir durch frische (2018) Windbruchbereiche, die für die nächsten Jahre neue weite Ausblicke nach beiden Seiten geöffnet haben. Wenig später passieren wir die Abzweigung zur Petrihütte (wo der Brockenblick jedoch aktuell zugewachsen ist) und gehen wenig später über den einsamen Gipfel der ❻ Aschentalshalbe (685 m). Danach leitet der Kammweg hinab zu einer Gabelung und hier in der gleichen Richtung unbefestigt zu einem Bergsattel mit Querstraße. Wir gehen hier wieder geradeaus auf dem hübschen Grasweg über die nächste Kuppe mit weitem Blick nach Sankt Andreasberg und zum Rehberg und Wurmberg) zum nächsten Bergsattel mit der ❼ Wegespinne Göddeckenplatz (keine verwandschaftlichen Verbindungen zum auch ganz anders geschriebenen Autor).

Von hier führt ein unbefestigter Weg steil nach rechts, südwärts hinab zu einer Wanderhütte im langen Tal der Krummen Lutter. Immer in seinem Grunde der Straße folgen, mehrmals an unauffälligen Relikten des Bergbaus vorbei, erreichen wir schließlich wieder den Ausgangspunkt.

Vulkane und Bergbau

Der Große Knollen besteht (ebenso wie der etwas weiter südlich gelegene Kleine Knollen) aus Rhyolith und entstand als Schlot eines mächtigen Vulkans der Permzeit. Wegen des unergiebigen Bergbaus entwickelte sich Bad Lauterberg schon früh zum Kurort mit Reha-Betrieben, Spazierwegen und Wassersportangeboten an der Odertalsperre und am Wiesenbeker Teich. In den großen Quelltälern der Lutter wurden jedoch (u.a. in der Grube Wolkenhügel an der Krummen Lutter) bis 2007 Schwerspat und Baryt abgebaut.

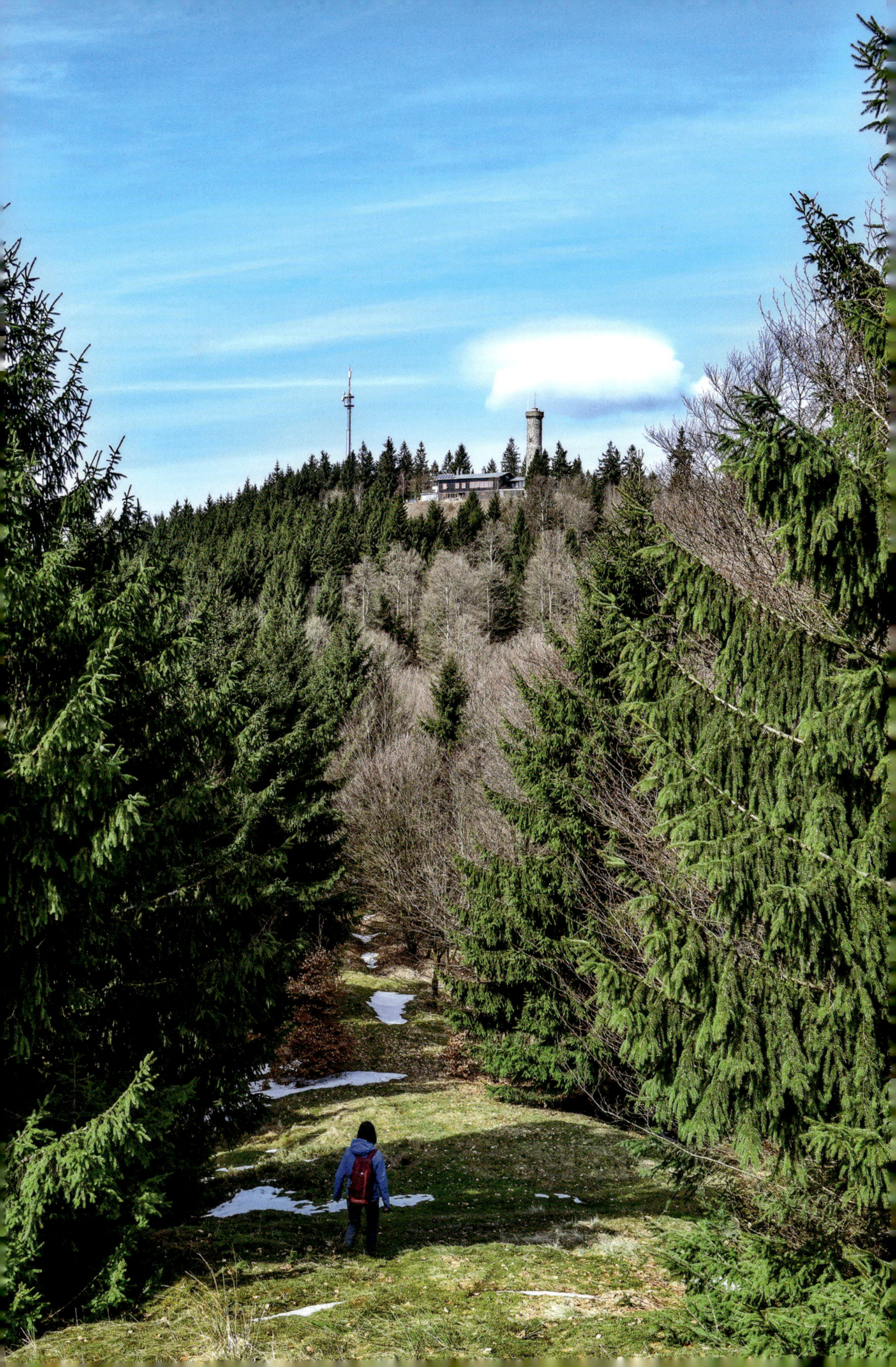

30

Stille Höhen und tiefe Täler

Von Sieber über den Lilienberg zu den Tälern der Kulmke

mittel | 15 km | 350 m | 4 Std.

Tourencharakter
Längere Wanderung über ruhige Bergsporne und durch abgelegene Täler, mit allerlei schönen Naturwegen durch Laub- und Nadelwald, aber auch Straßenstrecken

Ausgangs-/Endpunkt
Kleiner Parkplatz nahe dem oberen Ortsende von Sieber, ca. 180 m talaufwärts von der Einmündung des Goldenketales, vor der Einmündung einer schräg rechts emporführenden Forststraße (Panoramaweg)

Anfahrt
Auto: Vom an der B 27/B 243 gelegenen Herzberg im Siebertal auf der L 521 in Richtung Sankt Andreasberg nach Sieber
Bahn & Bus: Bahn bis Herzberg, dann Bus nach Sieber (selten)

Höchster Punkt
700 m

Beste Jahreszeit
April bis Oktober

Einkehr
In Sieber, unterwegs keine

Karte
Besonders empfehlenswert ist die mit dem Harzklub erstellte Karte »Wandern im Westharz« (1:50 000) der LGN Niedersachsen (s. auch www.lvermgeo.sachsen-anhalt.de).

Tourismus-Info
Tourist-Info, Marktplatz 32, 37412 Herzberg, Tel. 05521/85 21 11, www.herzberg.de

Die eher herbe Wanderung verläuft abseits der üblichen Ziele. Dafür bietet sie naturnahe Höhen und Täler, wenn auch die Großmaschinen der Forstwirtschaft schon mal früher gut zu gehende Wege kurzfristig in Schlammpisten verwandeln. Festes Schuhwerk, Sinn für Improvisation und Frohsinn können nie schaden – die Ausblicke lohnen die Mühen allemal.

Hans-Merkel-Hütte und Lilienberg Auf der Straße (Panoramaweg) geht es einige Meter hinauf zur Abzweigung eines schmalen Weges. Er leitet nach links rasch zu einem ❶ **Pavillon** mit Blick auf den Ort. Nun direkt am Pavillon vorbei auf spärlichem Pfad, aber gut gängig direkt über den schmalen, steinigen und teils felsigen Bergrücken aufsteigen.

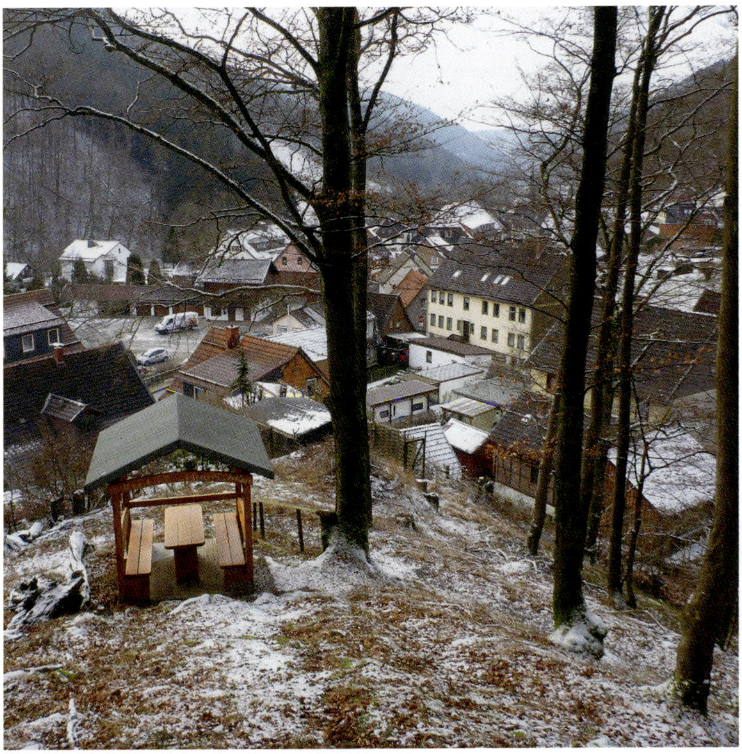

Der Talort Sieber, vom Pavillon am Beginn des Kammwegs zum Lilienberg

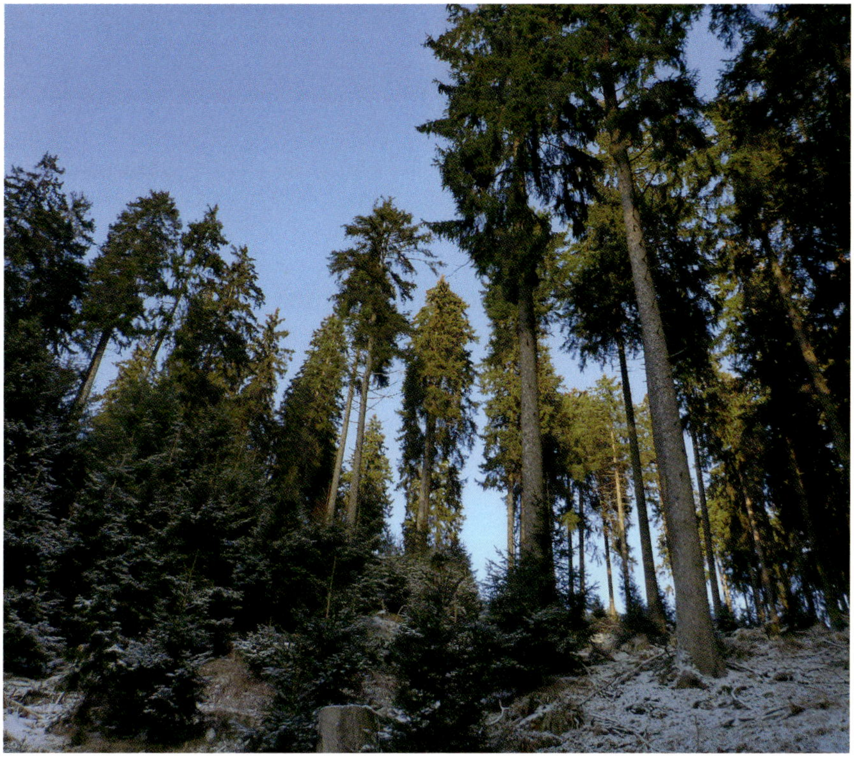

Der Wald über der Verlorenen Ecke ist schon richtig nationalparkgerecht wild.

Nach einigen Minuten kommt man an einer Bank vorbei, dann steigt man immer auf dem Bergrücken eine steinige Schneise hinauf. Oben wird sie steiler und führt nach zwei Kilometern kurz vor einem Funkmast zur ❷ **Hans-Merkel-Hütte** (Wanderhütte, schon etwas gealtert). Oberhalb vom Funkmast wandern wir auf dem nun fast ebenen Bergrücken auf der Forststraße über die Kuppe des Lilienberges (607 m) und erreichen kurz danach ein ❸ **Forststraßenkreuz**. Hier biegen wir nach links und gehen auf der Straße über den flachen Bergrücken durch hohen Fichtenwald über eine weitere Kuppe zu einer großen Lichtung.

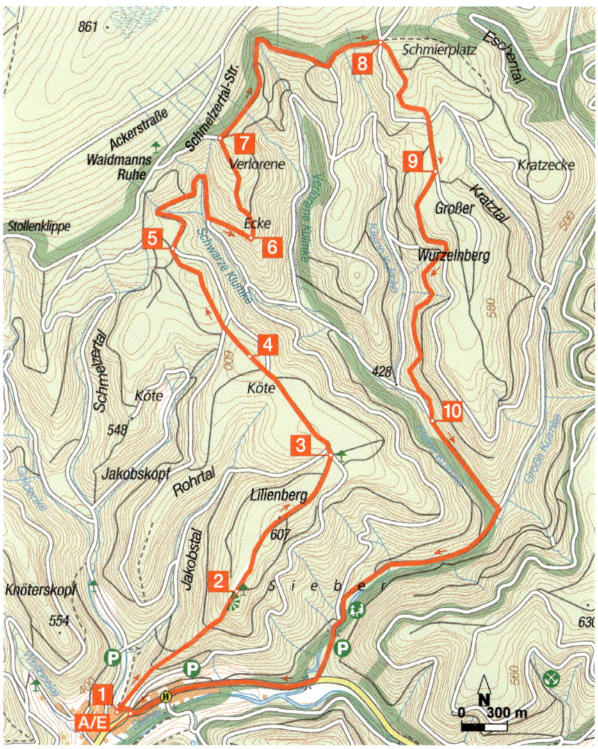

Schwarze Kulmke und Verlorene Ecke Dort biegt die Forststraße bald nach rechts. Wir gehen hier geradeaus auf dem schönen Grasweg weiter über die nächste ❹ **Kuppe**. Im dahinter gelegenen Sattel gelangen wir zu einer querenden Forststraße (sie führt durch das Goldenketal nach Sieber).

Nach der Straße steigen wir in gleicher Richtung wie vorher auf dem unbefestigten Weg bergan (weiter Ausblick zurück) bis zu einem 5 **Forststraßenkreuz**. Hier gehen wir schräg rechts auf der Forststraße wenig ansteigend weiter und queren den Anfang des Tales Schwarze Kulmke.

Nach dem weiten Bogen wandern wir wieder deutlich abwärts und steigen dann auf dem nach links breit abzweigenden Forstweg steil durch schönen Laubwald an zum Wegekreuz auf dem 6 **Bergsporn Verlorene Ecke**.

Hier wenden wir uns nach links und wandern auf dem grasigen Weg in einer Schneise zwischen Fichtenwald über den Bergsporn empor und an einer Wiese vorbei. Schließlich steigen wir in Fichtenwald über eine Kuppe und zu einem breiten 7 **Hangweg** (oberhalb beginnt der Nationalpark). Der Hangweg leitet nach rechts, mit eindrucksvollen Waldszenerien und einmal auch einem Ausblick zum Großen Knollen.

Vom Lilienberg leitet ein breiter Bergrücken gen Ackerkamm.

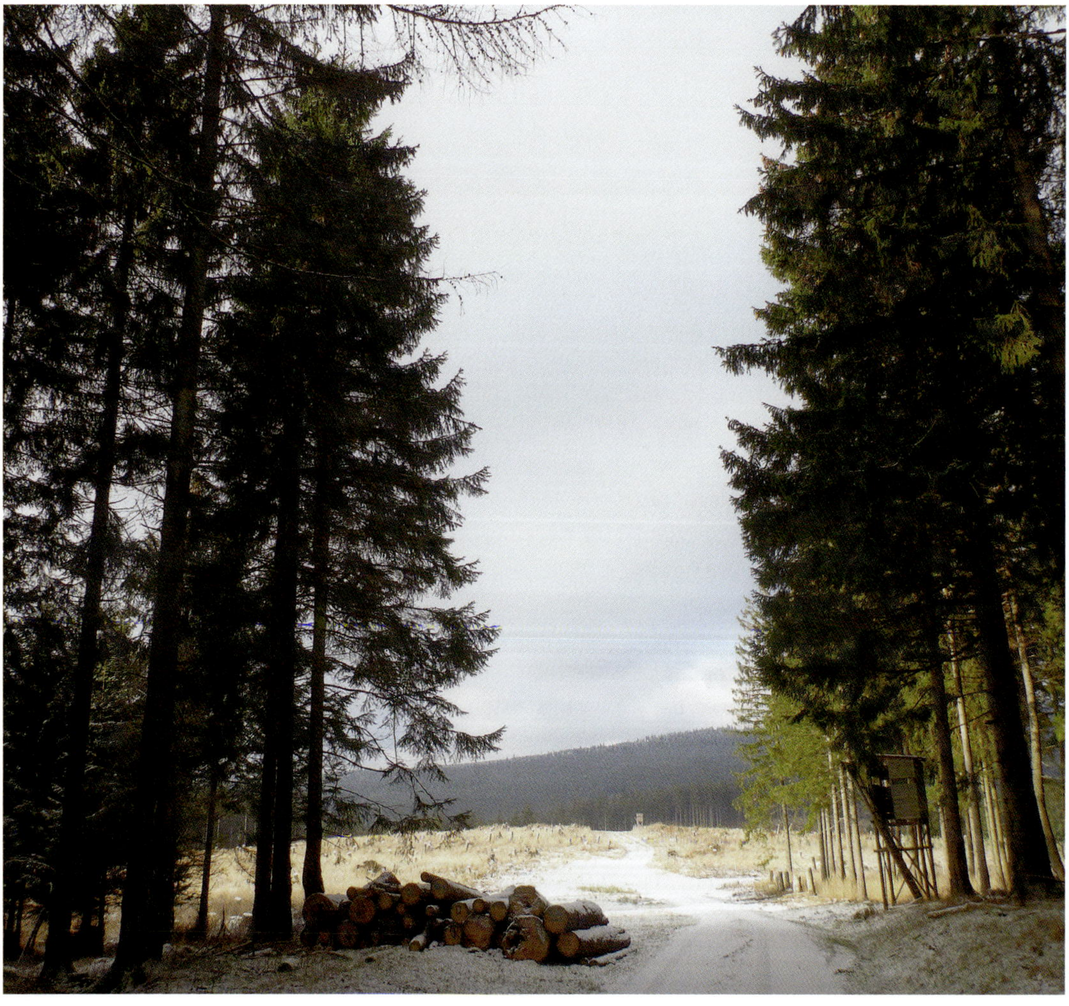

Schmierplatz und Großer Wurzelnberg Nach einer Querung des wilden Talanfangs des Baches Verlorene Kulmke gelangt man zu einer Verzweigung. Hier hält man sich geradeaus und geht auf gleicher Höhe weiter zum Forststraßenkreuz 8 **Schmierplatz**.

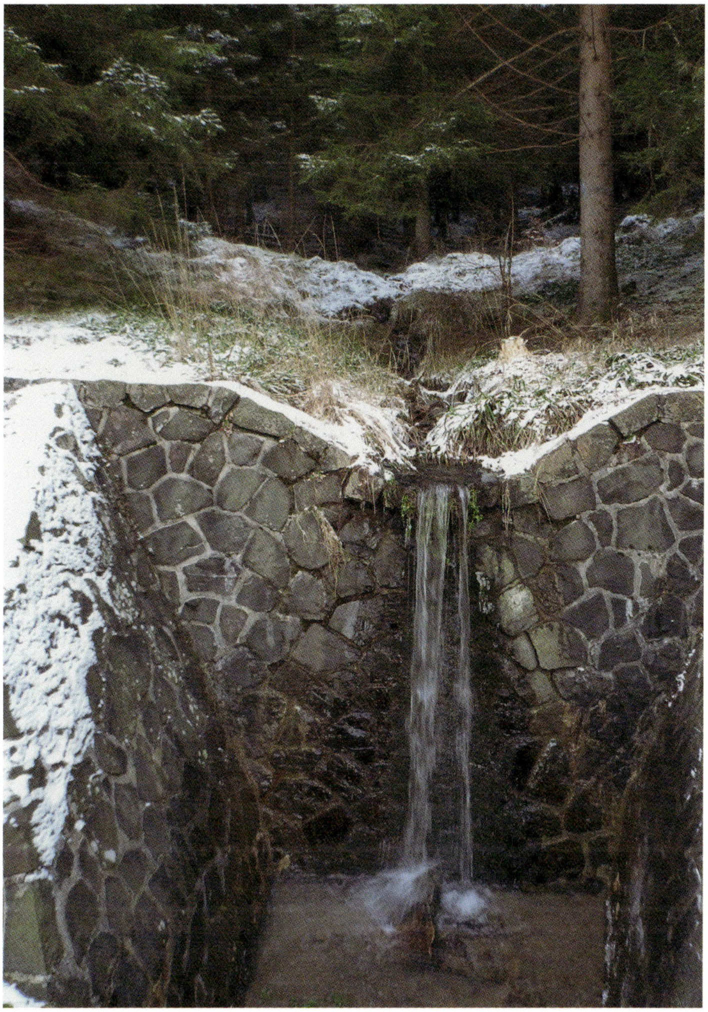

Die oft gewaltigen Abflüsse vom regenreichen Ackerkamm wurden vorsorglich verbaut.

Man könnte nun der rechts eben weiterführenden Forststraße folgen; wir aber wandern naturnäher und kurzweiliger auf dem schräg nach rechts ansteigenden, unbefestigten alten Weg weiter. Nach einigen Minuten passieren wir eine links bleibende Kuppe.

Wo der Weg deutlich nach links biegt, verlassen wir ihn und folgen nun geradeaus einem undeutlichen Weg. Er wird bald als alter Hohlweg wieder deutlicher und führt zuerst nach rechts und dann in einem weiten Bogen nach links hinab zu einem Jagdhaus. Hier gehen wir auf der Straße nach rechts zu einer großen Kreuzung (wo die Straße vom Schmierplatz her einmündet). Nun auf der breiten Forststraße in südlicher Richtung weiter bis zu einer 9 **Gabelung** vor dem Großen Wurzelnberg (geradeaus ist von hier rasch der 626 m hohe Gipfel zu erreichen mit Blick zurück zum Acker).

Kleine und Große Kulmke Von der Gabelung wandern wir auf der schräg nach rechts führenden Forststraße weiter. Sie leitet um die Gipfelkuppe des Großen Wurzelnbergs herum, quert ein Tälchen und erreicht am nächsten Tälchen den Beginn eines schmalen unbefestigten Weges. Dieser leitet rechts steiler hinab und erreicht schließlich (bei einer Kreuzung immer in gleicher Richtung bleibend) unweit von einem großen, alten Bergahorn die Straße im Tal des Baches 10 **Kleine Kulmke**.

Darin wandern wir hinab ins Tal der Großen Kulmke und dann durch dieses weiter hinab, vorbei an auf Schildern erläuterten Stätten früheren Bergbaus, ins weite Tal der Sieber.

Hier wenden wir uns nach rechts und wandern nun angenehmer, wenn auch rauer als auf dem Asphalt, auf dem Grasweg neben der Straße zurück nach Sieber.

31 Vom Auerhahngehege zum ruhigen Kammweg

Von Lonau auf den Ackerkamm

mittel | 18 km | 450 m | 4.30 Std.

Tourencharakter
Lange Wanderung im Nationalpark über Waldhänge und den kargen Bergkamm, weithin kaum vermeidbar auf breiten Forstwegen, aber besonders am Kamm auf idealen kleinen Wegen. Das Schuhwerk sollte auch für teils nasse Wegstrecken tauglich sein.

Ausgangs-/Endpunkt
In der Ortsmitte des schmucken Dorfes Lonau, an der Kreuzung von Marien- und Kirchtal (= Tal der Großen Lonau)

Anfahrt
Auto: Auf der B 243 bis Herzberg, dann westlich vom Siebertal über das Sträßchen hinauf nach Lonau
Bahn & Bus: Mit der Bahn bis Herzberg, dann Bus oder Taxi

Höchster Punkt
Hanskühnenburg (811 m)

Beste Jahreszeit
April bis Oktober

Einkehr
Gaststätte Hanskühnenburg und in Lonau

Karte
Besonders empfehlenswert ist die mit dem Harzklub erstellte Karte »Wandern im Westharz« (1:50 000) der LGN Niedersachsen (s. auch www.lvermgeo.sachsen-anhalt.de).

Tourismus-Info
Tourist-Info, Marktplatz 32, 37412 Herzberg, Tel. 05521/85 21 11, www.herzberg.de; www.nationalpark-harz.de

Die raumgreifende Wanderung im Nationalpark führt zu den Höhen des Ackerkamms und verläuft auf einer der schönsten Strecken des uralten Fastwegs. Nach Aufstieg über die bewaldeten Talhänge führt er an Quarzitklippen vorbei zum herausragenden Wanderziel Hanskühnenburg.

Durch das Hackenstieltal In westlicher Richtung wandern wir auf dem hübschen Wiesenweg hinauf zum ❶ **Auerhahn-Schaugehege**. Davor biegen wir in den Forstweg nach rechts und gehen bei einer Gabelung auf dem oberen, ansteigenden breiten Weg weiter. Dieser führt an den Talhängen entlang stetig aufwärts, später um den markanten Kargeskopf herum und danach in ein großes Tal (Schutzhütte).
Weiter ansteigend kommen wir nach einem weiteren Kilometer in das kleinere Hackenstieltal, wo von unten vom Waldschwimmbad her ein Weg einmündet (Stand 2021: Nadelwald liegt, Weg freigeräumt). Nun steigen wir in diesem Tal sehr hübsch auf einem angenehmen, schmalen Fußweg in Kehren hinauf, an der Kuppe des Braakbergs vorbei und schließlich gerade hinauf zur breiten ❷ **Ackerstraße**.

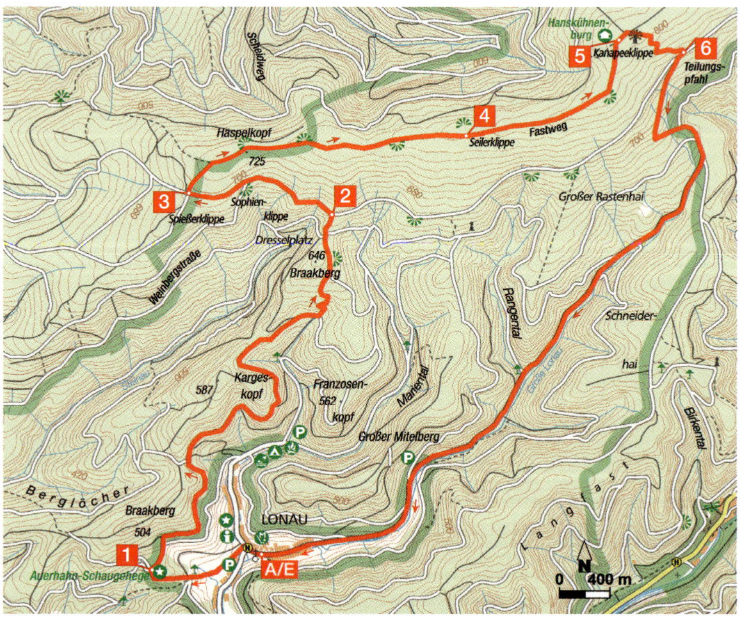

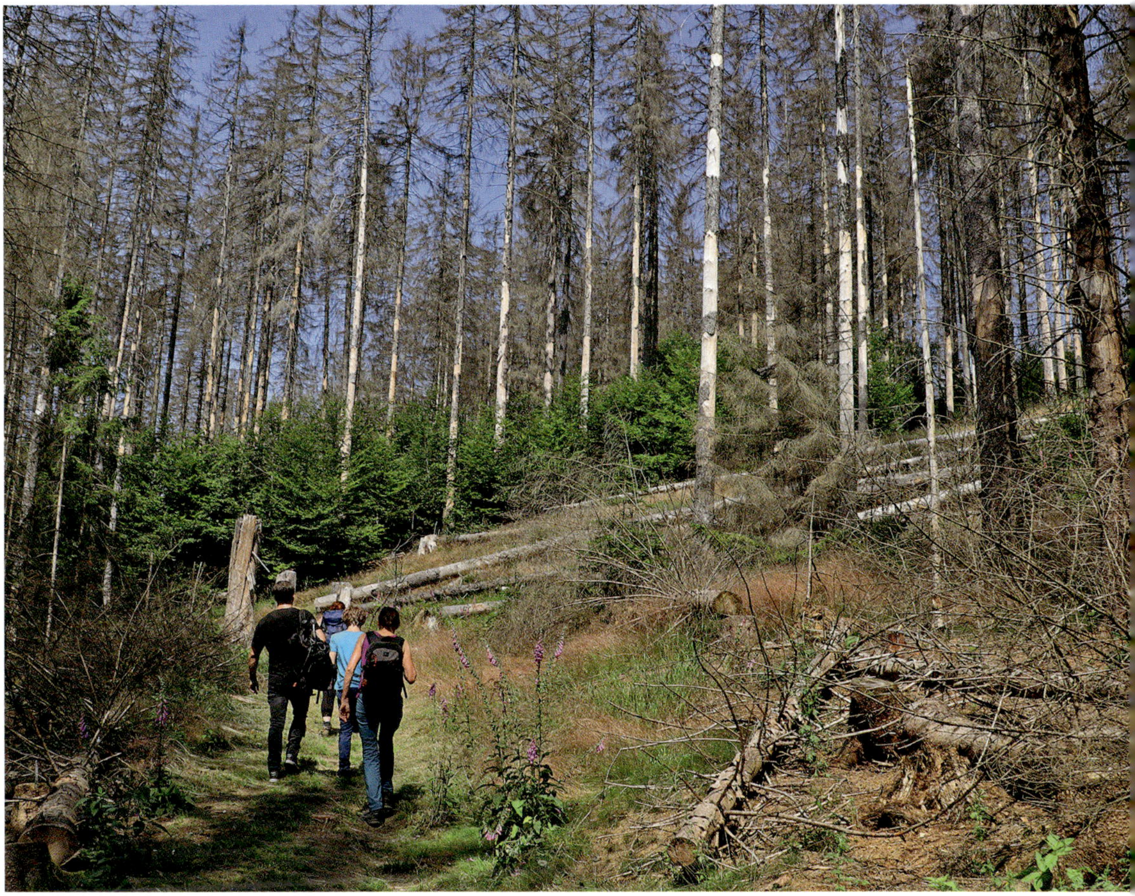

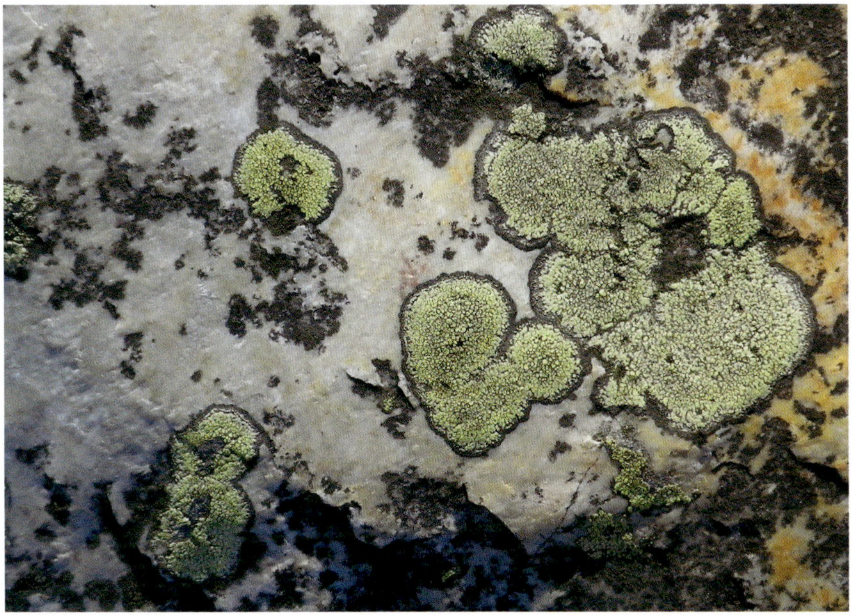

An den Kehren zum Braakberg

Landkartenflechten auf Ackerquarzit

Hochmoore und Auerhühner

Der Acker-Bruchberg-Kamm besteht aus Quarzit des Unteren Karbon. Das Gestein ist wasserstauend und begünstigt deshalb in den niederschlagsreichen Höhen die Entstehung und Regeneration von Hochmooren. In dem vom Nationalpark umgebenen schmucken Ort Lonau gibt es ein Haus mit Infoangeboten zum Schutzgebiet und besonders zu den von hier aus wieder ausgewilderten Auerhühnern.

Seilerklippe und Hanskühnenburg Auf dieser erreichen wir in westlicher Richtung nach 1200 Metern ein ❸ **Wegekreuz**, biegen hier nach rechts auf den schmaleren Weg und wandern in Richtung Hanskühnenburg schräg hinauf zum Bergkamm. Dort geht es auf dem Wander-Highlight, dem Fastweg (= fester Weg), in östlicher Richtung weiter. Er führt etwa auf gleicher Höhe mit teils steinigen, gelegentlich aber auch staunassen Passagen durch wieder aufkommenden Fichtenwald, der nur noch hier und da weite Ausblicke zulässt. So werden die aus Quarzit bestehenden Felsen der ❹ **Seilerklippe** passiert.

Zuletzt führt der Fastweg in nordöstlicher Richtung zur altehrwürdigen ❺ **Wandergaststätte Hanskühnenburg** (811 m) mit Aussichtsturm, der angesichts des nach Jahrzehnten des Waldsterbens wieder aufkommenden Fichtenwaldes neuerdings wieder öfter nachgefragt wird.

Übrigens: Der im Kammbereich um 1980 durch Industrieabgase flächenhaft abgestorbene Fichtenwald hat sich dank der Auflagen zur Entschwefelung der Abgase, aber auch wegen der Düngewirkung der nicht komplett rückhaltbaren Stickstoffverbindungen wieder deutlich erholt und zeigt inzwischen wieder mehr als vier Nadeljahrgänge. Da die Moore durch Schadstoffe leicht gestört werden können und die Tierwelt dort Ruhe haben soll, wurde der über den Kamm verlaufende alte Fastweg im Nationalpark gesperrt. Die noch offenen Hangwege Ackerstraße und Reitstieg bieten jedoch fast noch bessere Ausblicke.

Am Kamm des Acker liegt oft der Quarzit des Untergrunds zutage.

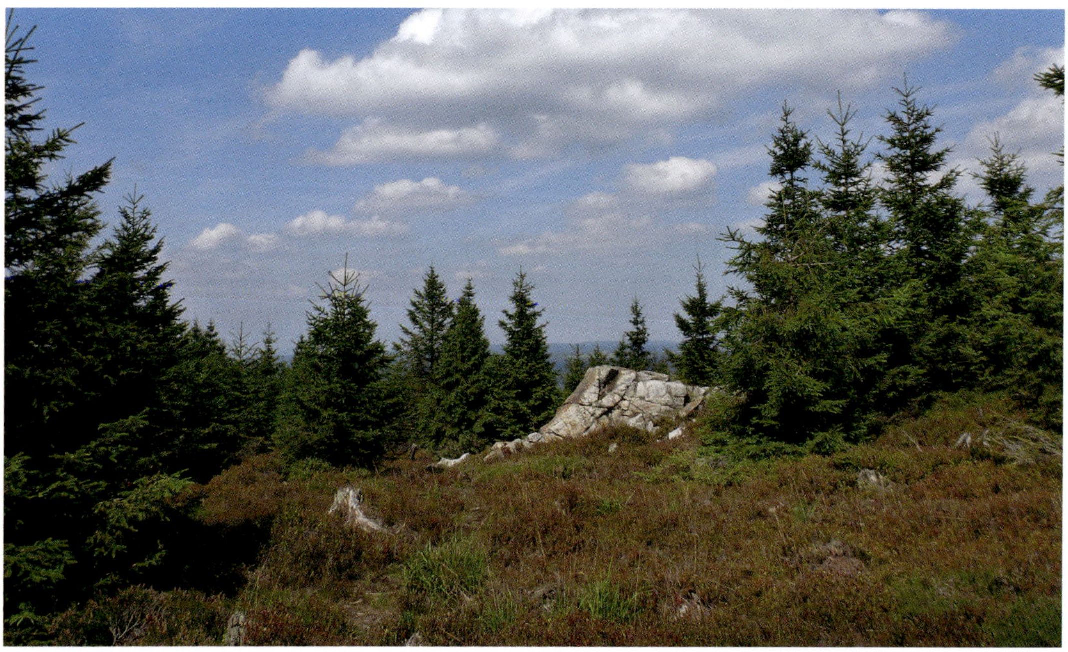

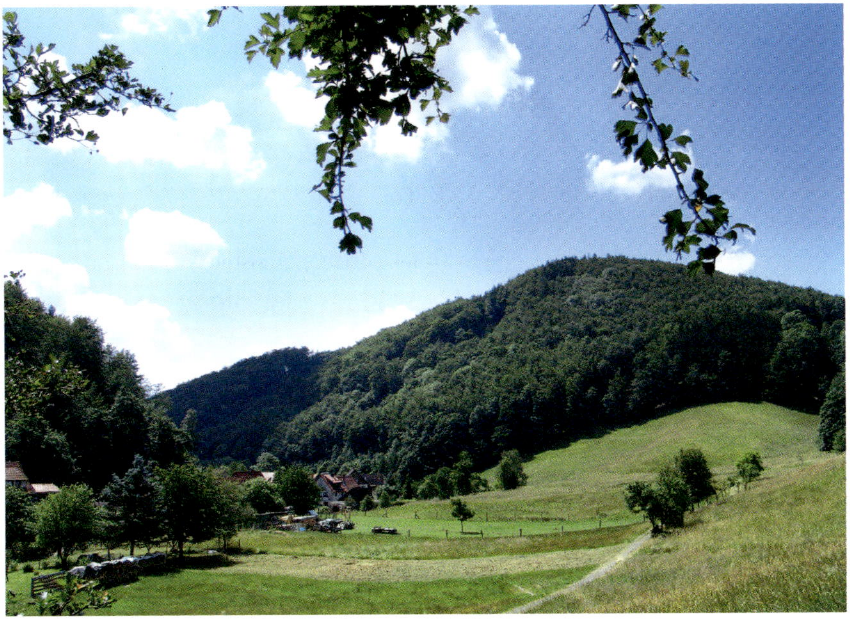

Bergwiesen bei Lonau

Rückkehr nach Lonau Nach der Einkehr geht es nach Südosten auf dem steilen Weg hinab zum 6 **Forststraßenkreuz Teilungspfahl**. Von dort leitet eine breite Forststraße in südwestlicher Richtung hinab zu einer markanten Kehre und danach auf einen flachen Bergrücken. Hier biegen wir rechts ab und folgen der Straße hinab ins Tal des Baches Große Lonau. In seinem Grunde kehren wir schließlich zurück nach Lonau.

Blick vom Haspelkopf zur Hanskühnenburg

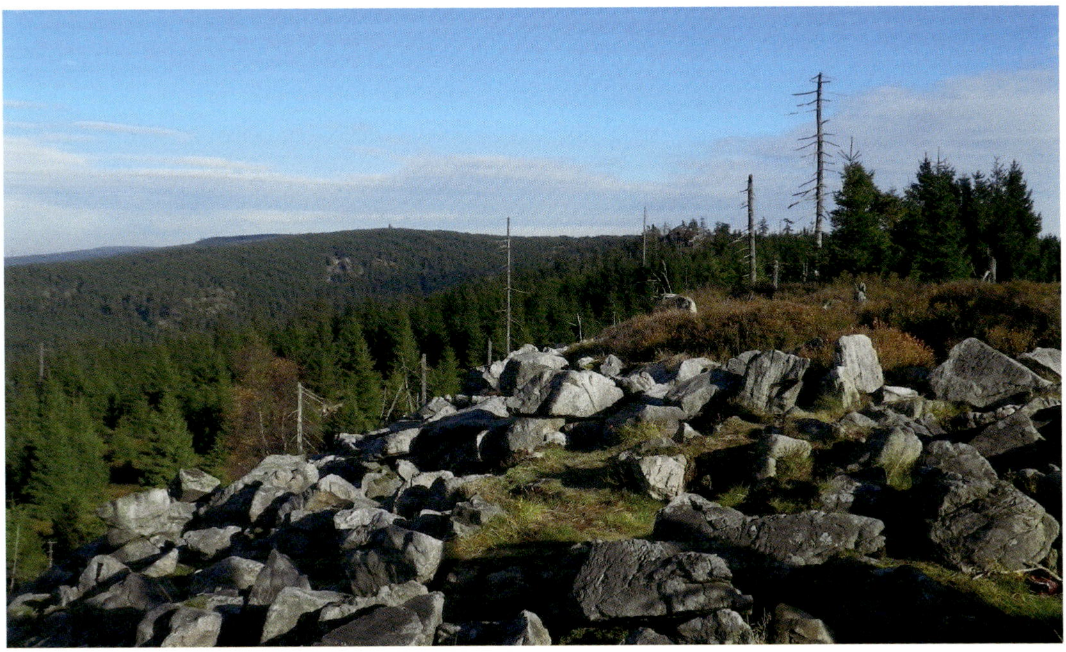

32

Auf Waldwegen zur originellen Wanderbaude

Von Riefensbeek auf den Ackerkamm

mittel | 9 km | 450 m | 3.30 Std.

Tourencharakter
Großzügige und einprägsame Waldwanderung mit deutlicher Höhendifferenz zum großen Bergkamm; im Aufstieg auf breiten, im Abstieg auf schmalen Wegen

Ausgangs-/Endpunkt
Wanderparkplatz in Riefensbeek, östlich der Unteren Herrentalstraße und oberhalb von der Kirche am Waldrand

Anfahrt
Auto: Von Osterode oder von der Harzhochstraße B 242 auf der B 498 durchs Sösetal nach Riefensbeek
Bahn & Bus: Bahn bis Osterode, von dort eventuell Bus oder Taxi

Höchster Punkt
Hanskühnenburg (811 m)

Beste Jahreszeit
April bis Oktober

Einkehr
Gaststätte Hanskühnenburg; in Kamschlacken und Riefensbeek mehrere Gaststätten

Karte
Besonders empfehlenswert ist die mit dem Harzklub erstellte Karte »Wandern im Westharz« (1:50 000) der LGN Niedersachsen (s. auch www.lvermgeo.sachsen-anhalt.de).

Tourismus-Info
www.nationalpark-harz.de; www.harztourist.de

Der Bergkamm Acker-Bruchberg ist zwar nicht die höchste, aber nach der Ausdehnung die größte geologische Struktur im Harz. Wer das Gebirge Harz kennenlernen will, muss da natürlich hinauf, und wer den Kamm richtig erwandern will, der steigt am besten vom Tal aus auf – wie etwa bei dieser aktuell verwandelten Tour.

Zur Gaststätte Hanskühnenburg Vom Wanderparkplatz Riefensbeek gehen wir im Wald in einem eingeschnittenen Weg hinauf zum ❶ **Grillplatz** und dort geradeaus weiter hinauf zu einer ❷ Querstraße. Die bringt uns am aktuell kahlen Berghang nach links zu einem Sattel und Wegekreuz am ❸ **Pavillon Ackerblick**.
Gegenüber davon folgen wir dem aktuell (2020) wüst zerfahrenen und mit Holzknüppeln reich dekorierten Weg direkt über den aktuell borkenkäferkahlen Bergrücken ostwärts bergan. Nach einer jetzt mit weiter Aussicht ausgestatteten Kuppe führt er als hübscher Grasweg stetig weiter hinauf zum ❹ **Wegekreuz** Auerhahnplatz. Hier treffen wir auf den

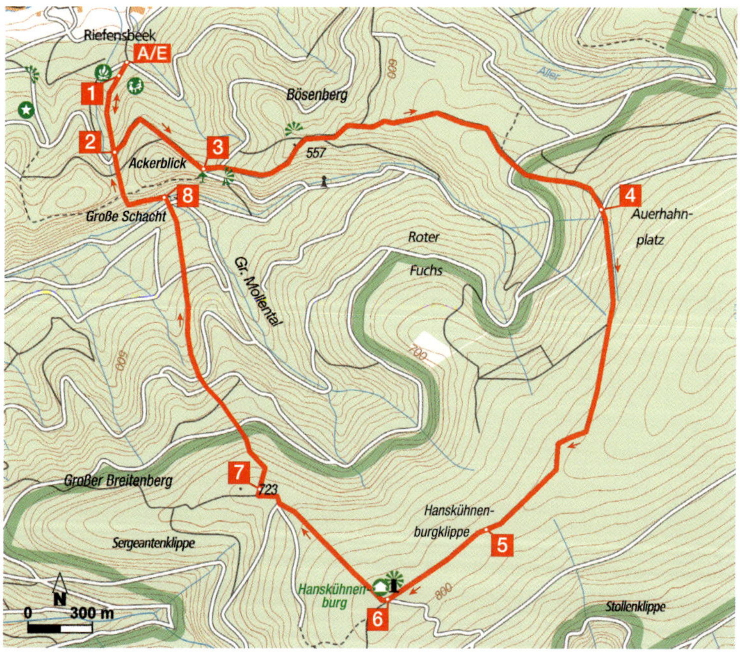

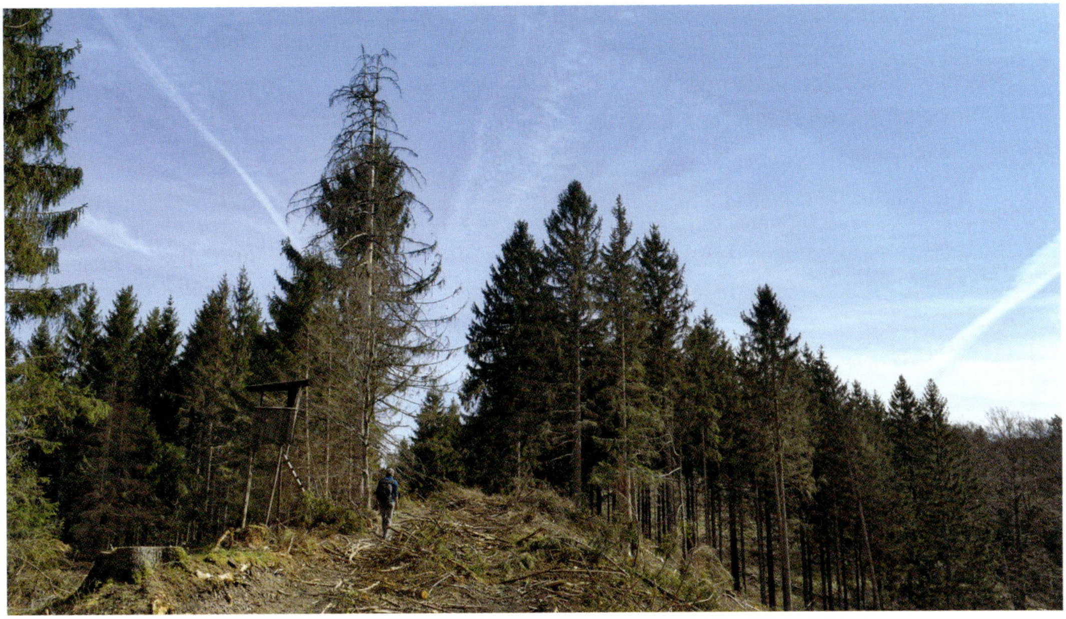

von der Stieglitzecke heranführenden populären Reitstieg; mit diesem geht es nun in einer Schneise steil hinauf zum Bergkamm. Von einem rechts gelegenen Felsbuckel aus bietet sich Aussicht ins Sösetal und zur Clausthaler Hochfläche und auf die Höhe des Bergkammes. Der dort verlaufende Fastweg ist jetzt als Kernzone des Nationalparks gesperrt, aber die dort oben gelegenen landschaftlichen Besonderheiten wie Moore und Blockmeere sind auch an anderer Stelle erlebbar.

Der Aufstieg über den Bösenberg ist aktuell zu einer Hindernisstrecke geworden.

Im flacheren Gelände führt der Weg weiter an der niedrigen, aber schroffen ❺ **Hanskühnenburgklippe** vorbei (nur mit etwas Kletterei besteigbar) und erreicht einige Hundert Meter danach die ❻ **Gaststätte Hanskühnenburg** (811 m).

Die Hanskühnenburgklippe liegt dicht am Kammweg.

Naturnahe Waldverjüngung Im Gebiet des Ackerkamms wurde von Förstern schon früh begonnen, statt Kahlschlag und Neuanpflanzung eine naturnahe Waldverjüngung zu betreiben. Dabei werden zunächst nur einzelne Bäume entnommen, und jungen Bäumen wird so Gelegenheit gegeben, unter dem lichten Schirm der alten Bäume aufzukommen. Wenn die letzten Bäume entnommen werden, steht bereits der neue Wald. Damit wird die kostspielige und erosions- und schädlingsempfindliche Jungpflanzung vermieden.

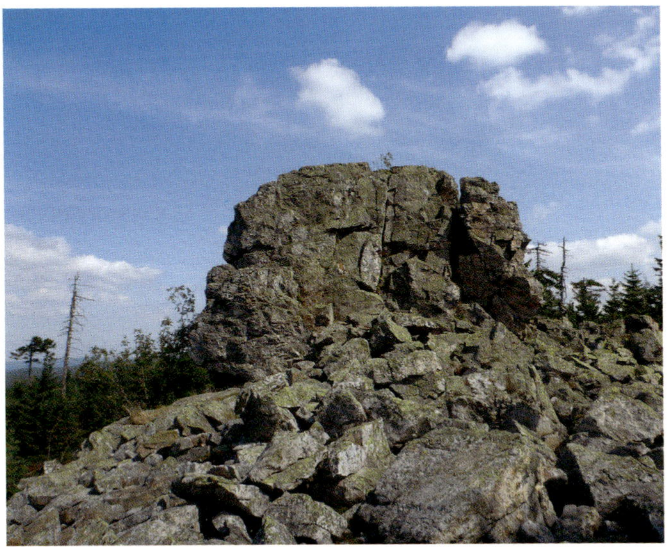

Rechte Seite: Wiesen im oberen Sösetal bei Riefensbeek

Die so wie im natürlichen Wald nebeneinander stehenden unterschiedlichen Altersklassen erlauben auch die Entwicklung einer Krautschicht, die zugleich Wildtieren mehr Chancen lässt. Obendrein bietet das abwechslungsreichere Waldbild den Wanderern schönere Anblicke als ein öder Fichtenforst alten Stils. Das ergibt eine gelungene Win-Win-Situation für alle.

In den Talgrund Große Schacht Der Abstieg beginnt gleich westlich vom Gebäude über eine schnurgerade Straße in nordwestlicher Richtung. Nach einem Kilometer geradeaus leitet ein 7 **schmaler Weg**, zuerst etwas nach rechts, direkt hinab weiter in Richtung Riefensbeek zu einem Querweg am jetzt dank Klimawandel und Borkenkäfer kahlen, von Harvestern und Altholz verschönerten Berghang. Etwas weiter links lässt sich die Fortsetzung des schmalen, nach rechts ziehenden Weges finden. Er führt, nach dem zweiten Querweg wieder deutlicher, bis in den Talgrund Große Schacht.

Hier bringt ein 8 **Holzbrückchen** über den Bach. Der schmale Weg zieht nach links steil hinauf zu einem Bergsattel. Jenseits steigen wir direkt ab und gelangen so, zuletzt wie zu Beginn am Grillplatz vorbei, zurück zum Wanderparkplatz Riefensbeek.

Hinweis: Sollte das Brückchen nicht gebrauchsfähig sein, folgt man dem Weg im Talgrund nach rechts, steigt dann auf einem prosaische fünf Meter breiten »Jägerstieg« nach links hinauf zum Pavillon Ackerblick und geht von dort auf dem Anstiegsweg zurück zum Ausgangspunkt (2 km länger).

Klimawandel, Borkenkäfer, Stürme und Großmaschinen haben auch in der Großen Schacht erst einmal weite Aussicht geschaffen.

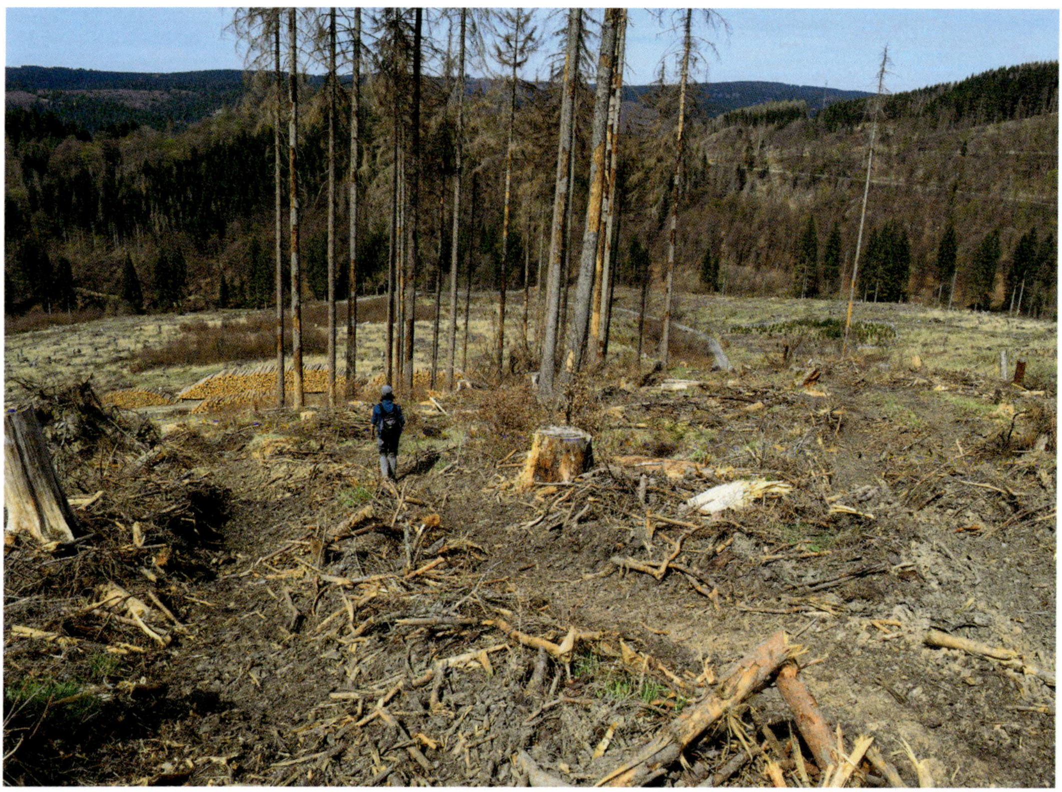

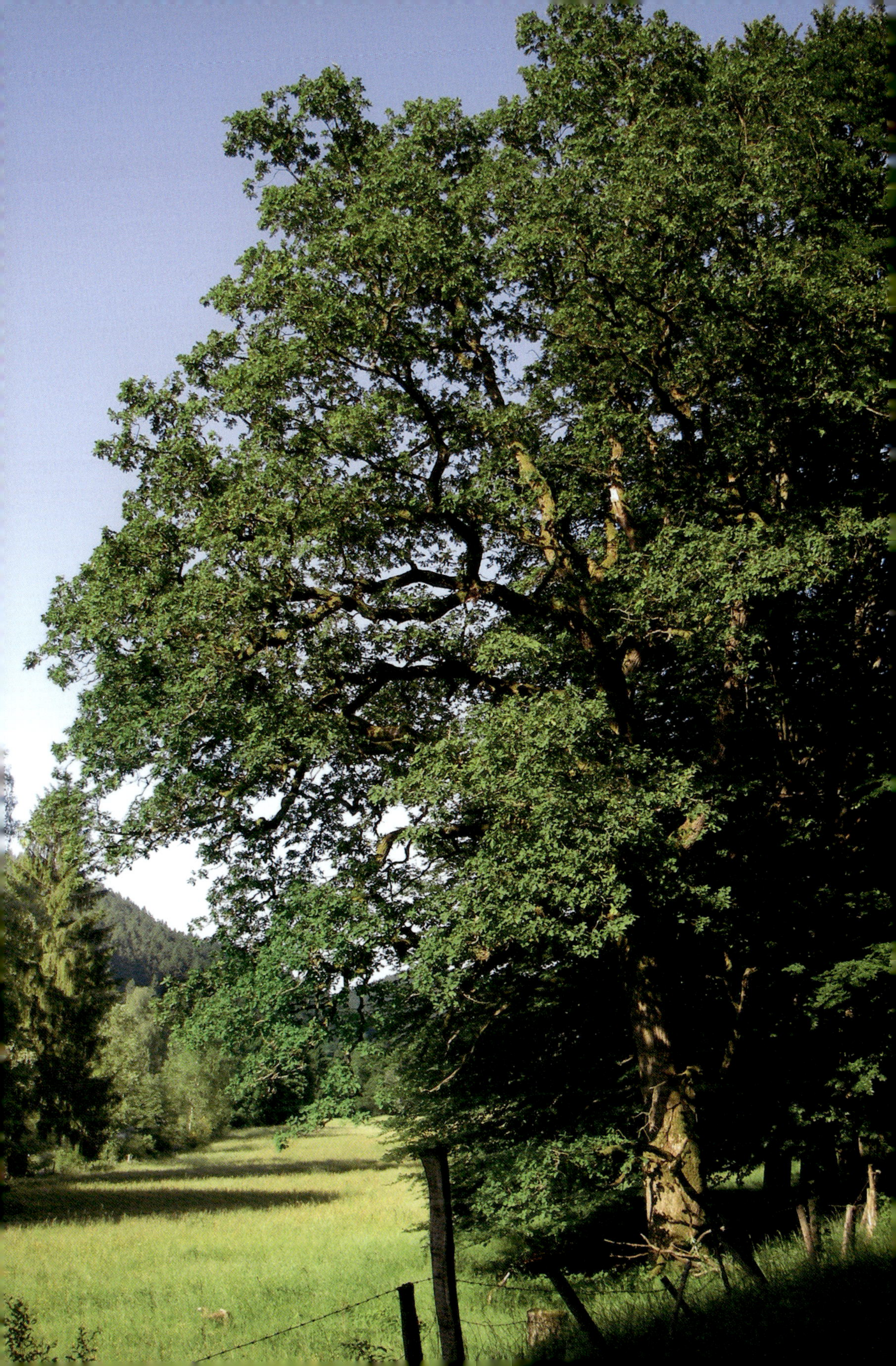

33

Abgelegene Waldtäler und karge Blockmeere

Von Kamschlacken ins Allertal und zum Wolfskopf

leicht | 13 km | 420 m | 4 Std.

Tourencharakter
Wanderung auf Forstwegen in ruhige Waldtäler am Rand des Nationalparks

Ausgangs-/Endpunkt
Wanderparkplatz am nördlichen Ortsrand von Kamschlacken

Anfahrt
Auto: Über die B 498 von Osterode oder von Clausthal-Zellerfeld oder Altenau bzw. über die Harzhochstraße B 242 nach Kamschlacken
Bahn & Bus: Bahn bis Osterode, weiter mit dem Taxi

Höchster Punkt
750 m

Beste Jahreszeit
April bis Oktober

Einkehr
In Riefensbeek

Karte
Besonders empfehlenswert ist die mit dem Harzklub erstellte Karte »Wandern im Westharz« (1:50 000) der LGN Niedersachsen (s. auch www.lvermgeo.sachsen-anhalt.de).

Tourismus-Info
www.harztourist.de

Die herb-romantische Wanderung am Rand des Nationalparks führt durch stille Waldtäler und zu einigen weltvergessenen Blockmeeren und Felsen. Die Wege sind meist breit, wegen der nur sporadisch vorhandenen Wegschilder muss man aber sorgfältig auf die Orientierung achten.

Allerklippe und Wolfstal Vom Parkplatz am Nordende von Kamschlacken gehen wir ostwärts ins Große Sösetal und bald nach den ersten Häusern über die Brücke nach rechts ins Allertal. Auf der Talstraße wandern wir am unauffälligen Waldschwimmbad vorbei und lange stetig aufwärts weiter, bis die Straße mit einer ❶ **Brücke** auf die nördlichen Talhänge wechselt. Kurz davor biegen wir nach links, überqueren den Bach an einer Furt auf Gangsteinen und steigen auf einer deutlichen Harvestertrasse in einem Tälchen hinauf zu einem festen Hangweg und links unter die Allerklippe (Quarzit-Blockmeer und kleine Felsen, mit Ausblicken).
Dann folgen wir dem Hangweg links, teils abwärts, um den Allerberg herum. So gelangen wir, unter frisch wegen Sturm und Käfer waldfreien

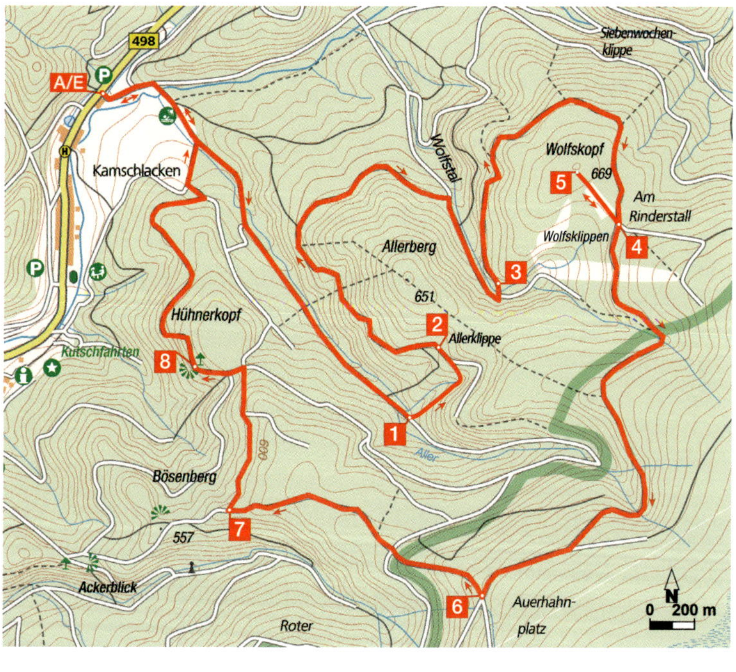

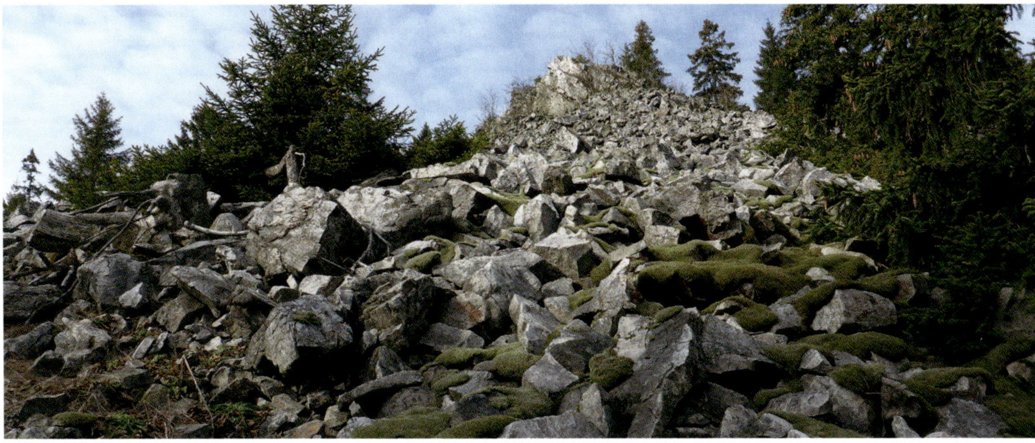

Berghängen durch, in den Grund des steilhangigen Wolfstales. Darin steigen wir die feste Straße hinauf zu einer im Talgrund gelegenen großen Kehre (rechts oberhalb stehen am steilen Talhang besonders stattliche Exemplare von Douglasfichten; links oberhalb lässt sich weglos durch verdorrten Fichtenforst 200 m schräg ansteigend der untere Rand des malerischen Blockmeeres der ❸ **Wolfsklippe** erreichen).

Die übersichtliche Allerklippe mit ihrem weiten Blockmeer aus Quarzit, mit Moos als plüschigen Schonbezügen

Zum Auerhahnplatz Wir folgen der breiten Forststraße weiter nach links hinauf, mit wegen Waldschäden aktuell neuen Ausblicken, in einem weiten Bogen zum ❹ **Bergsattel** (Wegekreuz Am Rinderstall, kein Gebäude!). Nach rechts, nordwestwärts, hinauf ist von hier weglos über eine grasige Schneise rasch die nahe Kuppe des ❺ **Wolfskopfs** zu erreichen (669 m, nordseitig Blockmeer).
Die Straße leitet am Wegekreuz in der zuletzt gegangenen Richtung, südwärts, weiter und quert den obersten Talanfang des Wolfstales. Weiter aufwärts wird ein Bergsporn gequert in den obersten Teil des Allertales hinein. Kurz danach führt der Weg bei einer Meereshöhe von 750 Metern auf den obersten Teil der bekannten Acker-Wanderung Reitstieg. Auf diesem Weg gelangen wir nach rechts bald zum ❻ **Wegekreuz Auerhahnplatz**.

Rückweg über die Eleonorenhütte Nun gehen wir, den Wegschildern folgend, nach rechts hinab in Richtung Kamschlacken und über einen Bergrücken bis zum Sattel vor dem ❼ **Bösenberg**. Wir zweigen rechts ab auf frisch verbreiterter Trasse hinab zum Bergsattel Knochenplatz vor dem (von hier rasch zusätzlich besteigbaren, aktuell weite Rundumsicht bietenden Hühnerkopf). Nun wandern wir links auf dem Hangweg um den Hühnerkopf herum zur ❽ **Eleonorenhütte** (Blick auf Riefensbeek).
In nördlicher Richtung folgen wir der Straße weiter hinab bis vor die Wiesen des Talgrundes. Davor gehen wir am Waldrand entlang rechts ins Allertal und wie zu Beginn zurück zum Ausgangspunkt.

Acker-Bruchberg-Kamm

Der Acker-Bruchberg-Kamm ist die größte geologische Struktur des Harzes und besteht aus Quarzit des Erdaltertums. Die zutage liegenden Felsen sind überwiegend Blockmeere und bilden nur relativ kleine Klippen. Sie werden zu großen Teilen von Flechten und Moosen überzogen.

34 Bergwiesen und stille Teiche

Von Clausthal nach Buntenbock

leicht | 9,5 km | 70 m | 3 Std.

Tourencharakter
Beschauliche, fast ebene Wanderung auf angenehmen Wegen zwischen Wiesen und Wäldern der flach gewellten Hochfläche

Ausgangs-/Endpunkt
Am südlichen Ortsrand von Clausthal, ca. 200 m östlich des Vereinigungspunkts der Straßen Rollplatz und Am Schlagbaum (bzw. B 241/B 242) auf der Andreasberger Straße, 100 m östlich von einer Containerfirma und am Beginn eines auch als Wanderweg zur Hanskühnenburg ausgeschilderten Feldweges

Anfahrt
Auto: Von der A 7, Ausfahrt Seesen, über die B 243 und dann die B 242 über Bad Grund oder von der B 82neu, Ausfahrt Langelsheim, durch das Innerstetal
Bahn & Bus: Bahn bis Goslar, dann Bus bis Clausthal-Zellerfeld

Höchster Punkt
600 m

Beste Jahreszeit
April bis Oktober

Einkehr
In Clausthal-Zellerfeld und Buntenbock, besonders originell: das Polsterberger Hubhaus (4 km östlich von Clausthal-Zellerfeld)

Karte
Besonders empfehlenswert ist die mit dem Harzklub erstellte Karte »Wandern im Westharz« (1:50 000) der LGN Niedersachsen (s. auch www.lvermgeo.sachsen-anhalt.de).

Tourismus-Info
Touristen-Info, Hüttenstr. 9, 38707 Altenau, Tel. 05328/8020, www.altenau.de; www.harzinfo.de; www.oberharzer-bergwerksmuseum.de; www.oberharz.de

Dieser eher kurzweilige Spaziergang auf bequemen Wegen führt über die von Wiesen und Teichen belebte, fast ebene Harzhochfläche. Die auf Schritt und Tritt anzutreffenden Relikte dieser durch den Bergbau kulturhistorisch aufgeladenen Gegend werden in zahlreichen Tafeln vor Ort leicht verständlich erläutert.

Zur Pixhaier Mühle Östlich eines Containerbetriebs wandern wir auf einer Feldstraße, dem Schild »Wanderweg nach Kamschlacken und Hanskühnenburg« folgend, hinab zum Johann-Friedrich-Teich. Wir gehen über den Damm (rechts unterhalb liegt der Wasserläufer-Teich) und jenseits auf einem Wiesenweg zum Rücken des Mühlenbergs (601 m).

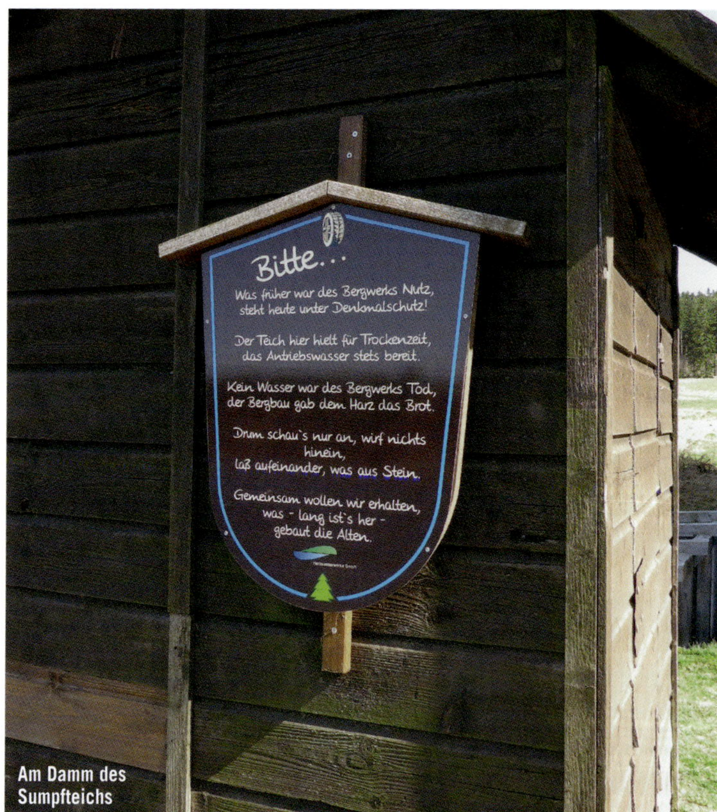

Am Damm des Sumpfteichs

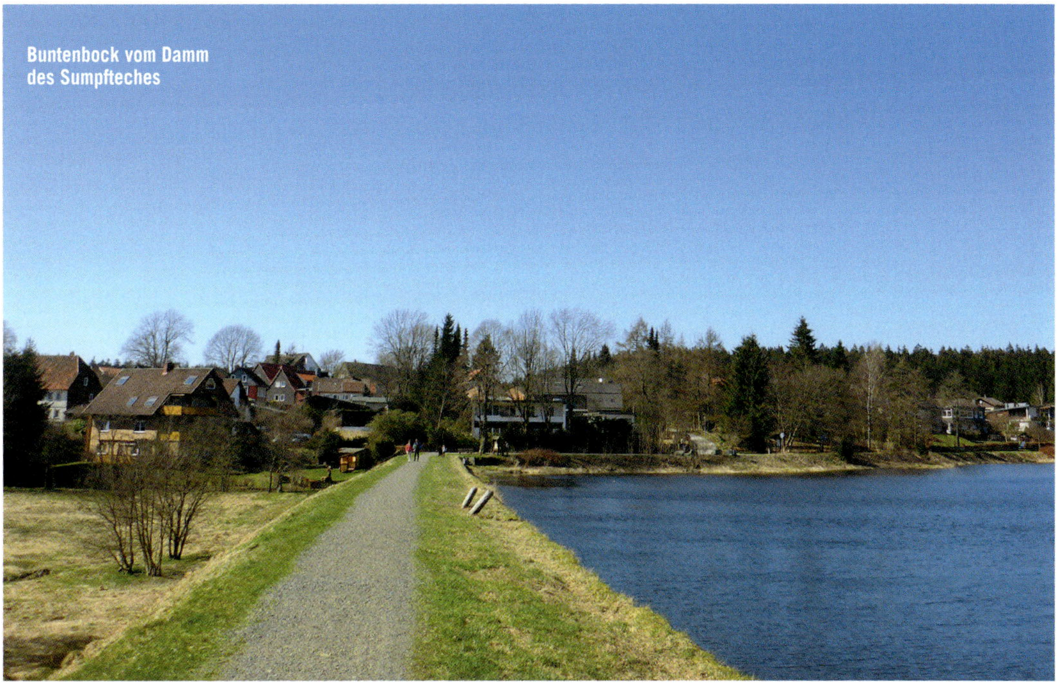

Buntenbock vom Damm des Sumpfteches

Übrigens: Die heute wegen ihres Artenreichtums als ökologische Kostbarkeit erkannten Bergwiesen entstanden als Folge der Privilegien von Stadtrecht und Recht auf Waldweide und private Landnutzung, mit deren Verleihung die Bergleute vom Erzgebirge her einst angeworben wurden.

Oben biegen wir nach rechts und gehen an einem Gehöft vorbei in südwestlicher Richtung auf dem Bergrücken – zuerst zwischen Wiesen, dann durch Wald – hinab bis vor den Schwarzenbacher Teich und weiter zur ❶ Pixhaier Mühle (Hotel, Gaststätte, am östlich gelegenen Pixaier Teich Campingplatz).

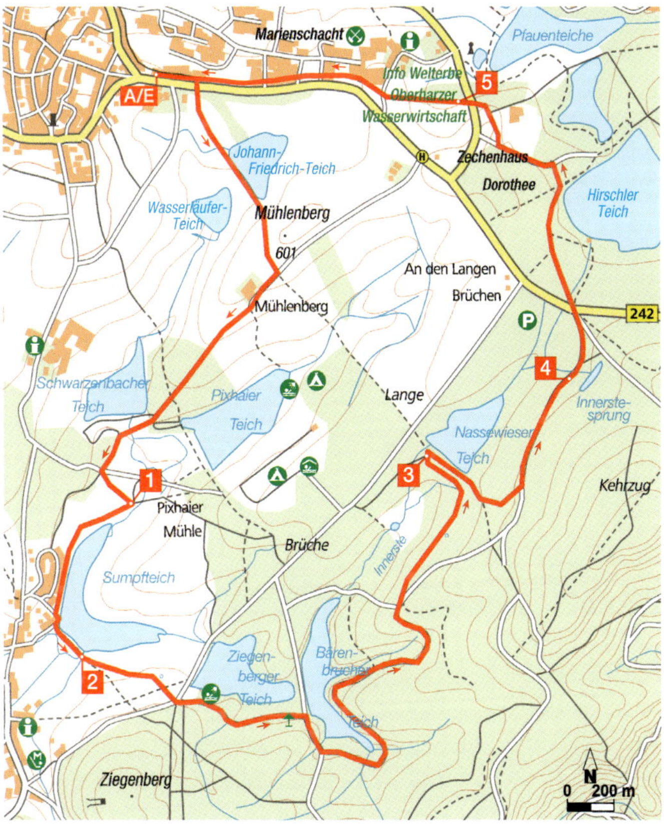

Zum Nassewieser Teich Wir wandern weiter zum Sumpfteich und gehen auf dem bequemen Weg am Ufer entlang, unterhalb des nördlichen Ortsteiles von Buntenbock vorbei. Über den stauenden ❷ Damm und danach links über einen Wiesenweg gelangen wir in östlicher Richtung zum Ziegenberger Teich.

Wir umrunden diesen südseitig und gehen anschließend auch um den Bärenbrucher Teich herum. Von dessen Ostufer führt zuerst eine Forststraße, dann (schöner) ein schmaler Weg entlang dem Nassewieser Graben hinauf zum ❸ Oberen Nassewieser Teich.

Links: Uferweg bei Buntenbock

Mitte: Buntenbock

Rückweg über den Hirschler Teich Vom östlichen Ende des Staudammes erreichen wir rechts, ostwärts, eine Forststraße. Diese bringt uns in nördlicher Richtung zum sumpfigen ❹ Innerstesprung und kurz danach zur Harzhochstraße B 242.

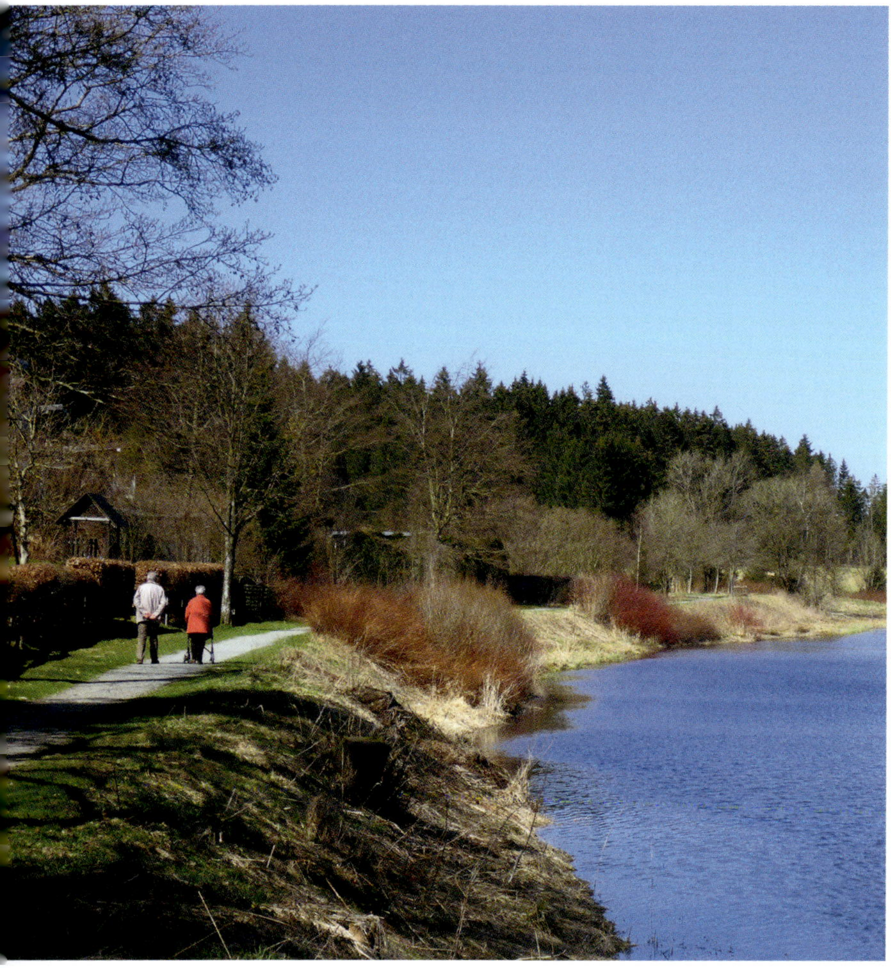

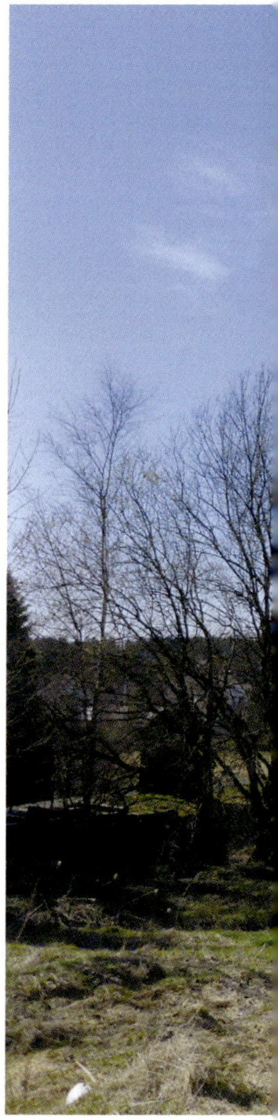

Diese überqueren wir und gehen jenseits weiter hinab zum Hirschler Teich. Von seinem Westufer biegen wir nach links, westwärts, und erreichen bald das Gewerbegebiet und das altehrwürdige Dorotheer Zechenhaus.

Die Autostraße (An den Pfauenteichen) überqueren wir und gehen jenseits auf einem schmalen Weg westwärts, entlang einer ❺ Reihe von hohen Bäumen.

Allmählich nähern wir uns so der Harzhochstraße (hier: Andreasberger Straße) und gelangen schließlich zurück zum Ausgangspunkt.

Schwerpunkt Bergbau Clausthal-Zellerfeld war einst Mittelpunkt des Harzer Erzbergbaus mit zahlreichen Schächten und ausgedehnten Grabensystemen des Oberharzer Wasserregals, aber auch teils eindrucksvollen repräsentativen Bauten, wie z. B. der großen Kirche. Es ist jetzt Universitätsort, mit dem Schwerpunkt Geowissenschaften und Bergbau. Als Anschauungsobjekte wurden auch einige der riesigen Wasserräder zum Betrieb der Gruben und Verhüttungsanlagen nachgebaut; sie sind an der Universität in der Erzstraße offen zugänglich.

Tarnname »Werk Tanne«

Im Waldgebiet nördlich von den Pfauenteichen gab es im Zweiten Weltkrieg unter dem Tarnnamen »Werk Tanne« eine große Munitionsfabrik. Dort wurden unter unmenschlichen Arbeitsbedingungen Fremdarbeiterinnen eingesetzt (heute Gedenkstätte). Die Altlasten des Werkes machen noch heute das Baden in den Pfauenteichen unmöglich. Mehr Details siehe Geheimnisvolle Pfade Wanderung 36!

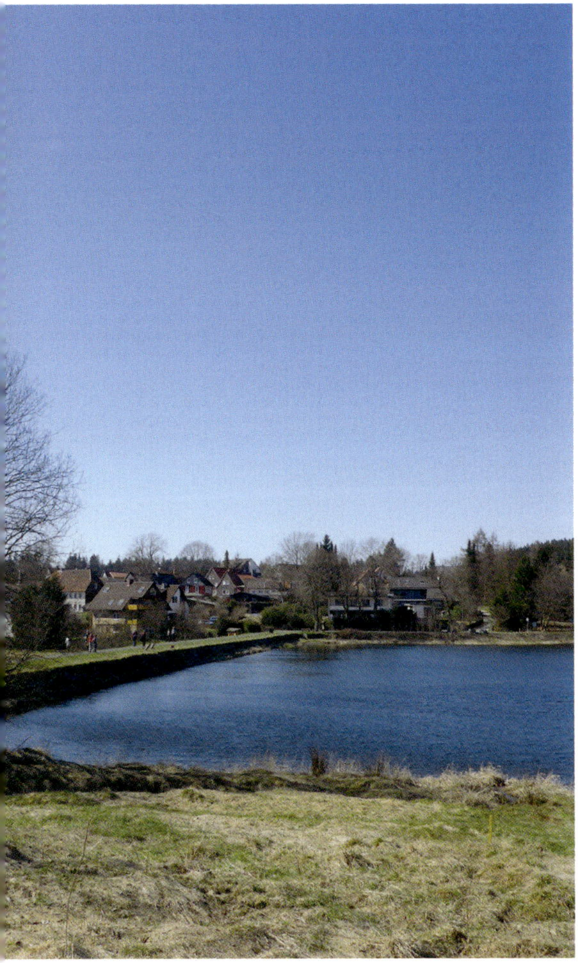

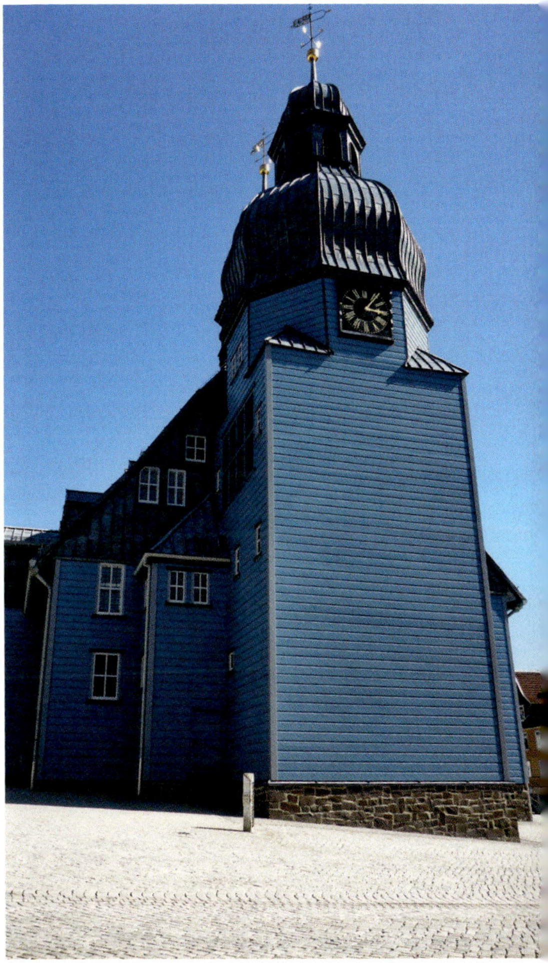

Die eindrucksvolle Marktkirche in Clausthal

35 Bergbaurelikte zwischen Wald und Wiesen

Von Zellerfeld zum Rand des Innerstetals

leicht | 14 km | 150 m | 3.30 Std.

Tourencharakter
Kurzweilige, ruhige und beschauliche Rundwanderung durch Wald und über Wiesen, an Teichen und Gräben des alten Bergbaugebiets vorbei

Ausgangs-/Endpunkt
Großer Parkplatz Ringer Zechenhaus am westlichen Rand von Zellerfeld

Anfahrt
Auto: Von der B 241 in Zellerfeld über Marktstraße und Carler Berg oder von der K 37 zur Straße Ringerhalde
Bahn & Bus: Bahn bis Goslar, dann Bus bis Clausthal-Zellerfeld

Höchster Punkt
Ernst-August-Höhe (558 m)

Beste Jahreszeit
April bis Oktober

Einkehr
In Clausthal-Zellerfeld: Ringer Zechenhaus (Straußwirtschaft), Reginas kleines Tee-und Kaffee-Paradies (Schützenstraße); unterwegs: Spiegeltaler Zechenhaus

Karte
Besonders empfehlenswert ist die mit dem Harzklub erstellte Karte »Wandern im Westharz« (1:50 000) der LGN Niedersachsen (s. auch www.lvermgeo.sachsen-anhalt.de).

Tourismus-Info
www.oberharz.de;
www.oberharzer-bergwerksmuseum.de

Die ruhige, kurzweilige Runde führt durch die mit Teichen, Gräben, Wiesen und Halden vom ehemaligen Bergbau geprägte Mittelgebirgslandschaft der Hochfläche oberhalb vom Innerstetal. Sie ist mit vielen vor Ort erläuterten Relikten aufgeladen und führt weithin über angenehme kleine Wege.

Zum Spiegelthaler Zechenhaus Vom Parkplatz unterhalb vom Ringer Zechenhaus gehen wir zum Carler Teich und von dessen Ostseite auf einem Steig durch Wäldchen und eine Gasse hinauf zur quer verlaufenden Schützenstraße und auf der Bornhardtstraße weiter zur Treuerstraße.

Dieser folgen wir links, nordwärts, hinauf zum Ortsrand und gehen dann auf dem ❶ **Bockswieser Weg** geradeaus über den Wiesenbuckel Bockswieser Höhe (610 m; Aussicht zur Schalke und den Höhen des Oberharzes). Der Weg quert den Zellerfelder Kunstgraben und führt schließlich im Wald vor den ❷ **Oberen Spiegelthaler Teich**.

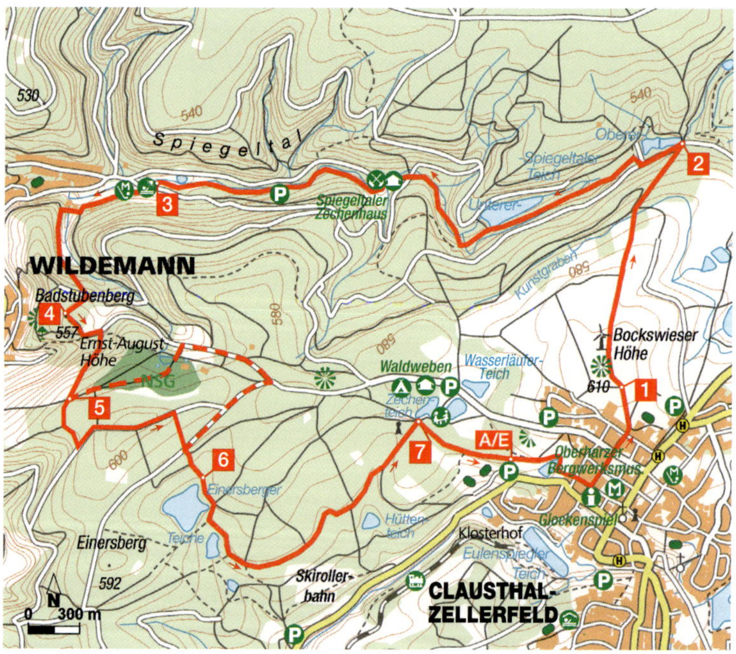

Hier folgen wir scharf links dem kleinen Weg auf der Grabenkrone oberhalb vom Bach in westlicher Richtung. An einem Wasserfall vorbei steigen wir hinab zum Unteren Spiegeltaler Teich und unterhalb an Mundlöchern von alten Wasserstollen vorbei. Nach einer Rechts-links-Biegung des Tales erreichen wir das Spiegeltaler Zechenhaus (leider nicht mehr Gaststätte). Nach dem Haus führt der schmale Weg links über den Bach und am Hang weiter hinab.

Mein Tipp für nach der Tour

Zusätzliche interessante Einblicke in die lange Bergbaugeschichte geben das Bergwerksmuseum und Schaubergwerk in Zellerfeld und die Mineraliensammlung der Technischen Universität in Clausthal.

Zur Ernst-August-Höhe Wir wandern weiter westwärts oberhalb vom Bach zu den Wiesen des ❸ **Schwimmbads Spiegeltal**. Nun geht es auf dem Halbe-Höhen-Weg nach links in des Grund des Stuffentales (Wassertretstelle) und dann nach rechts wieder hinaus. Bei einer Art Spitzkehre danach wenden wir uns scharf nach links hinauf und steigen am Nordhang des Badstubenbergs an zu einem höher verlaufenden Querweg und zu Schildern. Wir biegen scharf rechts und gehen 300 Meter, dann folgen wir links den Schildern steil hinauf zur Kuppe des Badstubenbergs (Sendemast). Von dort steigen wir zuletzt etwas ab zur ❹ **Ernst-August-Höhe** (557 m; auch »Prinzensicht«; Aussicht, Köte, Sitzplätze).

Am Ernst-August-Platz mit der Prinzensicht

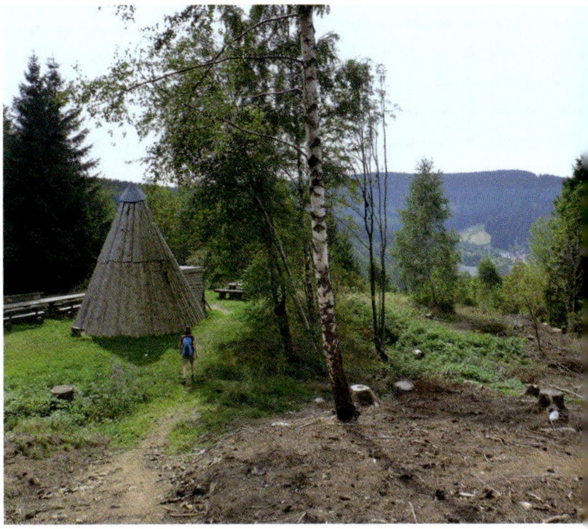

Über die Einersberger Teiche zurück Wir gehen zurück zum Sendemast und die Straße rechts hinab an einer Wiese vorbei zu einem Wegekreuz. Dort folgen wir schräg rechts, dem Schild nach, dem Hangweg zur Stelle der ehemaligen Grube Friderica und an der Juliaquelle vorbei bis zu einem weiteren ❺ **Wegekreuz**. (Variante: Nach links sind von hier rasch die entzückenden Johanneser Bergwiesen zu erreichen. Sie sind Naturschutzgebiet. Entlang der beiden Baumreihen ist ihr Betreten ausdrücklich erlaubt und nach dem allgemeinen Betretungsrecht auch vom Besitzer zu dulden. Der Eigentümer Moors ist allerdings für widerrechtliche Einschüchterungsversuche polizeibekannt, bei krassen Vorfällen ist ein Anruf bei der Polizei Clausthal 05323/94 11 00 angebracht.)
Wir gehen am Wegedreieck geradeaus weiter zu einer querenden Waldstraße. Auf dieser gehen wir hinauf zur Kuppe des Hohen Berges (609 m) und dann noch 400 Meter weiter. Hier biegen wir rechts in einen kleinen Weg und folgen ihm südostwärts, queren eine weitere Straße und in gleicher Richtung weiter zum ❻ **Oberen Einersberger Teich**. Wir gehen ostseitig weiter und später auch am Unteren Einersberger Teich vorbei. Danach geht es in einem weiten Bogen nach links zum Campingplatz an den ❼ **Zechenteichen**, rechts auf dem Weg durch die Allee Ringerhalde und, an einem Robinson-Spielplatz vorbei, zurück zum Ringer Zechenhaus.

36

Auf den höchsten Berg des Westkamms

Von Wildemann auf die Große Wulpke

mittel | 17 km | 300 m | 4 Std.

Tourencharakter
Im ersten Teil weithin über Forstwege, im zweiten Teil über einen schönen historischen Wasserwanderweg entlang eines Grabens, nur teilweise zum Forstweg ausgebaut

Ausgangs-/Endpunkt
Parkplatz an der Hindenburgstraße in Wildemann, nördlich unterhalb der Kirche

Anfahrt
Auto: Von der B 82neu, Ausfahrt Langelsheim, durchs Innerstetal hinauf nach Wildemann
Bahn & Bus: Bahn bis Goslar, dann weiter mit dem Bus nach Wildemann

Höchster Punkt
Große Wulpke (623 m)

Beste Jahreszeit
April bis Oktober

Einkehr
In Lautenthal und Wildemann; unterwegs keine

Karte
Besonders empfehlenswert ist die mit dem Harzklub erstellte Karte »Wandern im Westharz« (1:50 000) der LGN Niedersachsen (s. auch www.lvermgeo.sachsen-anhalt.de).

Tourismus-Info
Tourist-Information, Bohlweg 5, 38709 Wildemann, Tel. 05323/61 11, www.wildemann.de; www.19-lachter-stollen.de

Der Ausflug vom alten Bergstädtchen Wildemann auf den höchsten Buckel des Westkamms ist ein überwiegend auf Forstwegen zu erkundendes Stück naturnaher Harzlandschaft. Dagegen bietet der zweite Teil der Wanderung auf dem Wasserwanderweg ein kulturhistorisches Highlight auf schönen Wegen.

Über den Gallenberg In Wildemann gehen wir vom Parkplatz entlang der Durchgangsstraße (hier Hindenburgstraße) ostwärts bis zur Kurve, danach auf der jetzt als Bohlweg bezeichneten Straße weiter und nach der Touristen-Info und dem Café am Bohlweg rechts in einer Gasse über Treppen steil hinauf zur Kirche.
Links davon steigen wir über Treppen weiter hinauf zum ❶ **Wiesenrücken** des Gallenbergs (460 m; Aussicht) und zu einem hübsch gelegenen Pavillon; danach erreichen wir das Wegekreuz Köppelplatz.
Auf einer Forststraße wandern wir nun nach rechts (Silberkammerweg) und auf gleicher Höhe bleibend (teils Aussicht) um den mit dichtem Fichtenforst bestandenen Deckerberg herum zum ❷ **Forstwegekreuz Keller** (490 m).

Zur Großen Wulpke Nun geht es gemeinsam mit den Ausschilderungen »Försterstieg« rechts um die nächste Bergkuppe, den Pferdekopf, herum zum ❸ **Wegekreuz Grüner Platz** (496 m). Hier halten wir uns geradeaus auf dem unbefestigten kleinen Weg und steigen direkt auf dem Bergrücken hinauf. Er erreicht die nach links hinaufführende Forststraße. Nun können wir entweder noch dem oberhalb direkt hinaufführenden, altehrwürdigen Fastweg folgen oder gleich auf der Forststraße aufsteigen, in die der Fastweg weiter oben einmündet. Die Forststraße bringt uns weiter hinauf, am Ort der vergangenen (und neu an ähnlicher Stelle gepflanzten) Stundenbuche vorbei. Nach einer vorgelagerten flachen Kuppe erreichen wir dann den Gipfel der ❹ **Großen Wulpke** (623 m; der höchste Punkt liegt etwas östlich der Forststraße an einer Wiese).

Entlang dem Lautenthaler Kunstgraben Nordwärts gehen wir rasch hinab zum großen ❺ **Wegekreuz Futterplatz** (altes Schild »Brockenblick«). Hier den Weg rechts, ostwärts in Richtung Lautenthal an einer Holzlaube vorbei und hinab zur Wegeinmündung von rechts an einem markanten

❻ **Bergsporn** (Adlersblick, alte Bank). Wir folgen der Straße noch 200 Meter nach links und biegen dann nach rechts in einen schmaleren, steileren Weg. Er führt sehr hübsch tiefer, quert ein Tälchen mit Quellen und führt zu einem tiefer gelegenen Forstweg. 200 Meter weiter führt nochmals ein schmaler und steilerer Weg hinab zum Waldrand beim Seniorenheim Waldschlösschen.

Dort überqueren wir die Brücke und die ❼ **Talstraße** (Busstopp) und steigen ostseitig auf schmalem Wanderweg nach links steil hinauf zum Lautenthaler Kunstgraben. An diesem im 16. Jahrhundert erbauten Wunderwerk fleißiger Bergleute entlang wandern wir nach rechts, in Richtung Süden, gehen am netten, aber nicht wirklich sensationellen Lautenthaler Wasserfall vorbei und queren dann oberhalb der Gebäude von Hütschenthal in weiten Bögen das Langtal und das Hölltal.

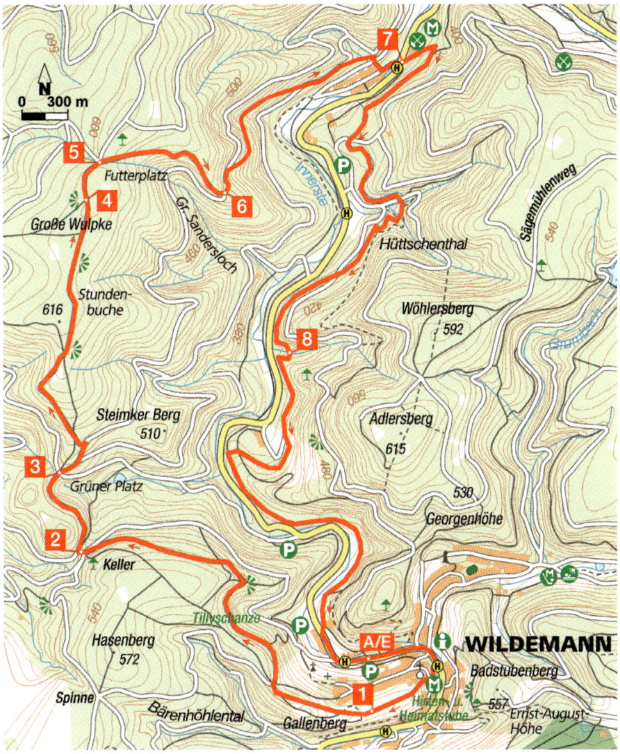

Zurück nach Wildemann Danach geht es auf einer zum Weg aufgeschütteten Strecke weiter und, nach Überschreiten einer hinaufführenden Forststraße beim Queren des Kratzentals, wieder am hier erhaltenen Graben entlang.

Im hohen Fichtenwald führt der Weg über eine ausgedehnte flache Terrasse, wo der Graben links am Fuß des Hanges verläuft. Danach führt der Weg unterhalb von alten Steinbrüchen durch den einen Bergsporn durchtrennenden Einschnitt. Er leitet dann entlang von Grabenresten unter weiteren Steinbrüchen hindurch und nähert sich allmählich der Talstraße.

Schließlich verschwinden die Gräben unter der Trasse der inzwischen nach lumpigen 100 Jahren Betrieb schon wieder stillgelegten Bahnlinie, wo der Graben verdeckt weiterführte. Links des Bahndamms, der jetzt als Radweg dient, führt ein Weg hinab und dann rechts durch eine Unterführung zur Talstraße. An dieser links biegend gelangen wir rasch wieder zum Ausgangspunkt in Wildemann.

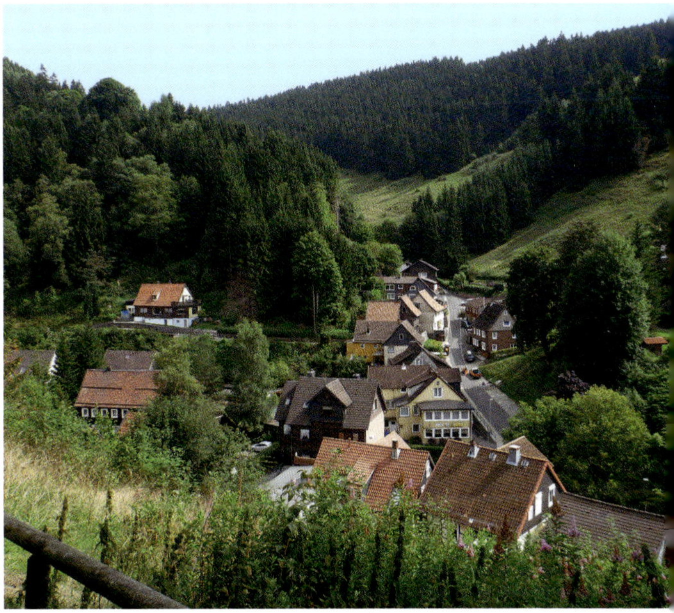

Der Bergwerksort Wildemann ist lang gezogen ins enge Tal gebaut.

37

Auf den unbekannten Eckpfeiler des Innerstetales

Von Lautenthal auf den Ecksberg

leicht | 11,2 km | 280 m | 3 Std.

Tourencharakter
Nur anfangs siedlungsnahe, später ruhige Wanderung auf meist naturnahen Forstwegen, mit nur kurzen Pfadstrecken, teils mit hübschen Waldszenerien

Ausgangs-/Endpunkt
Lautenthal, bei der Straße Spar die Müh

Anfahrt
Auto: Von der Harzrandschnellstraße B 82 zur Ausfahrt Langelsheim und über die L 515 ins Innerstetal nach Lautenthal
Bahn & Bus: Bahn bis Goslar, dann Bus nach Lautenthal

Höchster Punkt
Ecksberg (560 m)

Beste Jahreszeit
April bis Oktober

Einkehr
In Lautenthal; originell oberhalb des Ortes: die Gaststätte Maaßener Gaipel

Karte
Besonders empfehlenswert ist die mit dem Harzklub erstellte Karte »Wandern im Westharz« (1:50 000) der LGN Niedersachsen (s. auch www.lvermgeo.sachsen-anhalt.de).

Tourismus-Info
Tourist-Info, Kaspar-Bitter-Str. 7b, 38685 Lautenthal, Tel. 05325/44 44, www.lautenthal.de

Rechte Seite: Am Gipfel des Ecksberges

Dies ist ein Geheimtipp abseits aller gängigen Tourismusziele und auch fast ohne Bergbaurelikte – einfach ganz der romantischen Vorstellung vom ruhigen, abgelegenen Happen schöner Natur entsprechend. Das Ziel ist ein kleiner, hübscher Gipfel mit urigen Buchen und Ahornbäumen.

Zur Mandolinenhütte Von der Straße Spar die Müh führt der kleine ❶ **geologische Lehrpfad** (wo auch der Straßenname erklärt wird) nordwärts. Danach folgen wir dem kleinen Weg östlich an der Innerste entlang, unterhalb der Siedlung Laddeken vorbei, zur Straße ❷ **K 35** Innerstetal–Wolfshagen. Wir kreuzen diese und gehen auf dem Sträßchen Am

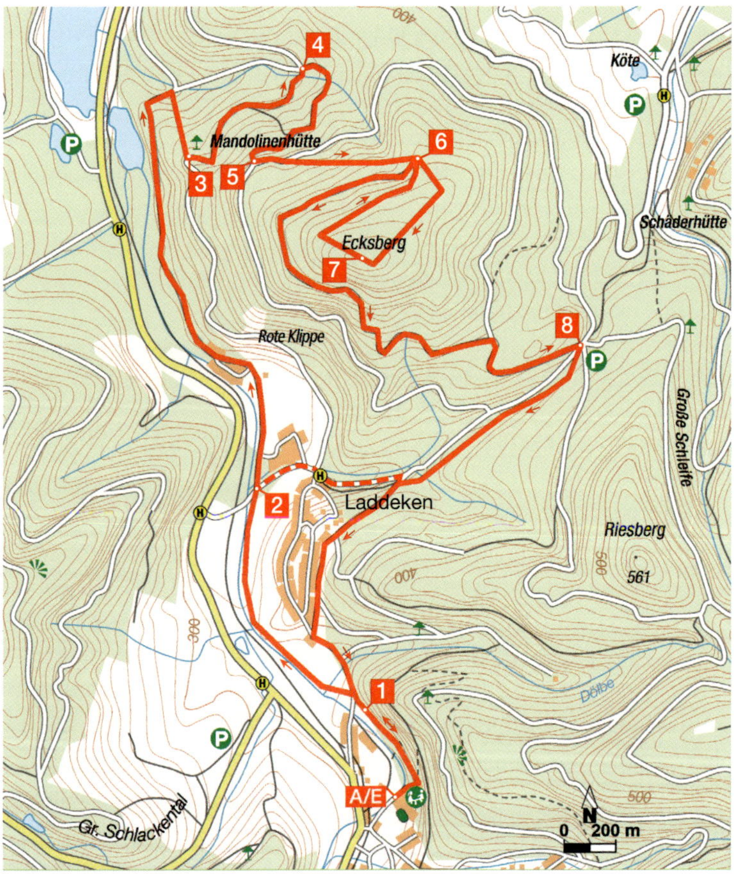

Laddeken zuerst an einer kleinen Fabrik vorbei, dann an der Innerste entlang zu den Häusern Rote Klippe und anschließend etwas ansteigend im Wald weiter zur Mündung des Ochsentales.
Hier zweigen wir nach rechts ab und steigen auf einem sehr hübschen, ❸ **schmalen Weg** steil hinauf zur idyllischen Mandolinenhütte. Sie steht oberhalb der Klippe bei einem Rastplatz mit Aussicht und Erinnerungstafel nahe am nach einem Harzer Heimatdichter benannten Albert-Pilz-Schotelius-Platz.

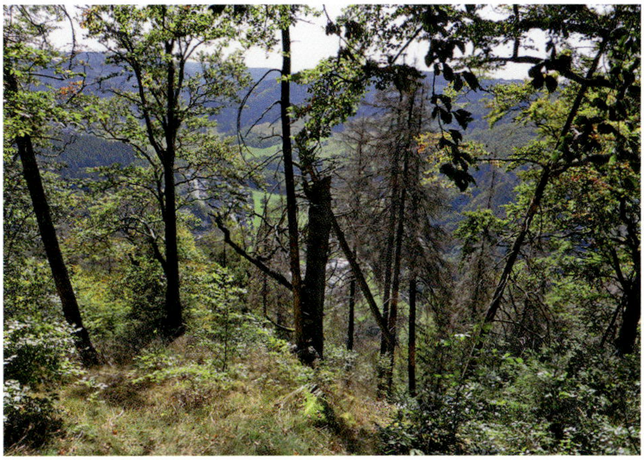

Zum Ecksberg Auf der hier erreichten Forststraße wenden wir uns nach links, ostwärts, und steigen in einem weiten Bogen bis in den Grund des Ochsentales ab. Dort gehen wir von einem ❹ **Forststraßenkreuz** wieder westwärts hinauf (die mögliche Abkürzung über die zweite, steiler hinaufführende und unbefestigte Holztrasse ist teils schlammig und deshalb nur gummigestiefelten Liebhabern von so etwas zu empfehlen). Nach rechts ansteigend, erreichen wir eine scharfe ❺ **Kehre mit Straßengabelung**. Hier biegen wir wieder nach links, verlassen aber nun die breite Forststraße und steigen auf einem unbefestigten, zerfahrenen Weg weiter. Auf seiner festen linken Kante passabel in Pfadqualität gehend, erreichen wir einen höher gelegenen Holzplatz am ❻ **Ende einer Forststraße**.
Von hier steigt man am schönsten gerade hinauf zum Bergkamm und zu einer Wiese. An ihrem Rand entlang führt ein Pfad dann nach rechts hinauf zum ❼ **Gipfel des Ecksbergs** (560 m; Aussicht über Lautenthal).

Meine Tour-Variante

Wer die Wanderung kürzer wünscht, beginnt am Wanderparkplatz Riesberg und folgt dem Wanderweg nahe der Straße hinab nur bis zu der Stelle, wo der Weg wieder nahe an die Straße heranführt. Hier überquert man die Straße und geht drüben auf dem hübschen Grasweg neben der Autostraße und zuletzt auf dieser hinab bis vor die Innerstebrücke. Dort rechts auf der Straße Am Laddeken an der Fabrik vorbei und weiter wie oben beschrieben (dann insgesamt 8,5 km).

Durch urigen Bergwald Anschließend gehen wir wie beim Aufstieg zurück zum Holzplatz. Nun folgen wir links der kleinen Forststraße in einem weiten Bogen hinab. Damit queren wir malerisch ursprüngliche, von kleinen Felsköpfen und Schutt durchsetzte Hänge mit urigen Bergahornen und Buchen und erreichen so eine auf einem Bergsporn gelegene Hütte und weiter unten an einer Kehre eine alte Bank. Der Weg leitet schließlich in einem Linksbogen zu einer von links herabführenden Straße und dort rechts weiter hinab bis zum an der Autostraße gelegenen ❽ **Wanderparkplatz Riesberg**.
Von diesem gehen wir nach rechts auf dem grasigen und teils auch heftig verkrauteten Weg in Richtung Lautenthal nahe der Straße weiter bergab. Nach etwa 800 Metern verlassen wir die Straße nach links und folgen dem Sträßchen oberhalb an der Siedlung Laddeken vorbei. Zuletzt gelangen wir wieder über den geologischen Lehrpfad zum Ausgangspunkt.

38

Vom Wanderhüttchen zum aktuellen Panoramaspot

Vom Kurort Seesen zur Lageswarte

leicht | 13 km | 300 m | 3 Std.

Tourencharakter
Anfangs idyllische Weglein, später überwiegend Forststraßen zu einem der aktuell großartigen Aussichtspunkte des Harzes

Ausgangs-/Endpunkt
Parkplatz am Kurpark Seesen, an der Einmündung der Granestraße in die L 516

Anfahrt
Auto: Von der B 7, Ausfahrt Seesen, nach Seesen und durch den Ort zum Parkplatz
Bahn & Bus: Mit der Bahn nach Seesen

Höchster Punkt
Lageswarte (571 m)

Beste Jahreszeit
April bis Oktober

Einkehr
In Seesen. Die Tränkebach-Hütte hat nur im Sommer gelegentlich etwas Kioskbetrieb.

Karte
Besonders empfehlenswert ist die mit dem Harzklub erstellte Karte »Wandern im Westharz« (1:50 000) der LGN Niedersachsen (s. auch www.lvermgeo.sachsen-anhalt.de).

Tourismus-Info
Tourist-Information, Marktstr. 1, 38723 Seesen, Tel. 05381/752 43, www.stadtverwaltung-seesen.de; www.harzinfo.de; www.harztourist.de

Diese Wanderung zeigt einen vielseitigen Charakter: Nach dem ersten Teil mit schmalen Weglein und durch kleingekammerte Landschaft folgen allerhand großzügigere Forststraßen durch herben Fichtenforst oder dessen Reste. Wer nur die erste Qualität sucht, kann nach der Tränkebach-Hütte gleich durch das Schnapstal zurückkehren nach Seesen.

Zur Tränkebach-Hütte Vom Parkplatz gehen wir über die Landesstraße, überqueren ein Brückchen und wandern am südlichen Ufer des Baches auf dem ❶ **Forellenstieg** ostwärts bachaufwärts.
Nach einer großen Linkskurve des Tales führt eine kleine Brücke zum nördlichen Bachufer und das Weglein nahe der Straße weiter. Nach

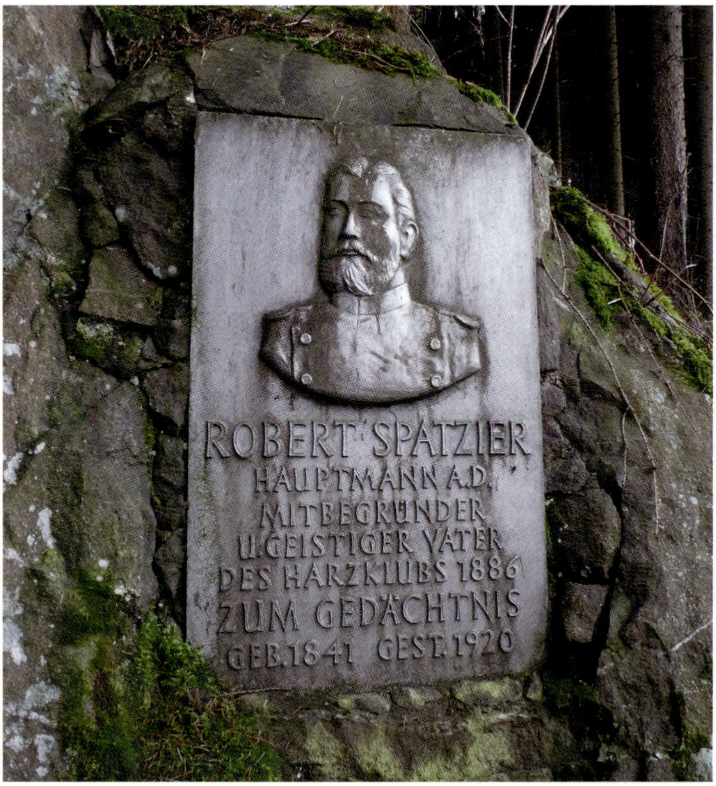

Das Spatzierdenkmal am Forellenstieg

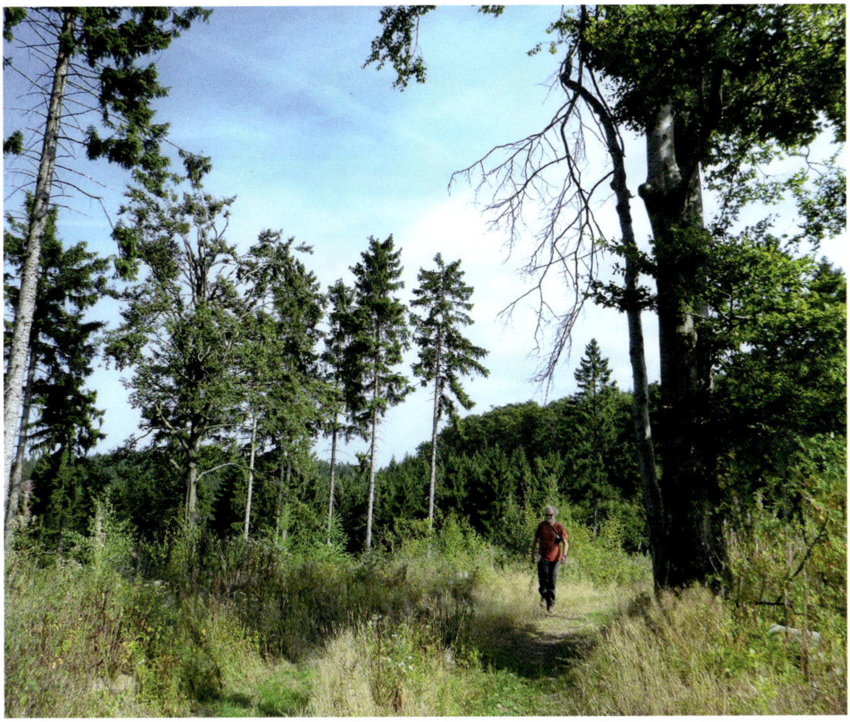

Im Aufstieg vom Vereinsplatz zur Lageswarte

ihrer Querung steigen wir auf der ❷ **Forststraße** im Tälchen zwischen den Bergen Eickmuhl und dem mit der Hausschildburg hinauf zu einer Linkskurve. Hier zweigen wir ab und folgen geradeaus dem schmalen Grasweg durch ein steil eingeschnittenes und romantisch-wildes ❸ **Tälchen** steil hinauf bis kurz vor eine gefasste Quelle und nach links rasch zur hübsch gelegenen, gemütlichen ❹ **Tränkebach-Hütte** (560 m).

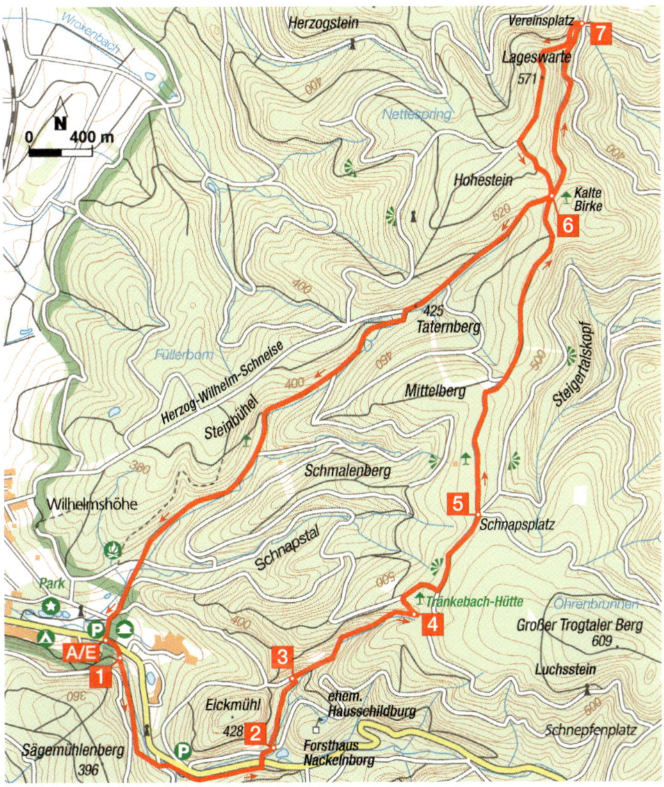

Zur Lageswarte Von hier gehen wir rasch hinüber zur nahen Forststraße (bei Bedarf kann von hier über diese Straße durch das Schnapstal zum Ausgangspunkt zurückgekehrt werden, dann insgesamt nur ca. 6 km) und auf dieser nach rechts hinauf zu einer horizontal verlaufenden Forststraße.

Luchse im Land

Etwa 1 km südlich der Stelle, wo von der Tränkebach-Hütte aus der horizontale Forstweg erreicht wird, wurde im 19. Jh. mit dem Setzen des Luchssteins die nach einer großen mehrtägigen Treibjagd gelungene Ausrottung des Luchses gefeiert – ebenso wie vor einigen Jahren an anderer Stelle die vom Nationalpark aus erfolgreich betriebene Wiedereinbürgerung des schönen Raubtieres. Das jagt heutzutage keiner mehr, allerdings wird es gelegentlich Opfer von Autos …

Auf dieser gehen wir nach links zuerst zum ❺ **Wegekreuz Schnapsplatz**. Nach weiteren zwei Kilometern erreichen wir, an den Kuppen der Steigertalsköpfe vorbei, das ❻ **Wegekreuz Kalte Birke** (mit Wanderschutzhütte). Von hier wandern wir weiter zum ❼ **Wegekreuz Vereinsplatz**.

Nun steigen wir links auf dem hübschen Grasweg über den derzeit mit noch jungen Bäumen bestandenen Bergrücken hinauf zur ❽ **Lageswarte** (571 m), wo sich noch eine prächtige Aussicht bis zum Brocken bietet. Wenn in einigen Jahren hier die Bäume höher werden, wird die einen Kilometer weiter südwestlich gelegene und sogar noch einen Meter höhere Kuppe vielleicht schon kahl sein und diesen Punkt zu einem privilegierten Aussichtspunkt machen (und dann einen Abstieg nach Südwesten über den Bergrücken und die weiter unten gelegene Herzog-Wilhelm-Schneise nahelegen).

Rechte Seite: Holzplastik Wolf am Wegekreuz Kalte Birke – die Tiere wurden wieder gesichtet.

Wir wandern auf dem Bergrücken weiter und dann nach links hinab zum ❻ **Wegekreuz Kalte Birke**. Hier halten wir uns rechts und folgen der Straße immer im Grund des Granetales hinab und zurück zum Ausgangspunkt beim Kurpark in Seesen.

Blick von der Lageswarte zum Lindtalskopf

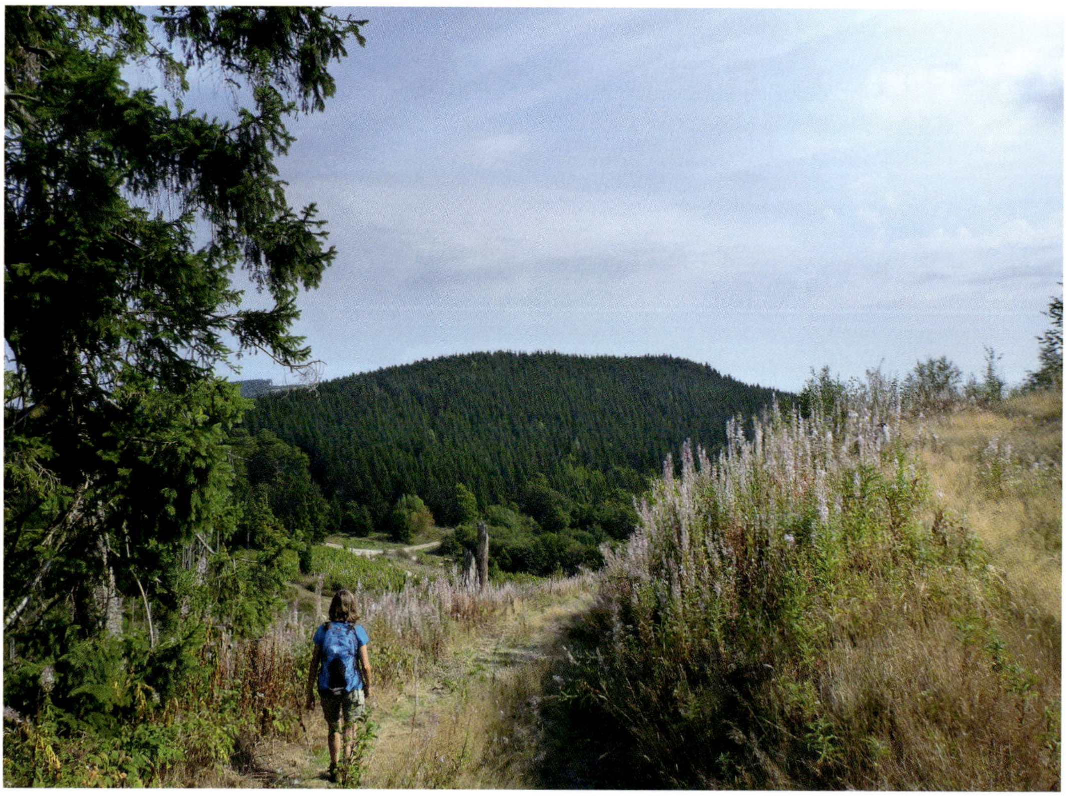

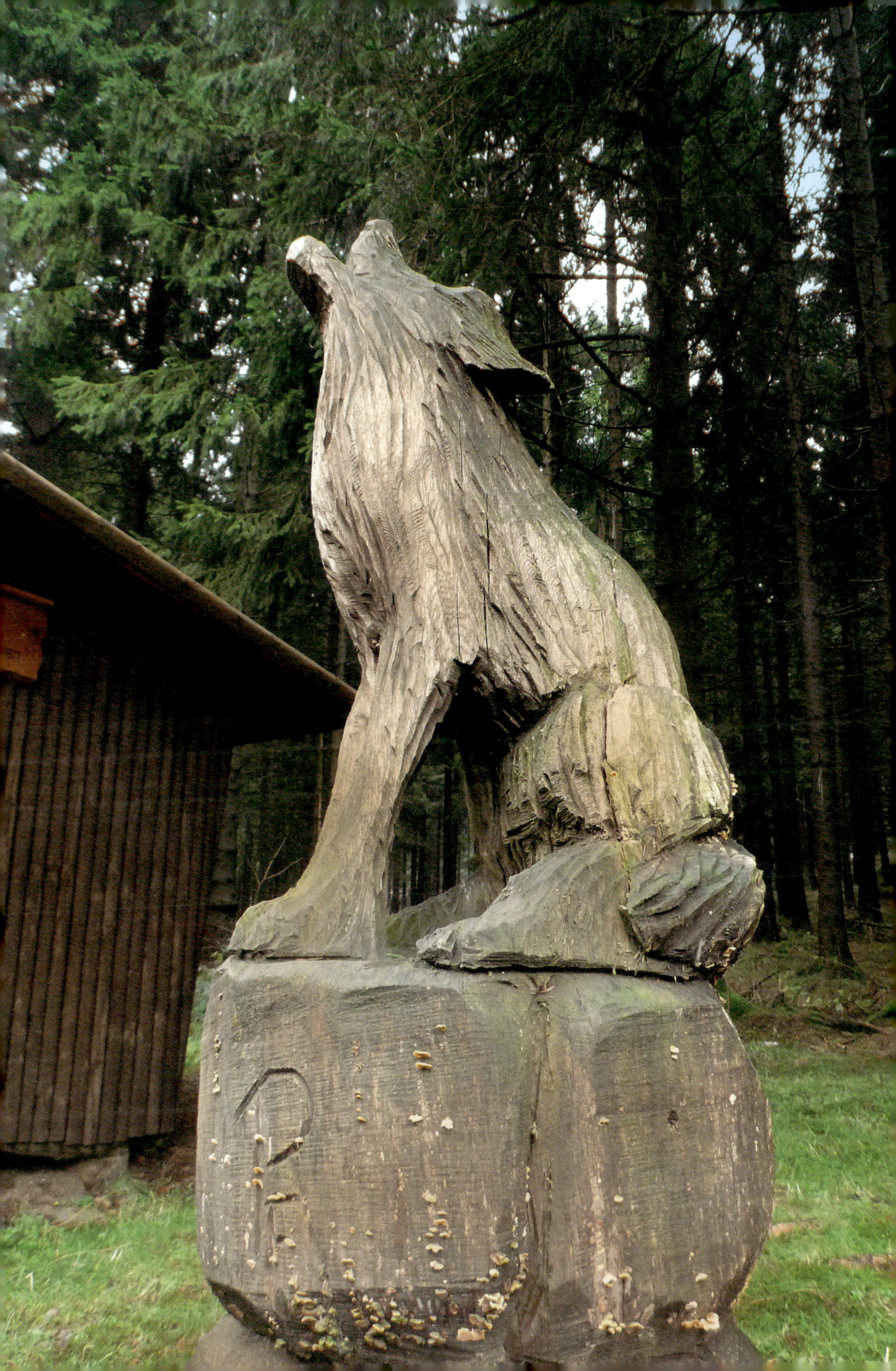

Für jeden Tag die richtige Tour

1	●	Goslar – Herzberg	2:30 Std.	8 km	350	●	●	●	●		●	●
2	●	Gosetal – Schalke	4:00 Std.	13,5 km	440		●		●	●		
3	●	Oker – Kahberg	3:30 Std.	13 km	400	●	●		●	●		
4	●	Romkerhalle – Käste	4:00 Std.	16,5 km	300	●	●		●	●	●	
5	●	Mittelschulenberg	3:00 Std.	12 km	250	●	●	●	●		●	●
6	●	Kattnäse	3:00 Std.	11 km	380		●		●		●	
7	●	Radauwasserfall – Kruzifix	4:00 Std.	15 km	350	●	●		●	●	●	
8	●	Ilsenburg – Taubenklippe	3:00 Std.	11 km	300	●	●		●	●		
9	●	Sperberhai – Stieglitzecke	4:00 Std.	12,6 km	250	●	●	●	●		●	
10	●	Torfhaus – Wolfswarte	3:00 Std.	10 km	300	●	●	●	●		●	
11	●	Torfhaus – Brocken	6:00 Std.	21 km	600	●	●		●	●		
12	●	Kaiserweg – Hopfensäcke	2:00 Std.	8 km	100		●		●	●		
13	●	Ilsenburg – Brockenkinder	6:00 Std.	22 km	700	●	●		●	●		
14	●	Steinerne Renne – Brocken	6–7 Std.	22 km	830	●	●		●	●		
15	●	Schierke – Hohneklippen	4:00 Std.	13 km	300	●	●			●		
16	●	Rehberg	4:00 Std.	15 km	250	●	●	●	●		●	
17	●	Kantorberg – Wolfsklippe	3:30 Std.	12,6 km	500		●		●		●	
18	●	Bodetal – Kästental	3:00 Std.	12 km	300	●	●				●	●
19	●	Stecklenberg – Burgen	3:00 Std.	8 km	300	●	●	●	●		●	
20	●	Mägdesprung – Ramberg	4:30 Std.	16 km	300	●	●	●	●		●	●

Nr.		Tour	Gehzeit	Länge	Höhenunterschied	Einkehr	kindergeeignet	Sehenswürdigkeit	wintergeeignet	viel Sonne	schattiger Weg	Bademöglichkeit
21	●	Alexisbad – Sternhaus	3:00 Std.	9 km	200	●	●	●	●		●	
22	●	Neudorf – Birnbaumteich	2:00 Std.	8,5 km	70	●	●	●	●	●		●
23	●	Dankerode – Wippertal	3:00 Std.	9 km	140	●	●		●	●		●
24	●	Sangerhausen – Moltketurm	3:00 Std.	8 km	250	●	●	●	●	●		
25	●	Großleinungen – Morungen	3:00 Std.	9,5 km	200	●	●	●	●		●	●
26	●	Bauerngraben – Queste	3:00 Std.	10 km	250	●	●	●	●	●		
27	●	Trautenstein – Carlshausturm	2–3 Std.	8,5 km	200	●	●		●			
28	●	Appenrode – Giersberg	5:00 Std.	19 km	400	●	●		●	●	●	
29	●	Kupferhütte – Großer Knollen	5:00 Std.	17 km	480	●	●		●		●	
30	●	Sieber – Lilienberg	4:00 Std.	15 km	350	●	●		●		●	
31	●	Lonau – Ackerkamm	4:30 Std.	18 km	450	●	●		●		●	
32	●	Riefensbeek – Ackerkamm	3:30 Std.	9 km	450	●	●		●		●	
33	●	Kamschlacken – Wolfskopf	4:00 Std.	13 km	420	●	●				●	●
34	●	Clausthal – Buntenbock	3:00 Std.	9,5 km	70	●	●	●	●	●		●
35	●	Zellerfelder Teiche	3:30 Std.	14 km	150	●	●	●	●		●	●
36	●	Wildemann – Große Wulpke	4:00 Std.	17 km	300	●	●	●	●		●	
37	●	Lautenthal – Ecksberg	3:00 Std.	11,2 km	280	●	●		●		●	
38	●	Seesen – Lageswarte	3:00 Std.	13 km	300	●	●		●		●	

Piktogramme erleichtern den Überblick

Länge

Höhenunterschied hinauf/hinab

Gehzeit

Einkehr

kindergeeignet

Sehenswürdigkeit

wintergeeignet

viel Sonne

schattiger Weg

Bademöglichkeit

PS:

Hundstage im Sommer

Bei Hitze ist der Brocken ein besonders gutes Ziel, zumal der dort fast immer präsente Wind zusätzliche Kühlung bringt. Wer es dann noch schafft, früh loszugehen und deutlich vor der Tagesmitte oben zu sein, schwitzt weniger ... Und natürlich sind besonders im Sommer ein Zeckencheck und die fachgerechte Entfernung der Tierchen zu betreiben.

Winter

Dann ist Wandern genauso reizvoll wie in den anderen Jahreszeiten. Wenn verschneite Wege glattgelaufen oder vereist sind, helfen Grödel (Leichtsteigeisen mit Zacken unter dem hinteren Sohlenteil); sie erlauben sicheres Gehen auf glattem Gelände – besonders auf den steilen Brockenaufstiegen …

Regenwetter

Es empfiehlt sich, auf die Regenmengeschätzung der Wetterprognosen zu sehen. Niedrige Mengen sind verkraftbar, besonders bei geeigneter Bekleidung. Durch die Fensterscheiben sieht Wetter sowieso meist schlimmer aus als von draußen …

Sturm

Dann kann die Luft im Wald stark holzhaltig werden – besonders dort, wo abgestorbene Bäume stehen. Dann sind als Wanderziele offene Gegenden besser, wie z. B. im Harzvorland oder auf Wiesen der Hochfläche bei Clausthal.

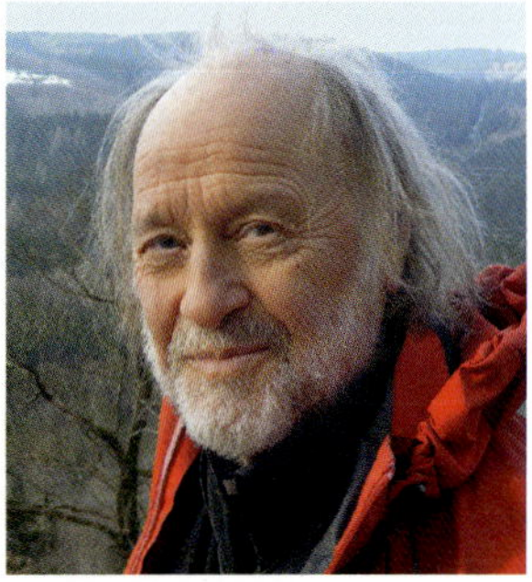

Richard Goedeke

Streckenwanderungen

Natürlich gibt es auch Mehrtageswanderungen im Harz. Als ein fast vergessenes Highlight empfehle ich den Karstwanderweg von Osterode entlang des südlichen Harzrands bis hinter Sangerhausen nach Pölsfelde. Von dem sind in diesem Führer nur zwei Häppchen beschrieben, aber mit Wanderkarte und etwas Findigkeit kann man ihn schon gehen (Infos unter www.bioreskarstsuedharz.de). Im Frühjahr zur Zeit der Kirschblüte ist das besonders reizvoll!

Viel Freude unterwegs!

Richard Goedeke

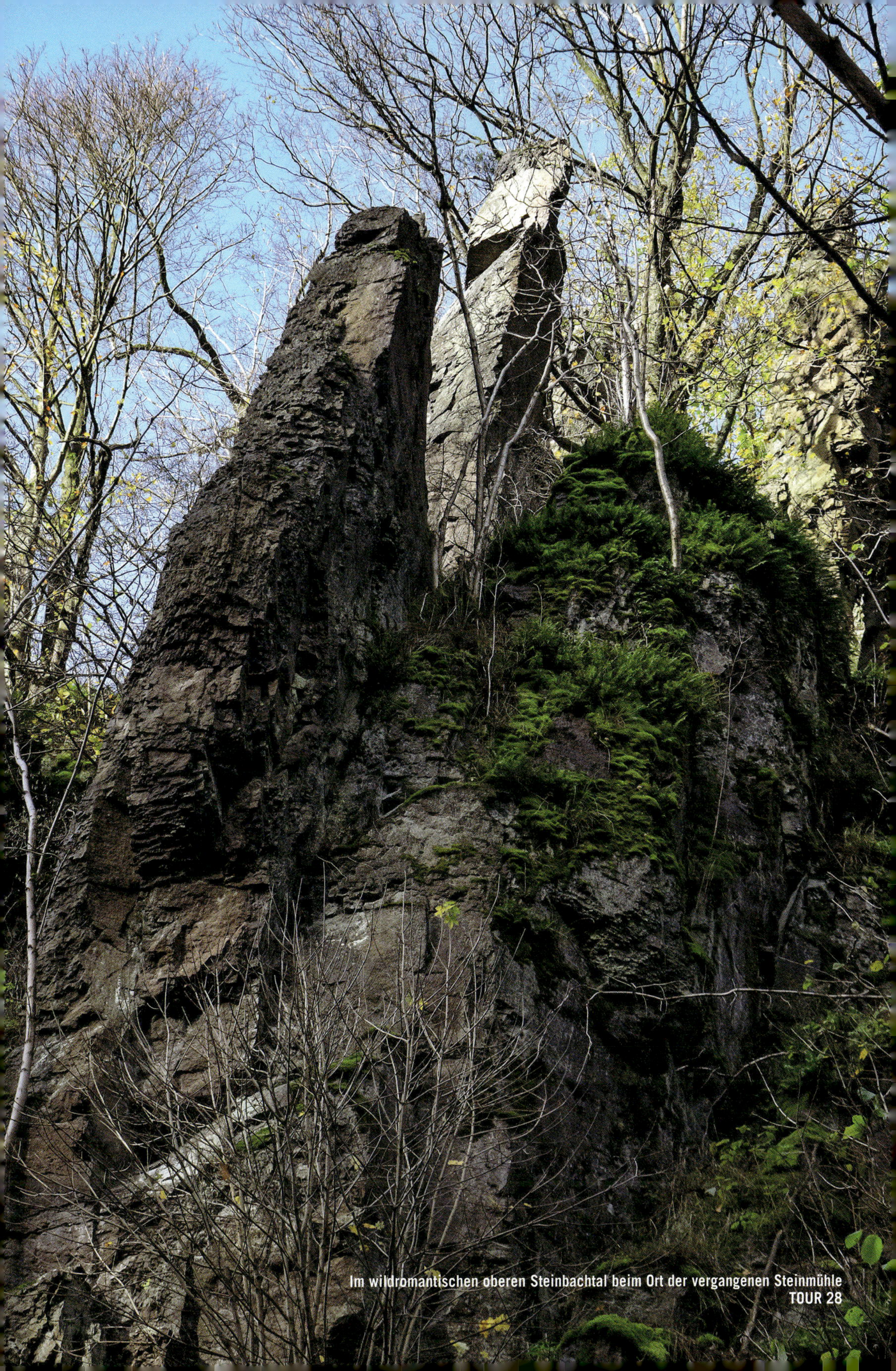

Im wildromantischen oberen Steinbachtal beim Ort der vergangenen Steinmühle
TOUR 28

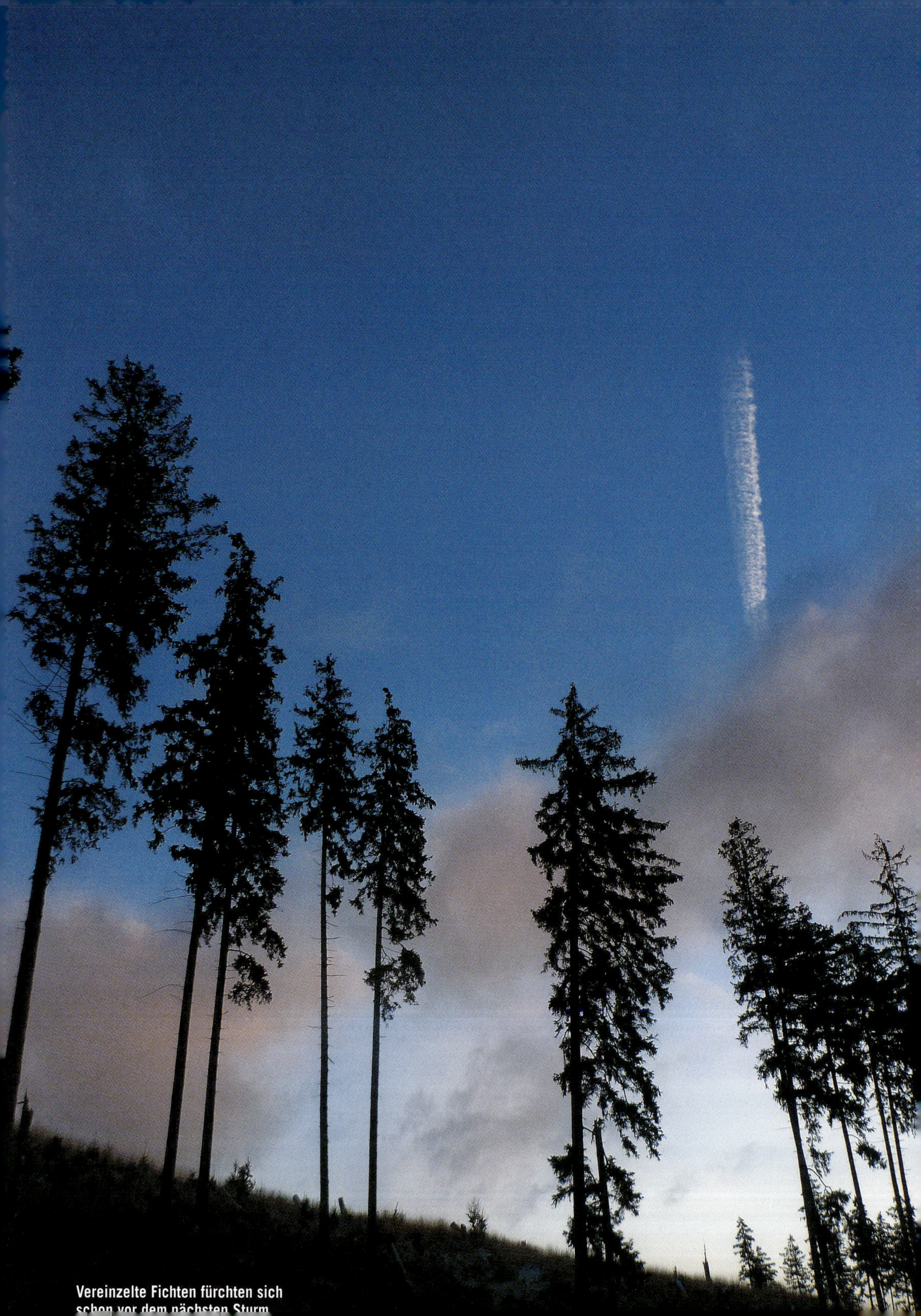

Vereinzelte Fichten fürchten sich
schon vor dem nächsten Sturm.

Register

Ebenfalls erhältlich ...

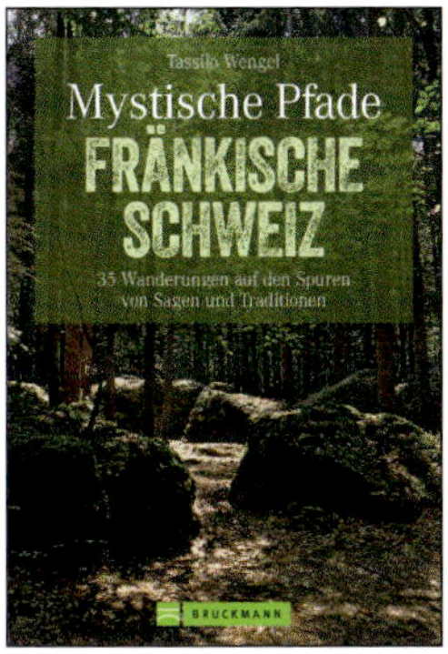

ISBN 978-3-7654-5499-8

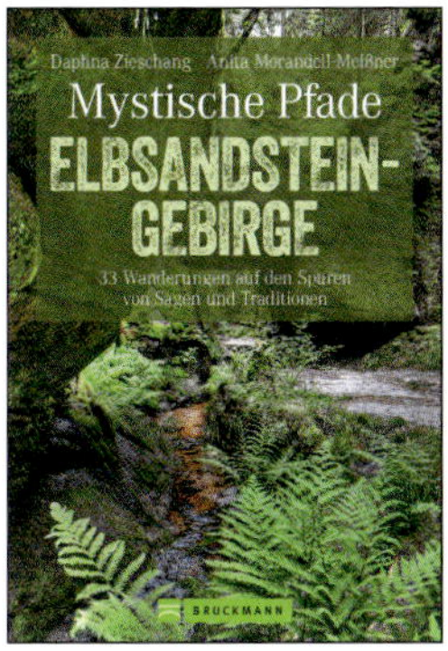

ISBN 978-3-7654-5933-7

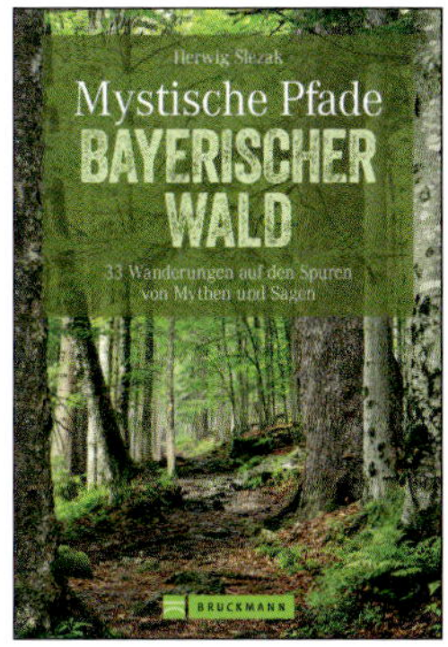

ISBN 978-3-7654-5610-7

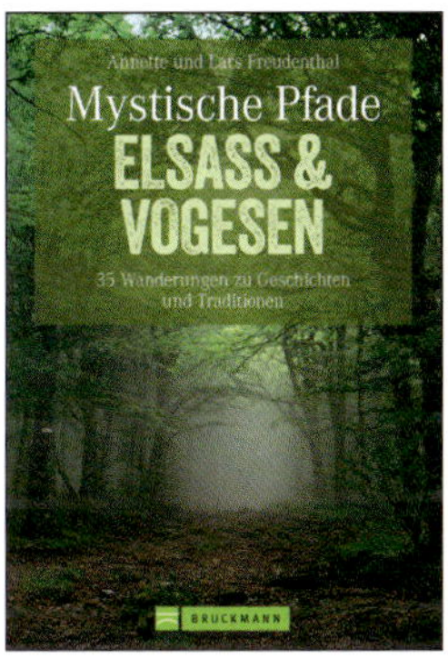

ISBN 978-3-7654-6012-8

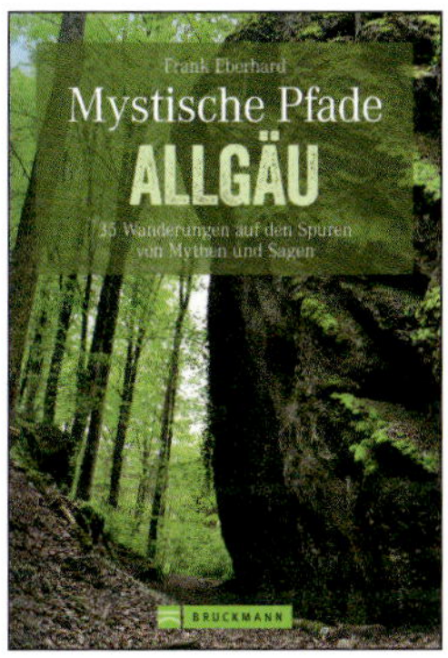

ISBN 978-3-7654-5731-9

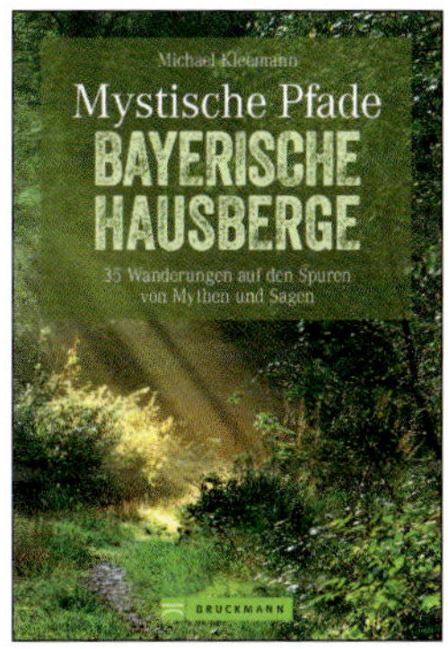

ISBN 978-3-7343-0552-8

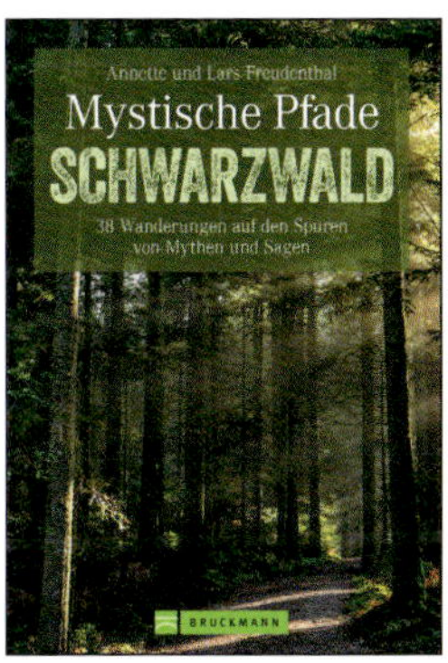

ISBN 978-3-7654-8264-9

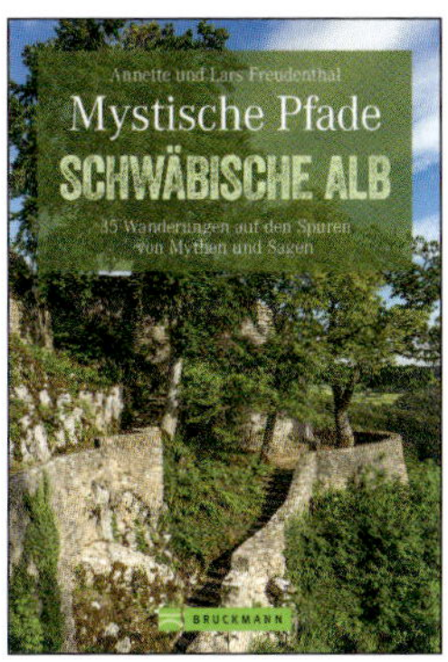

ISBN 978-3-7343-1331-8

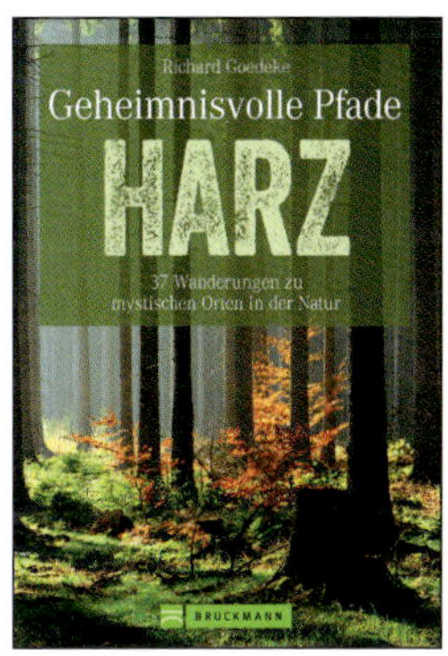

ISBN 978-3-7343-1226-7

BRUCKMANN

www.bruckmann.de

Impressum

Verantwortlich: Stefanie Krüger
Redaktion: Anette Späth
Layout: BUCHFLINK Rüdiger Wagner, Nördlingen
Umschlaggestaltung: Zero Werbeagentur
Repro: Cromika/LUDWIG:media
Kartografie: Bruckmann Verlag GmbH, Heidi Schmalfuß
Herstellung: Alexander Knoll
Printed in Slovenia by Florjancic

★★★★★

Sind Sie mit diesem Titel zufrieden? Dann würden wir uns über Ihre Weiterempfehlung freuen.
Erzählen Sie es im Freundeskreis, berichten Sie Ihrem Buchhändler, oder bewerten Sie beim Onlinekauf. Und wenn Sie Kritik, Korrekturen, Aktualisierungen haben, freuen wir uns über Ihre Nachricht an Bruckmann Verlag, Postfach 40 02 09, D-80702 München oder per E-Mail an lektorat@verlagshaus.de.

Unser komplettes Programm finden Sie unter www.bruckmann.de

In diesem Buch wird aus Gründen der besseren Lesbarkeit das generische Maskulinum verwendet. Weibliche und anderweitige Geschlechteridentitäten werden dabei ausdrücklich mitgemeint, soweit es für die Aussage erforderlich ist.

Autorenempfehlung
Sie sind auf der Suche nach weiterführender Literatur? Dann empfehle ich Ihnen meinen Titel »Geheimnisvolle Pfade Harz«. Oder Sie werfen einen Blick in die Zeitschrift »Bergsteiger«. Hier werden Sie bestimmt fündig. Ihr Richard Goedeke

Bildnachweis: Alle Bilder im Innenteil und auf der Umschlagrückseite stammen von Richard Goedeke.
Umschlagvorderseite: Auf dem Heinrich-Heine-Weg (picture-alliance/Arco Images)
Umschlagrückseite: Zur Taubenklippe (Tour 8)

Die Deutsche Nationalbibliothek verzeichnet diese Publikation in der Deutschen Nationalbibliografie; detaillierte bibliografische Daten sind im Internet über http://dnb.d-nb.de abrufbar.

6. aktualisierte Auflage

ISBN 978-3-7654-6819-3